本书获自治区级协同创新中心——陆海经济一体化协同创新中心、广西高等学校高水平创新团队及卓越学者计划、广西一流学科（培育）——应用经济学的资助

镜湖文库

JINGHU LIBRARY

外商直接投资与中国制造业全球价值链升级

王园园 著

·北京·

图书在版编目(CIP)数据

外商直接投资与中国制造业全球价值链升级 / 王园园著.--北京:中国经济出版社,2019.12
(广西财经学院镜湖文库)
ISBN 978-7-5136-5991-8

Ⅰ.①外… Ⅱ.①王… Ⅲ.①外商直接投资-关系-制造工业-工业发展-研究-中国 Ⅳ.①F832.6 ②F426.4

中国版本图书馆 CIP 数据核字(2019)第 295484 号

责任编辑 彭 欣
责任印制 马小宾
封面设计 赵 飞

出版发行 中国经济出版社
印 刷 者 北京九州迅驰传媒文化有限公司
经 销 者 各地新华书店
开　　本 710mm×1000mm 1/16
印　　张 17.75
字　　数 251 千字
版　　次 2019 年 12 月第 1 版
印　　次 2019 年 12 月第 1 次
定　　价 92.00 元
广告经营许可证 京西工商广字第 8179 号

中国经济出版社 **网址** www.economyph.com **社址** 北京市东城区安定门外大街 58 号 **邮编** 100011

前　言

改革开放40多年以来，经过快速发展，中国已成为全球第一大出口国、第二大进口国。在制造业方面，中国于2010年成为世界最大的制造业国家，然而我国制造业大而不强的问题依然存在。我国制造业低技术密集度产业产品或劳动密集型、资源密集型产品的出口占比依然较大，需要在中高技术密集度产业尤其是高技术密集度产业产品发展方面加大力度。

本书针对我国目前产业转型升级的特殊阶段，基于FDI异质性研究我国制造业获得技术溢出的效率提升，以推动我国制造业的全球价值链升级。本书对以下内容进行了系统梳理，以便研究外商直接投资对我国制造业全球价值链升级的影响，并提出了相应的政策建议：第一，对外商直接投资理论、技术溢出理论、全球价值链理论及制造业全球价值链升级理论的相关研究进行梳理；第二，对我国外商直接投资和制造业的发展历程及机遇挑战进行总结，并分析我国制造业全球价值链发展情况与现状，以及我国制造业全球价值链升级问题；第三，从外商直接投资的动机出发分析FDI异质性，以我国制造业企业为实证分析对象，检验不同投资目的FDI技术溢出效应的具体路径；第四，提出基于技术溢出的研究假设，通过构建中介效应模型，对我国外商直接投资中通过技术溢出效应促进我国制造业全球价值链升级的作用进行实证检验；第五，采用直观结构性FDI引力系统，基于反事实研究方法估算FDI对我国贸易和总体福利的影响，进一步验证FDI对产业升级和国家福利的作用。关于这五个方面的系统分析共同构成本书的研究框架。

研究表明，外商直接投资对我国制造业全球价值链升级有积极的促进作用。但是，基于FDI异质性并结合制造业产业技术密集度特征，进一步深入研究发现，我国吸收的外商直接投资对高技术密集度产业、中高技术密集度产业、中低技术密集度产业及低技术密集度产业的相关影响存在差异。其具体表现为：在我国的市场寻求型 FDI 对四类制造业产业都有正的技术溢出效应，并且对中高技术密集度产业的技术溢出效应最大，对高技术密集度产业的技术溢出效应次之，对中低技术密集度产业的技术溢出效应较小，对低技术密集度产业的技术溢出效应最小。因此，对我国制造业转型及实现全球价值链升级目标的帮助较大，可以通过相关政策及优惠措施进一步鼓励市场寻求型 FDI 在我国投资。在我国的效率寻求型 FDI 对中低技术密集度产业和低技术密集度产业有负的技术溢出效应，对高技术密集度和中高技术密集度产业的技术溢出效应相对较低。说明我国目前的制造业发展目标和效率寻求型 FDI 对我国制造业产业产生的相关影响并不吻合。因此，可以适当压缩或者不鼓励效率寻求型 FDI 在我国的大规模投资。在我国的资源寻求型 FDI 对中低技术密集度产业和低技术密集度产业同样有负的技术溢出效应，对高技术密集度和中高技术密集度产业的技术溢出效应亦相对较低。同样反映出当前阶段在我国制造业发展及经济增长目标的实现中，资源寻求型 FDI 的贡献相对较小。因此，采取不鼓励、不倾斜的政策态度较为合宜。战略资产寻求型 FDI 对四类制造业产业都有正的技术溢出效应，对高技术密集度产业的技术溢出效应最大，对中高技术密集度产业的技术溢出效应次之，对中低技术密集度产业的技术溢出效应较小，对低技术密集度产业的技术溢出效应最小。较符合当前我国经济增长方式转变的特定阶段和制造业转型及全球价值链升级的目标要求。因此，可以通过相关优惠政策及积极鼓励措施对这部分外商直接投资形成吸引力，助力我国实现经济发展目标。

在对我国外商直接投资的水平及前后向关联技术溢出效应对制造业产业显示性比较优势指数 RCA 联合回归中，水平技术溢出效应和后向关联技术溢出效应在 1%水平上通过显著性检验，前向关联技术溢出效应在 10%水平上通过显著性检验。而在构建的中介效应模型中，FDI 的直接效应并不显著，只存在中介效应。其中，水平技术溢出效应与后向关联技术溢出效应对制造业显示性比较优势指数 RCA 影响系数为负，即水平技术溢出效应与后向关联技术溢出效应在当前的市场环境中，对相关产业存在一定的抑制性和挤出性。说明当前制造业相关产业的技术溢出传导机制效率较低，甚至抑制技术进步。因此，我国制造业运营的市场机制需进一步完善优化，相关法律制度、政策体系需要进一步完善，同时要精简不必要的办事流程和办事步骤。

通过估算 FDI 反事实总出口和福利变化的百分比分析 FDI 的福利效应，发现我国的国家福利与 FDI 之间呈正相关影响。证明 FDI 对我国的经济发展及国家福利整体而言是正向的促进作用，且在反事实情况下，FDI 的消失对我国福利的影响程度比一些其他国家影响都大。这说明 FDI 在我国经济发展的诸多领域对我国的福利水平都是正向的促进作用。

基于上述研究，本书进一步提出加大市场寻求型 FDI 及创造资产寻求型 FDI 的吸引力度；为制造业发展营造更有利的政策环境；发展具有中国特色的创新生态系统，重视研发投入；加速推动人口红利向人力资本红利转变；充分发掘我国内需的巨大潜力；继续完善、优化基础设施建设；建立供应商网络，推动产业集群式发展等政策建议。

目　录

第一章　绪论

第一节　背景分析

改革开放40多年以来，经过快速发展，中国已成为世界制造业大国。以长三角、珠三角和环渤海等东部沿海省市为代表的各地区大量吸收跨国公司的直接投资和外包订单，以承接产业转移。中国制造业积极参与国际分工，成效显著。但我国目前仍处于工业化进程中，相关产业整体大而不强，国际竞争力较弱，仍处于劳动密集型、低附加值、以加工贸易为主的制造业全球价值链的中低端，与发达经济体相比尚有较大差距。中国制造业面临综合成本上升、发达国家制造业回流、全球制造业向东南亚等成本更为低廉的地区转移等问题，在新一轮发展中面临的挑战巨大。全球制造业布局正在发生调整，在中国人口红利逐步消失、人力资本红利尚未充分释放的同时，发达国家拥有技术创新衍生的成本红利，低成本国家享有廉价劳动力的成本优势。还需注意的是，我国自然资源、生态环境压力空前，部分行业产能过剩问题严重。基于这样的紧迫形势，党的十九大报告明确指出，“促进我国产业迈向全球价值链中高端，培育若干世界级先进制造业集群”。《中国制造2025》要求，要努力实现中国制造向中国创造的转变，中国速度向中国质量的转变，中国产品向中国品牌的转变，完成中国制造由大变强的战略任务。结合2016年12月商务部、国家发展改革委、科技部、工业和信息化部、人民银行、海关总署、统计局等七部门联合下发的《关于加强国际合作提高我国产业全球价值链地位的指导意见》，与2015年5月国务院印发的《中国制造2025》可知，如何有效提高我国产业的全球价值链地位是现阶段的重要研究问题，其中如何实现制造业向价值链中高端发展是当前亟须解决的重点课题。本书正是在此背景下研究我国制造业全球价值链升级问题。

新一代信息技术的发展和完善对于制造业的发展前景有深刻影响。制造业中信息技术等先进技术的使用，正在改变传统制造业的生产关系并引发了产业变革，全球产业竞争格局正在发生重大调整，新的生产方式、合作范式、产业形态、商业模式和经济增长点都将对其产生深远影响。其中，重振全球贸易发展，构建以全球价值链为指向的贸易治理新框架，是全球经济治理的核心议题之一，对于全球经济长久发展具有深远意义。全球价值链是全球经济交流合作中最为重要的链条之一，随着全球生产网络和服务网络的深入布局，全球价值链的关键作用在多边自由贸易进程和区域经济一体化进程中均得以凸显出来。各国十分重视加强投资、贸易往来和区域合作，以更好地融入产业价值链，从而配合正在进行的全球价值链的深度整合。与此同时，全球贸易增长形势严峻，引进外资增速有所放缓，全球化红利消失殆尽。由于全球贸易影响因素复杂，波动幅度相对较大，贸易摩擦增多、贸易争端频发，全球贸易增长对世界经济增长拉动乏力。2018 年全球商品贸易增长降至 2.6%，2019 年则可能降至 1.3%，为 2008 年金融危机以来的最低水平。世界经济发展面临需求疲弱、周期性和结构性等问题，前景不容乐观。为促进世界经济蓬勃发展，提高生产力水平、优化资本和技术配置效率、提升创新能力，深化全球价值链分工效率与合作水平是其根本的解决之道。

近年来的经济全球化发展以全球价值链（Global Value Chain，GVC）不断深化与重塑为新特征，新一轮科技革命与产业变革的影响在逐渐扩大。随着全球经济一体化进程的持续推进，国际贸易和投资自由化发展对世界各国的经济增长推进作用日益明显。在开放的经济中，中国经济发展状况受其他国家影响的程度也在与日俱增。其中，外商直接投资（Foreign Direct Investment，FDI）技术溢出效应的外部性，在我国经济进入新常态背景下的作用依旧不容忽视。其示范效应、水平及前后向关联效应、竞争效应和人才流动效应等，促进了中国制造业技术的进步以及创新能力的提升。但是，在我国制造业持续发展的过程中，国际贸易、FDI 技术溢出这两种传统国际技术溢出渠道带来的技术溢出效应在逐步减小，无法支撑我国制造业的转型升级。尤其在国际前沿核心技术的获取方面，依附于发达国家的产业模式甚至会阻碍我国的产业升级。出于维护自身优势地位的考虑，发达国家对我国的跨国公司进行生产和经营环节重新配置工作也不再是支持态度，甚至在一定程度上予以抑制，企图遏制我国通过国际贸易和外商直接投资渠道获得技术溢出，对我国实施技术封锁。比如，美国总统特朗普签署了行政备忘录，对我国发起的“301 调查”聚焦技术转让和知识产权保护等问题。这也是中美贸易摩擦的重要起因，提醒我国需要重视产业升级，并需要格外重视技术升级。全球价值链在此次中美贸易摩擦中起到了重要缓冲作用，因此在注重将中国制造业的全球价值链分工地位从中低端提升到中高端的同时，要深化全球价值链合作，实现向全球价值链两端延伸的目标。中国制造业实现跨越式发展需要改变传统的、被动的技术获取方式，巩固升级原有的技术溢出渠道。

世界银行（2015）的研究显示，除传统意义上的实物资本外，越来越多的外商直接投资以专有技术的形式参与到跨国生产中。境外投资者逐渐开始以其拥有和掌握的无形资产（如专有技术、品牌、专利等）与国内投资者的有形资产相结合从事跨国生产。FDI 的范式在过去 50 年发生了若干重大变化，主要从以下几个方面对我国制造业全球价值链升级产生相关影响：首先，FDI 的流向不再局限于从“北方”流向“南方”，也出现了从“南方”流向“南方”或者从“南方”流向“北方”的现象；其次，FDI 的内容不仅涉及资本的流动，更需重视技术和知识的流动；最后，FDI 已经成为国际生产过程的一部分，投资者通过这一过程在东道国开展作为更广泛的全球价值链一部分的商品或服务的生产。FDI 在许多自贸协议中扮演着重要角色，政策的制定和自贸协议的内容都对除传统实物资本形式转移以外的 FDI，即技术、知识、品牌、专利等无形资产形式的转移格外关注。同时，需要重视研究 FDI 的不同投资动因：市场寻求型、效率寻求型、资源寻求型、战略资产寻求型和政策寻求型等不同类型 FDI，其投资者的不同特点需要得到更为具体的区别对待，以持续改善不同类型 FDI 在全球价值链中不同部门的具体参与情况。

学术界密切关注我国制造业发展战略设计。本书基于对国内外研究成果的总结梳理，针对 FDI 的新范式对东道国的福利和贸易的相关影响，具体分析 FDI 以非竞争性技术转移形式参与到我国生产过程中，对我国制造业的转型升级有什么影响，讨论并测算其对我国制造业全球价值链分工地位的具体影响作用。对技术资本形式 FDI 的技术传递机制进行描述分析，根据不同类型、不同目的 FDI 区分研究视角，观察技术资本形式 FDI 对我国制造业全球价值链分工地位提升的影响路径和作用机制，并尝试提出更具针对性的政策建议。有些国家吸引了大量的外国投资，但永远不会向其价值链上游移动。为了最大限度地发挥外国投资的发展影响，需要在了解其作用路径的基础上，制定合适的投资政策框架。中国经济的快速发展带来了人均收入水平的提高，面对高昂的工资成本、环境成本，中国将如何在产业转移和制造业回流的双重夹击下，摆脱低收入发展中国家的追击、突破发达国家的阻挠，找到产业转型升级的合理路径？外商直接投资作为国际技术溢出的传统渠道，在其自身的新特点、新范式下，能否助力中国制造业摆脱单一低成本优势构建形成新的更符合全球制造业发展方向和竞争形势的综合比较优势，能否对中国制造业产业技术密集度提升有所促进，能否在中国制造业转型升级的过程中发挥正向的外部性，能否通过与中国内资企业互动合作提升中国制造业全球价值链分工地位？技术资本形式的 FDI 能否帮助中国制造业在技术进步和创新发展方面实现进步，在产业转型升级的过程中提升中国制造业全球价值链分工地位？不同类型 FDI 该如何区别对待，它们在中国制造业企业转型升级过程中的作用有何不同，如何更加合理地利用 FDI，其具体路径是什么？这些问题的意义重大，本书也聚焦这些问题并作出合理的解答。

第二节　研究意义

从本书的理论意义来看，制造业转型升级是我国经济转型升级的重要内容，其中如何提升创新能力和技术水平是解决这一问题的核心内容之一，但针对转型升级国家的相关理论研究体系目前尚不完善。追踪外商直接投资这一技术溢出效应传统来源的新发展，针对我国目前产业转型升级的特殊阶段，研究如何利用其自身特点提升我国制造业获得技术溢出的效率，以推动我国制造业全球价值链分工的地位提升十分重要。现有研究中，对基于 FDI 异质性情况下对东道国经济发展和产业发展的不同影响，以不同形式和特点参与东道国的生产过程，进而影响东道国制造业全球价值链分工地位的相关研究相对缺乏。因此，本书基于 FDI 不同类型、不同投资目的，分别分析了相应 FDI 对于东道国制造业技术溢出效应是否存在影响的具体路径，进而验证了 FDI 能否助推我国制造业全球价值链分工地位的提升，并通过研究 FDI 对我国制造业全球价值链升级及国际贸易、国家整体福利有何影响，说明是否还应该大力吸引 FDI，在吸引外商直接投资的过程中应该注意哪些因素，侧重哪些要求和注意事项。针对我国的特殊阶段，应注重甄别不同目的、不同类型的 FDI，避免对 FDI 同质化对待。

从本书的实践意义来看，投资政策涵盖了大量问题，对于希望从国外投资中获益的各国来说，很难通过制定投资政策应对所有投资类型带来的挑战。同时，国家和地区还需要从已有的投资中识别出获得更多收益的机会，并考虑还需要哪些其他类型的投资促进其发展。许多发展中国家政府在投资政策的制定、协调和实施方面面临困难，从而削弱了竞争力，并损害了吸引和最大化投资收益的能力。本书希望通过研究可以最终提出一个可区别对待不同类型投资的制度架框，在该框架的清晰指导下，我国通过合理、充分利用 FDI 进一步提高制造业的全球价值链参与程度，并帮助提高我国的自主创新和技术水平，进而实现我国制造业在全球价值链分工中的地位提升。

第三节　研究思路、内容与方法

一、研究思路

本书依据“文献研究—理论研究—数据采集—实证分析—对策研究”的思路展开研究，具体内容如下：

首先，对当前外商直接投资以及制造业发展、制造业全球价值链升级的相关研究内容和发展现状进行了梳理。其次，根据目前研究成果，在 FDI 与东道国经济发展和产业影响的相关研究中，争取对 FDI 的同质化处理有所突破。依据 FDI 的不同投资目的确定 FDI 对我国制造业产业影响的异质性是否存在，并具体识别出不同类型 FDI 对制造业中不同技术密集度产业产生技术溢出效应的不同路径和具体影响。再次，考虑不同投资目的的 FDI 及不同技术密集度产业的特点，在 FDI 技术溢出效应的研究成果基础上，进一步证实了 FDI 是否对我国制造业全球价值链升级存在促进作用，及其作用路径，并结合不同类型 FDI 对制造业产业的不同技术溢出效应分析 FDI 对制造业全球价值链升级的作用路径。通过建立反事实模型推算 FDI 对我国国际贸易及整体福利的影响情况，进而推断 FDI 对制造业全球价值链升级的相关影响及其对我国整体福利的作用。最后，根据不同投资类型、不同投资目的的 FDI 对我国制造业产业技术溢出效应、全球价值链升级的推动影响及我国的福利影响提出相关政策建议。

二、研究内容

第一章是绪论。本章首先介绍了本书的选题背景与研究意义，其次说明本书的研究思路、主要内容以及技术路线图，再次梳理了所使用的研究方法，最后对本书实现的创新和需要继续研究与改进的不足之处进行了总结。

第二章是文献综述。本章分别整理了外商直接投资与技术溢出的国内外相关研究、全球价值链理论的国内外相关研究，以及制造业全球价值链的定义、地位测度及升级机制的相关研究等内容。具体对外商直接投资理论、外商直接投资的动机、外商直接投资的技术溢出效应，全球价值链的概念、全球价值链的动力机制、全球价值链的升级，以及制造业全球价值链的定义、制造业全球价值链的地位测度、制造业全球价值链的升级机制等内容的研究成果及研究现状进行了梳理总结。

第三章是中国外商直接投资与制造业全球价值链。本章梳理了我国改革开放 40 多年来外商直接投资的发展历程与现状、中国制造业的发展与机遇、中国制造业全球价值链等相关问题，分阶段盘点回顾了我国外商直接投资工作的具体历程和政策走向，对我国制造业具体的产业产品分类进行了与国际常用标准的对比总结，回顾了我国制造业基本发展历程，描述了我国制造业利用外商直接投资的相关情况，并重点说明了近些年我国制造业中外资工作的现状，梳理了我国制造业嵌入全球价值链的过程及现状，并对我国制造业转型升级及在全球价值链的位置提升中面临的机遇和挑战进行了总结。

第四章是 FDI 技术溢出的效应分析。本章基于 FDI 的不同投资目的，对其技术溢出效应及传导机制进行了异质性分析，分别对市场寻求型 FDI、效率寻求型 FDI、资源寻求型 FDI、战略资产寻求型 FDI 的技术溢出效应进行了验证。首先，将我国制造业中的所有内资企业作为整体进行不同投资动机 FDI 对我国制造业行业整体施加技术溢出效应检验。其次，按照制造业企业的要素密集度进行划分，分别考察不同投资动机 FDI 对高技术密集度产业、中高技术密集度产业、中低技术密集度产业和低技术密集度产业的技术溢出效应检验。

第五章是 FDI 技术溢出对中国制造业全球价值链升级的影响。本章在之前章节研究结论的基础上，进一步探索了 FDI 技术溢出对中国制造业全球价值链升级的具体影响。提出了FDI对中国制造业全球价值链升级有着正向的促进作用、FDI技术溢出对中国制造业的技术进步存在溢出效应、FDI通过技术溢出效应对中国制造业全球价值链分工地位能够起到提升作用的三个假设。通过模型对三个假设逐步进行验证分析发现：FDI对我国制造业全球价值链升级确实存在正向的促进作用；FDI技术溢出对我国的制造业技术进步确实存在水平技术溢出效应、前向关联技术溢出效应及后向关联技术溢出效应；FDI通过前向关联技术溢出效应实现了对我国制造业全球价值链分工地位提升的作用。并且经分析发现，相较于被动获取技术溢出效应，积极主动获取技术溢出效应对于我国制造业企业实现全球价值链升级的目标具有重大作用。

第六章是FDI推动制造业升级的福利分析。基于本书第四章、第五章对于FDI对制造业技术溢出效应及对我国制造业GVC升级的推动作用，本章试图更进一步对FDI推动制造业转型升级的福利效果进行分析，通过反事实模拟国际贸易和投资基于多国的动态一般均衡模型，比较一国在存在和不存在FDI两种情况下贸易和福利的变化情况，证明FDI对于一国产业结构升级的推动与国家整体福利提升的重要性。

第七章是研究结论与政策建议。本章对本书所做研究进行了总结回顾，对本书的主要观点进行了梳理，并在本书已有结论的基础上针对我国对外商直接投资的利用及制造业全球价值链升级提出了政策建议。

技术路线如图1-1所示。

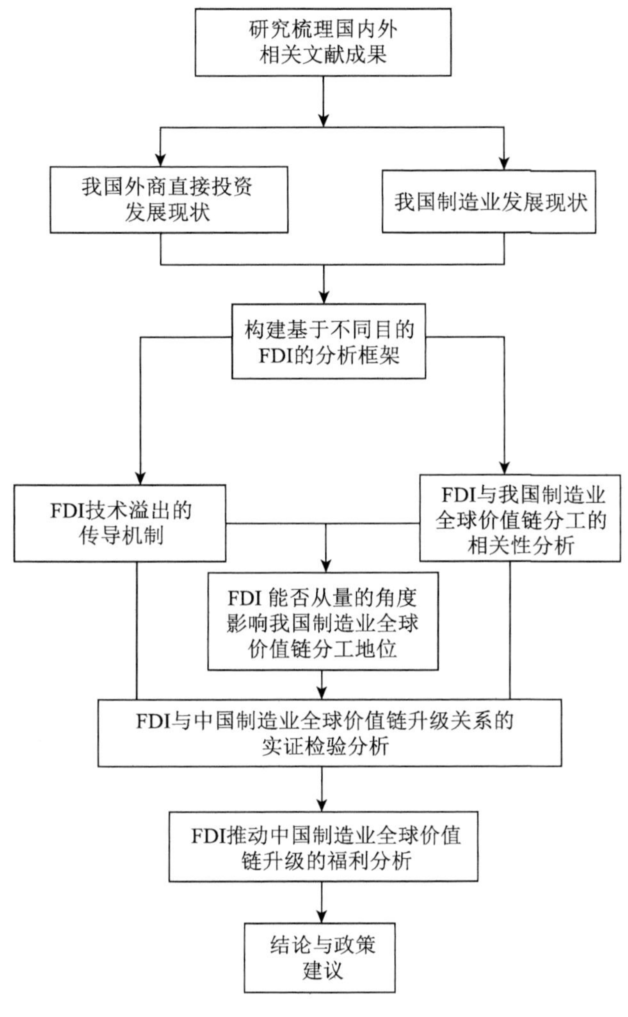

图 1-1　技术路线

三、研究方法

本书依照定量研究与定性分析相结合的研究方法论原则，通过采用文献调查分析法、统计分析法、计量经济学分析法等，对外商直接投资对我国制造业全球价值链的影响进行描述和验证，并对相关结论和部分现象进行了解释。

本书使用的具体方法如下。

文献分析法：研究分析相关问题在国内外的研究成果现状，阅读整理相关文献资料、研究报告、调查报告和图书整合世界银行、联合国贸易和发展会议、经济合作与发展组织等，大型国际机构和国际组织对外商直接投资和全球价值链的最新研究报告及成果，对所研究问题给予深刻理解并掌握了间接经验。

统计分析法：通过对比整合国内外制造业产业产品分类标准和方法，查询相关统计年鉴资料和国内外数据库资源，对研究所需相关数据进行了科学整理与计算，对基于不同投资目的的 FDI 技术溢出效应的异质性情况进行了分析并作出定性判断。

计量经济学分析方法：通过剔除我国部分外商直接投资参与较少的制造业产业以形成研究样本，分析 FDI 对我国制造业全球价值链升级的影响。

实验分析法：通过假设世界在没有 FDI 情况下表征的反事实实验，研究在通过 FDI 促进的制造业全球价值链升级情况下，东道国国家的福利增长情况。

第四节　研究的创新点与不足

本书的创新之处主要有以下两点：

第一，本书基于 FDI 投资目的对技术溢出效应的异质性进行了深入分析。不同投资目的的 FDI 在东道国制造业上下游产业中，其技术转移、技术互动、技术扩散、技术吸收等环节的路径不同，对高技术密集度、中高技术密集度、中低技术密集度、低技术密集度产业的传导机制、传导效果也不同，基于不同类型 FDI 技术溢出传导机制提出不同假设并加以验证。

第二，深入制造业细分产业展开分析。考虑 FDI 异质性条件下对制造业细分产业的不同影响，并根据技术密集度的分类找到其中的规律性。将 FDI

技术溢出效应与我国制造业全球价值链升级问题的研究相结合，重点关注我国利用外商直接投资对制造业产业的全球价值链分工地位的影响测算，将制造业转型升级路径与 FDI 技术溢出结合起来研究，进而基于不同投资目的的 FDI 对于不同技术密集度制造业全球价值链升级的不同影响提出更有针对性的政策建议，增加基于研究结果提出相关政策的可行性及实施的高效率。

本研究的局限和不足主要有以下两点：

第一，由于受数据准确性、完整性、有效性、一致性和可得性的制约，模型分析中对制造业细分行业的研究数据部分不可获得。因此，只能以制造业整体影响的方式对 FDI 与我国制造业全球价值链升级之间的关系进行定性分析。虽然结合本书其他章节的研究结论，可以对相关内容作出合理推测和解释，但对量化模型回归结果的理想目标难免有所影响。

第二，在外商直接投资对我国制造业全球价值链升级推动的福利分析中，模型的针对性不够强，由于受笔者知识体系及经验积累的限制，只能通过反事实模型对国家国际贸易和整体福利的影响进行推测，并结合文献成果和模型功能对预期研究结果进行合理补充和解释。当然，还可以在模型的设置上继续优化和补充。

第二章 文献综述

分别整理外商直接投资与技术溢出的国内外相关研究、全球价值链理论的国内外相关研究，以及制造业全球价值链的定义、地位测度及升级机制的相关研究等内容。具体对外商直接投资理论、外商直接投资的动机、外商直接投资的技术溢出效应，全球价值链的概念、全球价值链的动力机制、全球价值链的升级，以及制造业全球价值链的定义、制造业全球价值链的地位测度、制造业全球价值链的升级机制等内容的研究成果及研究现状进行了梳理总结。

第一节 外商直接投资与技术溢出

本章基于本书的主要研究目的，分析了外商直接投资与中国制造业全球价值链升级的关系，对外商直接投资与技术溢出的相关理论和研究成果进行了总结梳理，内容主要涵盖外商直接投资理论、外商直接投资不同动机类型和外商直接投资的技术溢出效应，为本书后续的相关研究提供了理论和研究基础。

一、外商直接投资理论

根据国际货币基金组织（International Monetary Fund，IMF）发布的《国际收支手册》（第五版）（Balance of Payments Manual，BPM5）的定义，外商

直接投资反映了一个经济体（母国）居民在另一个经济体（东道国）中获得持久利益目标的国际投资，即 FDI 通常是由公司而不是政府，从一个国家到另一个国家进行投资，涉及建立业务、获取有形资产、其他业务的股份等行为，是在外国的购买或建立创收资产，需要控制经营或组织生产。FDI 不仅是所有权的转移，通常还涉及与资本互补的因素的转移，包括管理、技术和组织技能等。通常而言，外商直接投资主要有三种战略：水平型、垂直型和平台型。其中，水平型 FDI 是指母国公司在东道国进行与国内相同的生产活动。当一家公司通过 FDI 在东道国的同一价值链阶段重复其以本国为基础的活动时，就会产生横向的 FDI。垂直型 FDI 是指母国公司在东道国增加上下游相关产业等不同阶段的生产活动。当企业通过 FDI 在不同的价值链上游或下游，即企业在东道国以纵向方式逐步开展增值活动时，就会出现垂直的 FDI，可以分为前向垂直关联和后向垂直关联。前向垂直关联，即通过 FDI 使公司在更接近目标市场的地方进行生产；后向垂直关联，即通过 FDI 在公司国际一体化过程中，在更接近原材料的地方进行生产。平台型 FDI 是指母国公司在东道国进行投资的目的是向第三国出口。除这三种战略外，还有一种相对少见的企业集团型 FDI，是一种母国企业在东道国增加与国内不相关业务的外商直接投资形式。由于需要同时克服进入新的国家和新的行业两种障碍，因此往往是跨国公司在进行国际化经营和多样化经营中的替代解决方案，而不是必要的补充战略。外商直接投资企业在东道国获得企业投票权的方式包括成立全资子公司或公司、收购关联企业股份、合并或收购不相关企业、参与另一投资者或企业的股权合资企业等。

跨国公司是外商直接投资的行为主体，因此外商直接投资理论的研究也就是跨国公司投资理论的研究。学术界对跨国公司投资理论的关注开始于 20 世纪 60 年代初，围绕跨国公司 FDI 的动机和影响在以下层面发展成体系：从微观角度出发，依托哈佛学派市场结构决定论范式对跨国公司的垄断优势、寡占反应等展开分析；接受芝加哥学派制度及企业行为学说某些结论的内部化理论，研究跨国公司通过外部市场替代实现生产、交易行为等；从宏观层面讨论东道国情况的 Dunning 理论，以及为在市场不完全条件下跨国公司投资交易理论奠定了基础的，探讨一国如何参与对外投资与市场交易的小岛清模式等。

20 世纪 60 年代之前的外商直接投资和跨国公司产生原因等相关理论，是运用了基于完全竞争假设下的新古典经济学宏观经济原则进行的解释，认为两国之间的商品生产成本差异是贸易产生的根本原因，更侧重于将企业的海外投资动机解释为低生产成本。例如，Bain J S（1956）认为绝对成本优势、产品差异化优势和规模经济是企业国际化发展的主要原则。Hymer S H（1976）认为之前的相关理论无法解释企业海外投资现象的动机，因此通过开发超越已有理论的框架对 20 世纪 60 年代之前，美国跨国公司海外投资的动机进行了分析，并解释了为什么会出现这种现象。其理论重点在于填补国际投资方面的空白，从更具公司特点的微观角度看待国际投资。Hymer 认为 FDI 与资本投资（也称“证券投资”）之间存在差异，而且两者之间的差异是控制问题，FDI 可以使公司获得比投资组合更高的控制水平，并且指出新古典理论中的资本运动理论无法解释国际生产。因为假如利率是公司进行国际投资的主要原因，那么 FDI 与当前表现的特征应有所不同，即应该涉及相对较少的国家中相对较多的行业。Hymer 反对新古典理论的另一观点是：FDI 除对海外超额利润进行投资外，还可以通过贷款或其他方法，如专利、技术、机械等支付或换取股权。基于非完全竞争市场假设，Hymer 认为 FDI 的主要决定因素是在东道国的经济增长前景等，如发挥企业特有优势解决已有经营冲突、降低经营风险等。具体而言，当国内投资耗尽时，企业就可以利用东道国市场不完善的相关优势为东道国企业提供市场力量和竞争优势；FDI 如果以串通的形式与竞争对手分享市场或试图直接控制生产，则可以通过控制业务减少因业务扩张引发的冲突。企业具有三个层次的决策：日常监督、协调经营管理决策、规划长期发展战略等，其中通过国际化战略可以有效降低风险。Hymer 在外商直接投资和国际商务领域的重要地位源于他是第一个理解跨国公司（Multinational Enterprises，MNE）存在理论，以及外商直接投资背后宏观经济原则的学者，对后来的学者和理论贡献重大。Dunning J H（1980）及 Dunning J H 和 Pitelis C N（2008）则更关注交易成本的国际生产折中理论（Ownership，Location and Internationalization，OLI）、资源基础理论（Resource Based View，RBV）等。

外商直接投资的出现和形成从以下几种理论展开探讨：垄断优势理论、比较优势投资理论、产品生命周期理论、内部化理论等。

垄断优势理论（Monopolistic Advantage Theory）（Hymer S H，1960；Kindleberger C P，1969）又称海默—金德尔伯格理论。Hymer 在不完全市场条件下，从产业组织理论分析跨国公司海外投资行为，认为外商直接投资发生的条件是企业具有垄断优势，以获取与东道国内资企业在当地同样的竞争力，且不完全竞争市场使企业得以持有并保持这种优势。当企业相比其他国外竞争者而言在东道国拥有比本土企业更大的垄断优势时，该企业将会考虑国际化经营和进行对外投资。在完全竞争市场前提下的美国跨国公司在东道国将不具备市场实力和竞争优势，而现实市场中的不完全竞争使美国的跨国公司在东道国市场中持有并维护其垄断优势，获得垄断利润。Hymer 在对美国跨国公司进行案例研究时发现，相关企业侧重于具有垄断优势，尤其是在具有产品市场优势及生产要素优势的领域进行投资，并通过此类 FDI 获取高额利润。Kindleberger 认为市场的不完全性可以分为四个角度：产品市场不完全性、要素市场不完全性、企业规模经济和外部经济的存在，以及政府政策导致的市场扭曲。市场自发的不完全性，使跨国公司拥有垄断优势而抵销跨国竞争造成的额外成本，而政府政策导致的市场不完全性则引发企业利用其优势进行对外投资。由于市场不完全性诱发的跨国企业的垄断优势主要包括：规模经济、技术优势、低成本优势、资本货币优势、组织管理优势、全球视角战略的优势等。垄断优势理论对跨国公司开展 FDI 的动机解释力度较大，尤其对发达国家之间的双向投资进行了解释。

比较优势投资理论（The Theory of Comparative Advantage to Investment）（Kojima K，1978）又称边际产业扩张理论，是用企业比较优势动态变迁解释

企业 FDI 的理论。Kojima 通过对日本企业的 FDI 行为进行研究，认为企业 FDI 的最佳条件并非不考虑国际分工理论中的比较优势问题，而是将国内优势产业的优势产品转移到国外进行生产。Kojima 基于古典贸易理论对外商投资理论进行了解释并提出基于比较优势的国际投资理论，认为不能过分强调微观企业经济效益，还需考虑国家宏观整体利益。当母国具有比较优势产业的产品在对外出口中的竞争力不足时，可以将此类产品的经营资源通过投资转移到具有比较优势的东道国。母国企业在东道国进行生产经营的过程中，东道国企业从中获取技术、知识、资本、管理经验等，可进一步提高东道国在该产业或产品上的比较优势，从而进一步降低产品成本使其比较优势扩大。这一过程不但有利于东道国以较低的成本和价格向母国输出在该国已不具备比较优势的产品，还有利于跨国公司提高国际竞争力以获取更大的国际市场份额，使跨国公司具备相比在母国生产更有利的贸易条件。因此，在分析 FDI 原因时，需要同时考虑国际投资和国际贸易相关理论，从而更好地解释国际分工的动态重组。同时，Kojima 认为贸易导向型 FDI 对于母国而言，并不存在国际贸易的挤出效应，反而是对母国贸易的补充，从而增加了国际贸易。

产品生命周期理论（Product Life Cycle Theory）（Vernon R，1966）回应了 Heckscher-Ohlin 模型未能观察解释的国际贸易模式，该经济理论认为，产品生命周期的早期与该产品相关的零件和工人都来自其发明区域，该产品在世界市场上被广泛采用和使用后其生产逐渐远离原产地，在某些情况下该产品甚至成为由其原始发明国家进口的产品。按照该理论，产品的生命周期有五个阶段：创新阶段、发展阶段、成熟阶段、标准化阶段和衰落阶段。Raymond Vernon 认为产品的生产地点取决于所处的周期阶段，并根据产品生命周期的阶段以及产品在国际贸易市场中的表现将它们分为三类：新产品（Location of New Products）、成熟产品（The Maturing Product）和标准化产品（The Standardized Product）。在新产品阶段，产品在发明国生产和消费，没有出口贸易；在成熟产品阶段，大规模生产技术得到发展，外国（通常是发达国家）需求扩大，产品由发明国出口到其他发达国家；在标准化产品阶段，生产转移到发展中国家，然后将产品出口到发达国家。该模型展示了动态的比较优势，在产品生产中具有比较优势的国家从创新国家（通常是发达国家）向发展中国家转移。一般来说，新产品的研发创造需要大量研究人员和巨额研发费用等投入，因此创新产品在人均收入高、市场需求大的发达国家推出的成功概率更大，即新产品一般在发达国家集中生产而很少进行国外投资设厂等生产，不产生技术溢出。在成熟产品和标准化产品阶段，相关企业为获取更大市场份额，或为利用更廉价的劳动力、资源、原材料等生产要素以保持低成本优势等，通过 FDI 将生产转移到其他国家，产生向东道国相应的技术溢出。

内部化理论（The Internalization Theory）（Buckley P J 和 Casson M，1976）是一个用于分析国际商业行为的经济学分支，起源于交易成本理论，侧重研究中间产品市场的不完善阻碍资源的国际流动。因此，跨国公司通过建立跨越国界的内部化组织实现资源在公司内部网络的转移，从而消除了因中间产品市场不完善可能产生的影响，并逐步发展为适应国际分工新模式下的一体化国际生产体系。中间产品（Intermediate Product）是相对最终产品（Final Product）的生产过程投入要素，这里主要有两种：一种是将研发（Research and Development，R&D）与生产联系起来的知识、技术、技能等信息流；另一种是将上游生产设施转移到下游生产设施的原材料和零部件等投入流。这两种中间市场的不完善分别导致了 FDI 的横向一体化发展和纵向一体化发展。专业化和分工的发展导致中间产品日益重要，随着技术、专利、商标、知识等信息形态的资产累积，知识密集型产品的重要地位毋庸置疑，因此信息形态中间产品对市场完善程度的要求增加。该理论的大多数研究及应用主要集中于对信息流的研究（Markusen J R，1995），当东道国的专利和商标等知识产权保护意识薄弱时，专有知识更适用于跨国公司的 FDI。即使东道国有强大的保护力度，跨国公司也会通过保密措施保护先进的技术和知识。因为公司不是将自己的知识授权给独立的东道国本地生产商，而是将其运用于自己的生产设施，这就需要将公司的知识内化。新技术研发一般集中于公司总部，随后产生知识转移至公司其他分支部门。该理论认为内部化将导致产生更多、更大的跨国企业，因为知识是一种公共利益，具有外部性。因此对于东道国而言，部分在市场上不易获得的技术和知识，通过 FDI 技术溢出渠道获取是非常重要的。

二、外商直接投资的动机

对于外商直接投资动机的研究相对较少，其中 Dunning T（1993）将 FDI 的动机分为效率寻求型、市场寻求型和资源寻求型。Almeida P（1996）将跨国公司的投资动机分为技术开发型和技术寻求型。Kuemmerle W（1999）将跨国公司海外投资的动机分为以母国为基础开发型和以母国为基础扩张型，开发型主要基于自身比较优势追求获取东道国本地市场，扩张型则为了获取东道国成本较低的原材料、劳动力或稀缺资源。

对 FDI 动机的研究理论基础是国际生产折中理论（The Eclectic Paradigm of International Production）（Dunning J H，1977），又称国际生产综合理论。其认为跨国公司的国际生产力是由三组变量共同决定的：所有权优势、内部化优势、区位优势。这三种优势的不同组合影响了跨国公司的国际生产类型、产业选择、地理分布，还可以影响企业选择出口贸易、FDI 或许可证安排，并试图对跨国公司的国际经济活动给予统一解释，而不仅局限于国际生产或国际分工，见表 2-1。

表 2-1　基于国际生产折中理论的经济活动方式选择

国际经济活动方式	所有权优势	内部化优势	区位优势
FDI	√	√	√
国际贸易	√	√	×
许可合同	√	×	×

资料来源：根据《Multinational enterprises and the global economy》（Dunning J H，2008）整理。

所有权优势是指跨国公司拥有的区别于其他企业的资产、规模、市场、技术、知识、管理经验、营销技巧等一切有形或无形的综合优势。其主要分为两种：第一种是通过直接转让或投资，即能获取利益的所有权优势，如技术专利权、商标权等；第二种是只有通过 FDI 才能获取收益的所有权优势，如生产技术、管理经验等。其中，拥有第二种优势的企业更倾向于对外投资。

内部化优势是指跨国公司为规避不完全市场的负面影响，选择将企业优势维持于企业内部，以实现其全球战略。Dunning 认为在技术等无形产品的生产销售领域，及某些自然资源的生产加工销售领域，跨国公司优势内部化可避开外部市场机制不完全性而获得最大收益。因此，若内部化优势能使企业实现利益最大化，则企业就倾向于对外投资从事国际化生产。

区位优势是指跨国公司在东道国的投资环境相比母国的经营环境更有利。区位优势的决定性因素有：要素投入与目标市场的地理布局，生产要素的质量及价格，基础设施建设情况，物流、通信等成本，当地政府的政策措施力度和干预调节范围，金融制度和金融市场状况，东道国市场与母国市场的差异程度，东道国与母国的经济发展差距及消费者差异等。只有当东道国的区位优势足够大时，跨国公司才有可能对其进行投资并开展国际生产经营活动。因此，区位优势是跨国公司是否进行 FDI 决策，以及进行国际生产类型（劳动密集型、资本密集型、资源密集型、技术密集型等）决策和 FDI 部门结构与产业选择的重要指标。

Helpman E（1984）对企业内部和产业内贸易进行讨论时认为，跨国企业纵向一体化（Vertically Integrated）发展的重要影响因素为：要素禀赋差异和企业区位选择。垂直型 FDI 通常基于低成本优势考虑对东道国进行投资，东道国价格较为低廉的生产要素和劳动力成本有利于跨国公司成本最小化，见表 2-2。

表 2-2 垂直型 FDI 和水平型 FDI 决定因素

垂直型 FDI	水平型 FDI
东道国与母国要素密集度	东道国与母国市场规模

续表

垂直型 FDI	水平型 FDI
东道国生产要素特点	东道国平均收入水平
东道国与母国或第三国贸易成本	母国或第三国与东道国贸易成本
东道国劳动力成本及素质	东道国劳动力素质及受教育程度
东道国基础设施水平	东道国基础设施水平
东道国比较优势	东道国法律制度

资料来源：根据《Foreign direct investment and trade》（Markusen J R，2000）整理。

Dunning 基于上述理论对外商直接投资的动机划分为以下几种类型：自然资源寻求型、劳动力寻求型、市场寻求型、生产与销售国际化型。

在 Dunning 进行的 FDI 动机划分下，自然资源寻求型直接投资也是贸易寻求型投资，母国为加强国内生产中已失去的比较优势或进行国内无法实现的生产而发生的投资，其结果可促进最终产品和中间产品在东道国的垂直专业化分工。劳动力寻求型直接投资是当发达国家劳动力成本提高，使产品总成本不再具有比较优势时，发达国家选择将传统的劳动力密集产业转移至劳动力成本较低的发展中国家。这类直接投资下的转移与比较优势的动态变迁相一致，可以促进国际分工再调整，促进劳动力丰裕的东道国与劳动力稀缺的母国之间的贸易增长。市场寻求型直接投资为目的在于避开东道国贸易壁垒的贸易寻求型投资，是具有寡头垄断性质的 FDI，是反贸易寻求型的国际投资。生产与销售国际化型直接投资是大型跨国公司为实现水平与垂直一体化经营进行的直接投资，其是否属于反贸易寻求型 FDI，需要根据这类直接投资是否构成寡头垄断性质进行判断。进入动机分析是研究跨国企业对外投资行为的起点，经过对相关研究的整合梳理，Dunning J H（1998）在研究跨国企业投资区位问题时，根据不同的动机将 FDI 分为四种类型：自然资源寻求型（Resource Seeking）、市场寻求型（Market Seeking）、效率寻求型（Efficiency Seeking）和战略资产寻求型（Strategic Asset Seeking），见表 2-3。

表 2-3 基于国际生产折中理论的 FDI 决定因素

FDI 类型	经济决定因素	政治决定因素	其他决定因素
市场寻求型	名义 GDP 人均 GDP GDP 增长率 FDI 存量 实际工资 生产成本 物流成本 基础设施建设水平 关税等出口限制	所有权政策 价格控制力度 外汇可兑换性 市场进入限制 行业管控力度	地理区位 文化差异 语言差异 人口数量 消费者偏好
效率寻求型	通货膨胀 汇率 实际工资 储蓄率 国内投资规模 生产成本 基础设施建设 物流成本 FDI 存量	市场准入限制 所有权限制 税收及补贴 价格管控 企业绩效要求 优惠政策 贸易协议 环保要求	地理区位 劳动力丰裕程度 上下游供应商
自然资源寻求型	原材料价格水平 基础设施建设 物流成本 国内投资规模	优惠政策 市场进入限制 行业管控力度	原材料质量及规模
战略资产寻求型	基础设施建设 R&D 活动密集程度	知识产权保护力度 政策优惠及限制 风险水平 创新政策	专利水平 国际贸易依存度

资料来源：根据《Multinational enterprises and the global economy》（Dunning J H，2008）整理。

外商直接投资影响制造业全球价值链升级的主要路径是技术溢出效应，对 FDI 投资动机的研究，有助于异质性地对待 FDI 在东道国的技术溢出效应。在目前已有的关于 FDI 技术溢出效应的研究成果中，通常不区分 FDI 的独特属性，而将其作为同质资本进行研究。为更全面深刻地理解 FDI 技术溢出对东道国经济发展、结构转型、产业升级等的相关影响，通过对 FDI 进行投资动机、投资部门、本地化程度、研发投入、进入方式等的识别，考虑 FDI 的异质性对东道国技术溢出方式、路径及效果等的影响。Braconier H 等（2001）

通过对瑞典公司和行业层面的制造业数据研究 FDI 与 R&D 溢出效应的关系，认为跨国公司与东道国子公司的关系和进入东道国的方式对 FDI 技术溢出效应起关键作用。当 FDI 进入东道国的方式是兼并收购时，技术溢出效应会延迟，而当 FDI 进入东道国的方式为直接进入时，技术溢出效应是即时发生的。Pradhan J P（2006）针对 FDI 知识溢出效应研究中，总是将所有外国公司视为同质的、同等重要的，在东道国进行生产经营活动并产生相关影响，对东道国的发展也具有同等重要性。然而，在实际市场情况下外国公司基本上是非同质的，知识溢出可能性也存在不同质量。外国公司在东道国进行投资存在出口导向与出口替代导向、承担当地研发活动的强度、垂直整合、对当地原材料需求、进入东道国模式等方面的差异，而将 FDI 质量、维度的异质性纳入技术溢出分析是已有文献的一个重要限制。本书通过探讨 FDI 异质性并将其纳入技术溢出分析实证研究中，开发了一个实证框架，将 FDI 内部关联异质性指标构建为评价 FDI 质量的指标体系，利用其主要成分分析（PCA）建立了综合质量指数定义 FDI 质量的高低，并对其与东道国生产率溢出效应的关系展开实证研究。通过对印度制造业行业层面的研究，发现高质量、低质量 FDI 与东道国技术溢出效果之间差异显著。因此在对 FDI 进行相关分析时，应将 FDI 异质性纳入分析，否则结果可能产生误导性结论。Crespo N 和 Fontoura M P（2007）利用葡萄牙的数据对跨国公司与东道国公司之间的地理位置是否对 FDI 横向和纵向技术溢出效应有影响进行了研究。研究认为，在横向技术溢出效应，即水平外部性情况下可能由于竞争效应，其影响是负面的；在纵向技术溢出效应，即纵向外部性情况下则通过后向关联产生积极影响。并且对 FDI 进入东道国的不同方式进行了讨论，认为若 FDI 以兼并收购方式进入东道国则以东道国技术水平为起点，为技术溢出效应提供了更大空间；若 FDI 以直接设立子公司方式进入东道国，则 FDI 的主要目的是利用东道国的原材料等生产要素，建立与东道国无关联的不同技术系统，对技术溢出效应限制范围。

Hejazi W 和 Safarian A E（1999）是最早指出应将 FDI 动机纳入对技术溢

出产生可能影响分析的学者之一，指出已有研究衡量 FDI 对东道国的溢出效应一般是横向作用的，但其影响因素中还应考虑 FDI 的不同动机对东道国生产率的增长影响不同的可能性。但其文章并未对该观点的原因、作用路径与现实情况展开具体分析。Driffield N L 和 Love J H（2002）是最早尝试将 FDI 动机对技术溢出产生影响展开实证分析的学者之一，指出已有越来越多的实证和理论证据表明，FDI 动机可能并不是希望利用跨国公司拥有某些竞争优势，而是为了获取东道国经济公司的技术。研究中依据母国跨国公司与东道国技术研发关系及关联程度，将 FDI 动机区分为技术开发型（Technology Exploiting）、技术寻求型（Technology Sourcing），利用 OECD 1984—1995 年相关数据对制造业部门 FDI 流量进行动机对比测试，研究其是否对东道国国内全要素生产率的影响有所区别。研究发现，技术开发型直接投资比技术寻求型直接投资对东道国有更明显的全要素生产率溢出效应，且技术开发型直接投资具有净正效应，而技术寻求型间接投资具有净负效应。这些净效应是进入东道国的跨国公司引发的生产率溢出效应与竞争效应影响抵消后的净结果。Narula R 和 Marin A（2003）通过检验 FDI 相关母国企业及东道国企业的人力资本数量和质量数据，对 FDI 技术溢出效应的重要性进行了论证，分别研究了跨国企业活动是否产生溢出效应，跨国企业的溢出效应的具体影响因素和影响路径，FDI 对发展中国家人力资本开发的影响。通过阿根廷创新调查数据的支持，发现跨国公司子公司聘用的专业人员多于同等规模的国内公司。总体而言，就是拥有更多熟练劳动力且比同类国内公司投入更多的培训。跨国公司在东道国的子公司有效地提高了劳动生产率并支付了更高的工资，但在知识创新创造和转化利用方面与东道国内资企业的区别不大。并且分析还表明，溢出效应并没有因为 FDI 而广泛存在，而是将在市场相关高级知识中产生的经济租金限制在东道国子公司内部，通过跨国公司有效利用其跨国分支机构网络的能力，使其不容易溢出到东道国企业。据此推测资源寻求型 FDI 相较于市场寻求型 FDI 技术溢出效应较小。Smarzynska Javorcik B（2004）基于立陶宛企业层面数据对 FDI 的知识扩散帮助东道国产业提高生产率进行了分析。研究发现，FDI 对行业内技术溢出效应较小，结论不同于已有文献侧重于发掘并分析 FDI 的跨行业技术溢出效应的影响，母国跨国公司的东道国子公司与东道国当地上游部门供应商之间的联系使 FDI 有正向的生产率溢出效应。因此，当出口导向型 FDI 与东道国出口替代型 FDI 的生产工艺区别较大时，基于模仿产生的技术溢出效应将较小。Mucchielli J L 和 Jabbour L（2004）意图说明跨国公司通过 FDI 与东道国当地供应商之间的后向关联技术转让的原因，基于西班牙 1990—2000 年企业层面数据展开计量经济学分析，使用 Olley 和 Pakes 的方法估计企业全要素生产率，并衡量 FDI 对东道国下游企业生产率的影响，发现市场寻求型 FDI 相较于出口导向型 FDI 的后向关联技术溢出和技术转让效应较小。Girma S 和 Görg H（2005）利用英国企业层面数据对吸收能力在决定东道国企业能否从 FDI 中获得生产率溢出效应方面的作用进行研究，通过条件分位数回归允许 FDI 对位于生产率分布的不同分位数的企业产生不同影响，充分考虑不同动机 FDI 的异质性。研究发现，FDI 所处行业和分位数导致结果存在异质性，但吸收能力对生产率溢出效应至关重要。市场寻求型 FDI 在对东道国上游企业产生正向的生产率溢出效应的同时，对东道国出口型企业生产率有负向影响；出口导向型 FDI 对东道国出口型企业生产率有正向溢出效应。Beugelsdijk S 等（2008）区分水平型外商直接投资（即市场寻求型 FDI）和垂直型外商直接投资（即效率寻求型 FDI），分别测算其对东道国经济增长的贡献。本书利用 1983—2003 年美国跨国公司数据库，估算市场寻求型 FDI 和效率寻求型 FDI 对 44 个东道国经济增长的影响。同时使用 FDI 存量作为基准，通过控制内生性和吸收能力效应，研究发现市场寻求型 FDI 和效率寻求型 FDI 在发达国家同时具有积极显著的增长效应，且市场寻求型 FDI 比效率寻求型 FDI 有更好的增长效应；但在发展中国家市场寻求型 FDI 和效率寻求型 FDI 的增长效应没有在发达国家显著。其原因在于市场寻求型 FDI 的主要目的在于绕开贸易壁垒开拓东道国市场，可以通过对东道国劳动力的培训，同时利用母国资本和东道国资本发挥示范效应，进而影响东道国的经济增长；而效率寻求型 FDI 的主要目的是利用东道国廉价的原材料、劳动力等资源，只能利用东道国资本实现示范效应，因此对东道国的经济增长影响较小。

国内已有的研究成果中，关注投资动机对技术溢出影响的文献相对较少。孟亮等（2007）为验证不同动机 FDI 对我国工业部门技术溢出效应的具体路径，通过联立方程模型（SEM）方法开展了实证分析，发现在 FDI 不同投资动机下技术溢出效应的发生存在异质性。其中，出口导向型 FDI 可通过竞争途径、模仿途径实现技术溢出，而本地导向型 FDI 只能通过模仿途径实现技术溢出。刘凯和彭小雨（2015）对流入我国的 FDI 基于来源国和进入行业对其动机予以区分，利用我国 2001—2012 年制造业 39 个行业数据对市场寻求型 FDI、资源寻求型 FDI、战略资产寻求型 FDI 对制造业全要素生产率提高的影响进行了实证检验，结果发现市场寻求型 FDI 当期即对我国制造业全要素生产率产生了正向影响，资源寻求型 FDI 滞后一期对我国制造业全要素生产率产生正向影响且促进作用最大，战略资产寻求型 FDI 则对我国制造业全要素生产率不产生正向影响。孙早等（2014）基于母国特征的 FDI 的不同投资动机对东道国技术溢出效应进行了估计，利用我国 1995—2011 年工业两位码分类行业滞后动态面板数据，估计不同母国 FDI 对我国工业企业全要素生产率的影响。结果发现，母国为美国的 FDI 主要投资领域为高技术产业的，由于对技术溢出的管控最严，对我国资本密集型产业当期技术溢出效应显著，滞后期溢出效应减弱且衰落明显；母国为欧盟的 FDI 主要动机为低廉的劳动力的，对我国劳动密集型产业溢出效应高于对我国资本密集型产业的溢出效应。张纪凤（2015）对我国对外直接投资（Outward Foreign Direct Investment，OFDI）的不同动机进行了异质性区分，对我国 FDI 的动力机制和通过 OFDI 实践向技术溢出效应展开研究。基于战略三角理论框架对中国制造业 304 家上市公司 OFDI 的微观数据建立数理模型，研究表明出口能力、研发能力、管理能力对企业 OFDI 有促进作用。利用中国 2003—2012 年 69 个 OFDI 国别面板数据，通过扩展引力模型发现我国现有自然资源寻求型 OFDI、市场寻求型 OFDI、战略资产寻求型 OFDI 中的市场寻求型 OFDI 是当前主要驱动力。总体而言，OFDI 逆向技术溢出效应有一定的滞后期，是当前 OFDI 逆向技术溢出并不显著的主要原因。

三、外商直接投资的技术溢出效应

外商直接投资的技术溢出效应可以通过五条主要渠道发生：示范模仿、劳动力及人力资本流动、出口、竞争、产业关联（即与东道国企业的前向后向关联）。跨国公司通过 FDI 对东道国企业起到示范作用，由东道国的国内企业模仿可能技术溢出效应是最明显的溢出渠道（Das，1987；Wang 和 Blomström，1992）。由于获取知识有其固有的成本，以及获得可能的结果具有不确定性，将新技术投入东道国特定行业、特定市场对于国内公司而言，可能成本过于昂贵且具有风险性，而且如果跨国公司成功使用某项技术，即将其引入特定市场，将鼓励国内公司采用该技术。Barrios 和 Strobl（2002）认为，当研究者关注与产品或工艺技术相关的溢出效应时，将会发现示范模仿效应的相关性随两企业间产品的相似性增强而愈发增强。同时，其他类型技术也可能有溢出，如管理经营和营销技术等，但在这种情况下，产品的相似性影响不明显。

劳动力及人力资本流动渠道与东道国企业雇用工人的可能性有关。Fosfuri 等（2002）认为当所雇用的工人在不同国家企业工作过并拥有相关技术知识和经验时，则通过劳动力的流动，即雇用这些工人的东道国内资企业可以获取相应的技术溢出效应。然而，需要强调并重视的是，这条渠道也可能产生一定的负面影响，原因在于跨国公司可以通过提供更高的工资吸引东道国的最佳工人，而留给东道国内资企业的高素质劳动力的数量将有所下降，招聘难度将上升（Sinani 和 Meyer，2004）。劳动力流动对东道国当地企业效率的影响很难评估，因为涉及对工人的跟踪调查，以了解他们对其他工人生产率的影响（Saggi，2002），所以相关详细研究较为缺乏。

出口渠道是 FDI 技术溢出效应实现的又一条路径，跨国公司通过 FDI 方式出口产品使东道国国内公司受益（Aitken 等，1997；Greenaway 等，2004），一些研究强调了跨国公司对东道国内资企业出口能力的积极影响（Kokko 等，2001；Rhee，1990）。此外，出口活动涉及分销网络等的建立，跨国公司对于物流运输基础设施或东道国消费者市场品位及知识等相关成本更有能力承担（Greenaway 等，2004）。通过跟踪跨国公司 FDI 的出口流程，东道国内资企业可以通过模仿或在特定情况下合作，降低其进入国外市场的相关成本。因此，东道国内资企业可以通过跨国公司 FDI 出口渠道获得收益，并对东道国生产效率产生有利影响。

外商直接投资实现技术溢出的第四条渠道是跨国公司引发的东道国市场竞争加剧（Wang 和 Blomström，1992；Markusen 和 Venables，1999）。跨国公司通过 FDI 与东道国内资企业在东道国展开经济竞争。一方面可以激励后者更有效地利用现有资源和技术及采用新技术，另一方面可能限制东道国内资企业的市场力量（Aitken 和 Harrison，1999）。同时，东道国内资企业的生产效率也可能通过竞争渠道受到负面影响。因为跨国公司的存在也可能意味着东道国内资企业市场份额的重大损失，迫使其在效率较低的情况下经营，使规模效益无法实现，平均成本随之增加（Harrison，1994）。

Lall（1980）指出跨国公司通过 FDI 与东道国内资企业在当地市场建立的关系，为跨国公司通过为东道国本地客户生产中间投入产品而发生前向关联，以及为跨国公司的本地供应商产生后向关联创造条件，这也是 OFDI 技术溢出的重要渠道。Rodrı′guez-Clare（1996）、Markusen 和 Venables（1999）、Lin 和 Saggi（2004）先后验证了这一论点。在前向关联渠道情况下，跨国公司向最终用户消费的最终产品的东道国国内生产商，提供更高质量或更低价格的中间产品和生产投入品的模式，使这种技术溢出渠道效果最显著（Markusen 和 Venables，1999）。当然，由于中间投入品质量上升导致生产质量升级，也可能导致最终产品价格上涨。此时，若东道国内资企业没有能力从质量升级中受益，那么反而会遭受与成本增加相关的负面影响（Javorcik，2004）。在后向关联渠道情况下，跨国公司随着规模报酬增加，如果增加了对东道国相关投入的需求，则跨国公司的存在就可能使东道国国内供应商受益。这种模式的尝试可以有以下几种具体方式：跨国公司为提高东道国内资企业提供最终产品的商品质量提供技术支持；为东道国相关上下游企业引进人员培训等技术创新支持；为东道国投资建立生产性基础设施以更高效地获取原材料；为东道国相关上下游企业提供组织和管理层面的支持等（Lall，1980）。东道国企业为成为跨国公司的供应商而引发其竞争，会提高东道国内资企业的生产效率。Matouschek（1999）认为由于跨国公司的存在给国内供应商带来的好处，可能扩展到生产最终消费品的其他东道国国内企业。这种溢出渠道存在多种方式及多种影响，而且这些影响往往是相反的。因此，难以对该渠道的全球影响制定明确的期望，且由于 FDI 技术溢出机制十分复杂又相互依存，所以区分技术溢出的具体渠道是相对难以操作的（Kinoshita，2001）。

外商直接投资对东道国内资企业技术溢出的存在、特点和程度的决定因素众多，大致可分为五类：吸收能力和技术差距、区域效应、东道国企业特征、FDI 特征以及其他因素。对 FDI 技术溢出效应决定因素分析最详细的是，东道国国内企业的吸收能力以及母国企业和东道国企业之间技术差距的影响。Narula 和 Marin（2003）定义了这种因素：吸收能力指包括将其他企业创造的知识内化并根据自身特点、特定应用过程和惯例进行修改的能力。Kokko（1994）认为东道国内资企业必须与跨国公司存在适度的技术差距，才能从与跨国公司更高的相关技术中受益。如果技术差距太小，则跨国公司能够向东道国内资企业传递的利益就很少。Findlay（1978）及 Wang 和 Blomström（1992）认为 FDI 技术溢出效应的幅度与母国企业和东道国企业之间的技术差距程度正向相关，因为当存在较大的技术差距时，东道国内资企业能通过模仿获得跨国公司更高的技术，增加技术捕获效率及机会。但是这种差距不能过大，否则将阻碍东道国内资企业吸收跨国公司的技术优势。因为技术扩散并不是源于其他企业所拥有的知识库而自发、自动且直接的影响，还要求接受者有能力吸收和转化、采纳、运用这种技术（Lapan 和 Bardhan，1973；Wang 和 Blomström，1992；Perez，1997；Kinoshita，2001）。东道国内资企业的吸收能力通常使用其研发支出水平作为衡量指标（Cohen 和 Levinthal，1989；Griffith 等，2003）。吸收能力概念不仅体现在微观经济层面，还体现在宏观经济层面，通常与东道国经济发展水平有关，此外还与其人力资本存量密切相关（Borensztein 等，1998；Xu，2000）。Blomström 等（1994）以及 Kokko 和 Blomström（1995）认为跨国公司在熟练劳动力比例较高的东道国和部门可以使用更先进的技术。Hermes 和 Lensink（2003）认为东道国对基础设施建设的支持等其他因素，也可以被纳入吸收能力的概念。例如，发达的金融体系降低了东道国内资企业为寻求模仿跨国公司技术，或提升其员工素质等进行的投资等固有的风险，因而有利于 FDI 技术溢出效应的发生。Lipsey 和 Sjöholm（2004）认为东道国的发展水平与 FDI 技术溢出程度之间存在关系。在劳动力流动渠道背景下，欠发达国家所能实现的技术溢出水平较低。在跨国公司能够支付的工资高于东道国内资企业，并且在欠发达国家这种工资差异通常较高，以及其他相关原因的前提下，使工人从跨国公司转移到东道国其他公司就十分困难，于是限制了高水平劳动力的流动。Rodrı′guez－Clare（1996）认为欠发达国家吸收能力较低的原因还有可能是东道国当地供应商和本地的客户联系密切，而与跨国公司紧密合作的可能性较少。

Audretsch（1998）以及 Audretsch 和 Feldman（1994）提出 FDI 向东道国技术溢出效应具有地理维度的局限性，会随着母国和东道国距离的增加而减少。原因在于技术扩散渠道在适当的区域范围内会得到加强，距离过大反而会削弱相关联系。Girma（2003），Girma 和 Wakelin（2001），Jordaan（2005）以及 Torlak（2004）认为技术溢出的劳动力流动渠道和示范效应也受限于一定的空间范围。由于物流运输成本的存在会限制垂直联系所能辐射的空间区域，而竞争效应在一定的空间范围内受到正面及负面刺激都会有所加强，但超过一定空间范围则会减弱。

影响 FDI 技术溢出效应的另一个因素是，东道国内资企业的出口能力及相关因素。Blomström 和 Sjöholm（1999）认为东道国国内出口企业在国际市场中已经面临巨大的竞争压力，因此通过 FDI 在东道国国内市场运营生产的跨国公司不会产生额外的相关压力。Barrios 和 Strobl（2002）认为随着东道国内资企业出口能力增强，其与东道国国内市场的相关性下降，因此与跨国公司在东道国国内市场的竞争所产生的相关积极影响就变得不那么重要了，而在非出口型东道国内资企业中，FDI 的技术溢出效应将更加明显。Schoors 和 van der Tol（2002）强调已经暴露于国际市场竞争的东道国内资企业，可能不仅吸收外国先进技术以应对跨国公司在当地市场施加的竞争，还能够通过竞争渠道排除 FDI 产生的相关负面影响。东道国内资企业的规模也与其获得跨国公司技术溢出等相关利益的能力有关。Aitken 和 Harrison（1999）认为在就业规模及生产能力方面，相对较小的东道国内资企业不太容易与跨国公司竞争，因此会在 FDI 流入东道国时遭受更大的损失。此外，这些企业往往没有足够的生产规模来模仿跨国公司使用的一些技术，因此技术溢出效应较弱，而规模相对较大的企业则可以从 FDI 的存在中获益更多。

Li 等（2001）以及 Sinani 和 Meyer（2004）还讨论了不同类型的受援企业从溢出效应中的受益能力等区别，尤其在转型经济体中 FDI 对东道国私营企业和国有企业影响的区别较大。Banga（2001）认为对于不同来源国 FDI 同样可能对东道国技术溢出效应存在异质性，因为会涉及文化、语言、技术水平、技术转让方式、距离、部门结构等若干因素，所以不同来源的 FDI 可能带有不同的技术水平或技术转移、转让方式，因此会存在 FDI 国籍差异。以日本和美国对印度制造业 FDI 为案例进行研究发现，日本的 FDI 通常是标准化产品技术的转让，这一般从技术母国与东道国之间技术差距很小的行业开始。而美国的 FDI 通常是在技术更为复杂的行业中进行，其中尚未标准化的资本密集型产品意味着发展中国家东道国的现有技术与美国通过 FDI 转让的技术之间存在巨大差距。因此，预计来自日本的 FDI 对印度国内公司的技术溢出效应会更大。

Rodrı′guez-Clare（1996）认为后向关联在很大程度上取决于跨国公司母国与东道国之间的运输成本，若这些成本足够高，则跨国公司会有更大动力在东道国购买中间投入品。同时文化、社会和法律的差异等因素也有类似的效果。然而，在同时考虑文化和语言的差异可能限制东道国内资企业吸收新技术的能力时，最终这些要素的净影响都是模糊的。Javorcik 等（2004）认为部分 FDI 母国都是其成员的优惠贸易协议也可能影响跨国公司外国子公司的采购模式。被排除在这些协议之外的国家为母国的 FDI 更倾向于选择由东道国本地供应商提供较大份额的中间投入品，而不是选择从那些可能以优惠条件进行贸易的国家进口中间品。Braconier 等（2001）认为 FDI 进入东道国的模式也会对东道国技术溢出效应产生影响。当 FDI 通过合并或收购进入东道国时，技术转让逐渐发生，且会限制或至少延迟溢出效应；当 FDI 通过绿地投资（Green Field Investment）发生时，对东道国的新技术引入是即时的。但需要注意的是，在后一种进入模式中跨国公司通常会采用东道国本地的技术，或建立一个与东道国技术体系区别较大的技术系统，从而限制了溢出效应的范围。前一种进入东道国方式的技术起点是东道国的技术，因此通过示范能挖掘更大的技术溢出潜力，并且通过合并或收购进入东道国的 FDI 预先整合了当地经济，将与东道国国内公司建立更广泛的跨部门联系，从而扩大了溢出效应的范围。FDI 技术溢出效应的另一个决定性因素是，投资项目的外国所有权程度（Blomström 和 Sjöholm，1999；Dimelis 和 Louri，2002；Javorcik 和 Spatareanu，2003）。Ramachandran（1993）认为外国所有权比例较小时由于母公司对管理层的控制减弱，会降低其将更先进的技术转让给关联公司的动机，因此转移技术的程度随着外国所有权的程度加深而增加，使溢出更有可能发生。Takii（2005）认为可以假设更大份额的东道国国内所有权，允许位于东道国的子公司更容易获取母公司的先进技术，因为在这种情况下母公司更难控制相关人员的安排及重要技术泄露的预防。Toth 和 Semjen（1999）在匈牙利案例中证实，东道国国内参与程度更高的跨国公司的附属机构，可以与当地经济建立更多的部门间联系。

一些学者认为东道国贸易政策环境与 FDI 带来的技术溢出效应等间接利益之间存在关联。Bhagwati（1978）假设外向型东道国政权比进口替代战略型东道国能吸引更多的 FDI，因为前者国内的市场规模不是约束而是作为投资资源，能被更有效地加以使用。考虑到前者的国内政治经济环境相对稳定开放，在这样的预期下，东道国的出口促进制度会使 FDI 的技术溢出效应正面积极且显著，而在进口替代制度下则会使 FDI 的技术溢出效应较小，甚至是负面的。Kokko 等（2001）认为 FDI 为了在具有内向型贸易政策的东道国取得成功，可能使用东道国内资企业无法获得或暂时无法大规模发展及推行的技术，从而创造巨大的存在示范和学习效果。而在外向型贸易政策的东道国，跨国公司的优势主要在于其国际分销和营销网络，而不是新的生产技术。这种情况下 FDI 的技术溢出效应虽然可以通过出口实现，但其程度或重要性将低于在实施限制性贸易政策制度的东道国的水平。Altenburg（2000）则更关注东道国当地市场的跨国公司与东道国内资企业建立了更大的跨部门关系，增加了溢出效应的可能性。Javorcik（2004）观察发现，若 FDI 的目标市场是国际市场而东道国内资企业的目标市场是东道国本地市场，则东道国内资企业为当地市场生产的商品使用了不同的生产工艺，在生产出口的商品时，通过模仿产生的溢出效应水平较弱；但是若跨国公司服务于国外市场的要求较东道国国内市场要求较高且差距较大，则东道国当地供应商会进行更大幅度的调整而增加技术溢出效应。Lee 和 Mansfield（1996）认为知识产权是另一个影响 FDI 在东道国技术溢出效应的重要因素，且不仅增加了跨国公司在特定国家投资的可能性，还增加了溢出效应发生的可能性。Sherwood（1990）和 Javorcik（2002）认为如果东道国知识产权保护薄弱，就会有主要吸引低技术水平 FDI 的趋势，而且跨国公司倾向于选择全资投资项目，会减少与东道国当地企业的联系和经济互动，从而抑制技术溢出效应。Javorcik（2002）也表明对知识产权的保护薄弱将促使跨国公司更倾向于优先考虑在东道国进行组装的投资项目，而非在本地生产的投资项目，相关举措都将有助于防止溢出效应的出现。然而，知识产权可以被视为模仿者的额外成本，对知识产权的保护可能被视为对东道国内资企业潜在利益的限制。Markusen（2001）认为很多跨国公司在出口和 FDI 之间做出选择的模型背景下，促使得出结论为最佳解决方案的是知识产权水平等于保证进入所需的最低金额。Fosfuri 等（2001）

的模型可以帮助推断确定 FDI 溢出存在的另外两个因素，一个是跨国公司工人接受的培训类型，如果工人接受跨国公司更为具体的技术培训，那么东道国当地公司在获得该技术方面的优势就会减少，因为将其应用于自身生产过程的成本更高。另一个是劳动力流动限制的存在阻碍了工人从跨国公司转移到东道国内资企业，因此通过劳动力流动渠道发生的溢出效应较弱。在 Wang 和 Blomström（1992）提出的模型中，若跨国公司在东道国当地市场面临更激烈的竞争，那么他们将被迫使用更先进的技术以确保其市场份额和竞争优势，而产生的技术溢出效应有可能进一步增加东道国当地的市场竞争，同时也会激励东道国内资企业提高技术水平，因此会产生良性循环并发生更大的技术溢出效应。然而，高水平的竞争也可能导致跨国公司以更积极的方式保护其技术优势（Fosfuri，2001）。Rodrı′guez-Clare（1996）认为影响跨部门溢出效应的另一种可能因素是跨国公司对中间投入的大量使用，因为这是 FDI 对东道国内资企业通过后向关联发生技术溢出效应的一个关键条件。跨国公司在决定东道国定位时的动机也会对 FDI 技术溢出效应产生相应影响。Blomström 和 Sjöholm（1999）基于传统 FDI 理论论点认为 FDI 的隐含动机是技术开发，即当企业在国外建立分支机构并成为跨国公司时，为东道国带来一定数量的专有技术，构成跨国公司在东道国的特有优势，并允许他们与东道国更深刻了解当地市场、本土消费者偏好和商业行为的内资企业成功竞争。Kogut 和 Chang（1990）以及 Neven 和 Siotis（1996）通过实验证据表明，FDI 可能更倾向于技术采购，因为它希望获得东道国的技术优势。Fosfuri 和 Motta（1999）从理论上为另一种机制提供了可能性，即在他们的模型中，跨国公司的附属公司通过靠近技术先进的东道国本地公司而受益于后者引起的溢出效应，并可能将这种影响转移到母公司。当 FDI 传统动机盛行时，即 FDI 是进行技术剥削时，引进 FDI 东道国的期望是使跨国公司对国内公司的溢出效应更明显地发生。（Driffield 和 Love，2002，2003）Blomström 等（2001）认为溢出技术的内在价值及创新水平等因素是决定 FDI 技术溢出效应的又一因素，也可能是影响最大、最明显的因素。一方面，其带来的潜在收益刺激东道国内资企业试图获得该技术；另一方面，其重要价值促使跨国公司大力对其进行保护，因此这个因素的净影响是模糊的。Karpaty 和 Lundberg（2004）认为 FDI 对东道国技术溢出的影响与其进入东道国当地市场的时间长度有关。首先，越是较晚进入并建立分支机构的跨国公司越可能使用更为先进的技术，为东道国本土企业创造可能的学习空间。假设东道国当地公司与跨国公司的技术差距允许前者吸收后者的最新技术，则技术溢出效应与 FDI 进入时间有负向关系。其次，最近最新的 FDI 可能对东道国市场竞争产生最强烈的影响，但由于通过竞争渠道产生的技术溢出效应的最终结果是模糊的，因此这里无法论断其具体关系。最后，技术溢出效应不是即时发生的，因为东道国本地公司吸收、学习和复制这些先进技术需要一些时间。在与时间相关的决定因素背景下，较为确定的关键变量从跨国公司溢出到东道国内资企业是有时间滞后性的。

由于技术溢出效应的知识内容在本质上是一个抽象的概念而无法直接衡量，所以实证文献中通常采用的方法包括在计量经济学分析的框架内捕捉这种效应，其中劳动生产率或全要素生产率等协变量被认为会对生产力产生影响，用以研究 FDI 对东道国内资企业的影响。通过区分研究样本展开一系列研究，以评估 FDI 对东道国国内生产率的影响是否因具体决定因素不同而不同。在大多数关于该主题的研究中，东道国吸收能力的重要性成为可靠的结论。Kinoshita（2001）用捷克共和国的统计信息证实，当国内企业积极开展研发活动时，即当它们主动发展模仿新技术的能力时，东道国国内企业才能从 FDI 技术溢出中受益。因此，研发活动和 FDI 似乎是对国内企业生产率影响的重要补充。Keller 和 Yeaple（2009）认为在美国，只有在高科技领域经营的公司，即更多投资于研发的公司，才能从 FDI 的技术溢出效应中受益。Kanturia（2000，2001，2002）在对印度进行分析的一系列案例研究中，将“科学”与“非科学”部门分开，并指出 FDI 技术溢出在吸收能力较高的“科学部门”方面有积极影响。Barrios 等（2004），Girma（2005）以及 Karpaty 和 Lundberg（2004）所做的大量研究也强调了吸收能力的重要性，同样重要的还有东道国内资企业的研发支出规模和技术研发能力、水平等。Damijan 等

（2003）利用匈牙利和斯洛伐克的案例进行研究得到的结论是，东道国在FDI技术溢出中获得了积极的关系及影响，但在爱沙尼亚和拉脱维亚的案例中其相关影响却是负面的。Ponomareva（2000）和Yudaeva等（2003）利用俄罗斯的数据对东道国地区或国家的特殊特征和发展水平与FDI技术溢出现象以及具体效应因素进行综合分析，发现FDI技术溢出效应取决于所考虑地区的教育水平。Imbriani和Reganati（1999）考虑了意大利经济背景下的三大区域，结果表明只有在意大利最具活力的西北地区，跨国公司开展的研发活动才能使当地大型企业从中受益。Sgard（2001）通过研究匈牙利案例，分析了FDI在地理方面的差异对技术溢出效应的影响，认为位于匈牙利首都布达佩斯和奥地利边境之间的地区比该国其他地区更发达，这一地区恰好又与2004年5月1日匈牙利加入欧盟扩张阵营之前，横亘于两者之间的边境地区相邻。而欠发达地区则与南斯拉夫、罗马尼亚和乌克兰等东欧国家接壤。FDI在这两个地区都有积极影响，但在前一个地区更为强劲。FDI既可以在国家层面作为一种趋同机制为东道国国内企业带来显著的效率提高，也可以在东道国国内形成各经济区域层面上的影响。但因FDI仅落地、聚集于个别区域而并非普惠性地将其积极影响传播于全国，从而客观上增加了国内经济发展不平衡。Meyer（2003）认为尽管在微观和宏观两个层面的分析中都有充分的证据证明，吸收能力与FDI技术溢出效应的相关性，但吸收能力概念的全部潜力尚未被开发利用，未来的研究中应该更详细地探索“吸收能力”这个概念，以确定在公司和国家层面上有助于增强吸收能力的因素。Alfaro等（2004）通过计量模型验证了发达的金融体系为东道国内资企业从跨国公司的存在中获取技术溢出效应并受益的条件的重要性。Kokko（1994）为研究不同部门的技术特征对技术溢出效应程度的影响，考虑了三个变量：技术复杂程度（以不同行业当中平均每位员工的专利费数量代表）、跨国公司的平均资本密集度和技术差距（通过东道国国内公司与跨国公司之间劳动生产率的差异评估），以验证东道国国内公司与跨国公司之间技术差距对技术溢出效应的影响，并做出了创新性的贡献。结果表明，母国技术的复杂性和资本密集度的增加使FDI

在东道国发生技术溢出的可能性降低，但技术差距的影响是中性的。巨大的技术差距以及跨国公司大量的世界市场份额，为 FDI 在东道国的技术溢出效应的出现创造了不利条件。在这种情况下，跨国公司可能在相对脱离东道国国内市场节奏的世界先进水平上运作，而与国内公司没有联系。Kokko 等（1996）利用乌拉圭的数据区分了与同一行业中的跨国公司相比，具有或小或大的技术差距的东道国国内机构，仅在一组数据中获得正技术溢出效应的证据。同样的结果来自 Kanturia（1998），Girma 和 Wakelin（2000）以及 Dimelis（2005）的研究。Sjöholm（1999）根据使用的因变量产生了不同结果，从而排除了不同的结论。Flôres 等（2002）以及 Proença 等（2002）试图在葡萄牙案例中确定溢出效应最大化的生产力范围。前者认为，当东道国国内生产率平均水平为 FDI 母国公司相应生产力水平的 50%～80%时，技术溢出效应将实现最大化。后者进行类似的检验时则在 60%～95%。这种不一致的结果可能由于用于东道国和母国的技术差距的不同造成的。考虑 FDI 技术溢出效应是否具有局部性及区域维度是获得更广泛的实证评估的因素之一。Sjöholm（1999）、Aitken 和 Harrison（1999）以及 Yudaeva 等（2003）由于无法确认地理限定这一概念的维度，分别得出了不一致的分析结果。第一项研究考虑了印度尼西亚的情况，并得出部门内技术溢出效应的衡量变量在国家层面具有正系数，但当评估局限于区域层面时则为负系数。第二项研究针对委内瑞拉，第三项研究针对俄罗斯，相关案例分析也得出了类似的结果。Ponomareva（2000）也分析了俄罗斯经济，却得出了相反的研究结论，证实了技术溢出效应中区域维度是有影响的这一假设。Girma 和 Wakelin（2001）通过研究英国的情况发现，同一地区的 FDI 存量对东道国国内企业的劳动生产率产生了积极影响，当将两个部门都定义为 4 位数以验证部门内技术溢出效应时，相对于 2 位数的界定某特定地区以外的 FDI 存量的影响是不重要的。这个结果得到了 Girma（2003）的证实。Torlak（2004）使用 5 个国家的统计信息进行了相同的研究，在捷克和波兰的案例中发现了区域一级的 FDI 积极技术溢出效应，然而当集聚效应受到控制时，即通过考虑该地区的公司总数以作为一个额外的自变量时，区域层面的积极影响只对捷克而言是坚定的。在保加利亚案例中甚至发现了负面影响。Blomström 和 Sjöholm（1999）调查了跨国企业存在技术溢出效应的效果，是否因东道国国内企业出口或转向东道国国内市场而有所不同。使用印度尼西亚的统计信息验证，发现非出口公司的正面影响在 1%水平上显著，而当模型考虑出口公司时，相关变量并不显著。这一结果得到 Ponomareva（2000）的证实。Ponomareva 按照同样的分析线使用一个虚拟变量进行了研究，如果东道国国内公司属于出口量超过其产量 30%的部门，则观察到非出口公司或出口水平较低的出口公司的溢出效应更高的假变量。然而，Sinani 和 Meyer（2004）以样本国家中的两组国内公司为基础，通过对比发现没有任何有助于支持 FDI 技术溢出效应对不同组企业能够产生彼此存在显著差异影响的证据。Schoors 和 van der Tol（2002）将样本分为三组：封闭部门（出口产量不到其生产总量的 1/3 的部门）、开放部门（出口产量占其生产总量1/3~2/3 的部门）以及非常开放部门（出口产量超过其 2/3 生产总量的部门），并发现 FDI 积极的部门内技术溢出效应仅发生在更开放的部门。在通过后向关联实现跨部门技术溢出效应的情况下，开放程度的影响也很明显：在开放和非常开放的部门其相关影响都是积极的，但在后者中的影响更为显著。就前向关联的技术溢出效应而言，封闭部门和非常开放部门的相关影响是负面的，对中间的开放部门的影响是不显著的。总而言之，矛盾的结果排除了关于这个因素的明确结论。Aitken 和 Harrison（1999）分析了企业规模对 FDI 技术溢出效应的影响。研究中将公司规模进行了区分，以工人多于或少于 50 人为分类标准，并得出结论。认为在这两个不同规模的公司案例中，部门层面的 FDI 存量对东道国国内公司效率的影响是负面的，且这一影响仅对小公司来说是显著的。在规模较大的公司情况却不一样，即这些公司的能力虽然较低，但可以从跨国公司的存在中获得积极影响，只是不太适合面对跨国公司的竞争。Girma 和 Wakelin（2001）考虑到来自日本和世界其他地区（主要是欧洲）的 FDI 的分析结论是，即使是来自美国的 FDI 也同样，在东道国受 FDI 技术溢出效应影响最大的是中小型企业，小型或大型企业受到技术溢出效应的影响并不显著。Sinani 和 Meyer（2004）发现只有小型东道国国内公司（工人少于 50 人）和中型东道国国内公司（雇用 50~100 名工人）受益于 FDI 的技术溢出效应，且前一种情况的影响更大，当考虑到大公司时影响则不显著。简而言之，企业规模对 FDI 技术溢出效应影响的经验检验证据再一次被证明是不确定的。Li 等（2001）以及 Sinani 和 Meyer（2004）认为就东道国本地公司而言，企业所有权形式对 FDI 技术溢出效应有较大影响如私人企业，或国家所有权似乎决定了相关企业吸收外部性的能力。在一项关于中国的研究中观察到国有企业通过与私营企业的竞争从 FDI 中获益，而其余的本地企业则受益于 FDI 的示范效应和竞争效应。

决定 FDI 技术溢出效应程度的因素似乎与 FDI 母国的具体国家有关。Banga（2001）已经证实日本的 FDI 相较于美国的 FDI 更有可能为印度的内资企业创造技术溢出效应，分别从技术转让水平和具体转让技术内容两方面体现出差异性。Karpaty 和 Lundberg（2004）利用瑞典经济数据区分了美国、日本和世界其他地区的 FDI，发现尽管不同母国的 FDI 技术溢出效应都是很重要的，但来源于日本的 FDI 技术溢出效应对其影响最大。Haskel 等（2002）在以英国为东道国的案例中并未发现日本的 FDI 技术溢出效应的积极作用，而在相关数据的研究检测中却发现对于英国而言，来自美国和法国的 FDI 具有显著的正技术溢出效应。其中，来自法国的 FDI 在案例中发挥了更大的溢出效应，来自德国的 FDI 技术溢出效应的影响非常显著，来自日本的 FDI 则对英国有负面的影响。Javorcik 等（2004）在分析罗马尼亚的一项研究中发现，若 FDI 母国不属于与东道国参与相同的优惠贸易协定的国家，则更有可能发生积极的跨部门关联技术溢出效应，并证实了这一假设。Hu 和 Jefferson（2002）提供了有关 FDI 母国国籍对东道国技术溢出效应影响异质性的部门层面证据，通过对中国电子和纺织行业的考察发现，中国澳门、中国香港和中国台湾地区的 FDI 与来自经合组织国家的 FDI 技术溢出效应的影响差异显著。验证结果表明，只有来自经济合作与发展组织国家的 FDI 对东道国当地企业的生产率具有显著影响，但是这种影响是负面的。作者认为负面的技术溢出效应与这些国家的跨国公司较高的技术水平和其所引发的当地市场竞争加剧有关。Blomström 和 Sjöholm（1999）评估了母公司对跨国公司子公司所有权程度对技术溢出效应的影响，经验检验结果好坏参半，因此无法对这个因素影响给出确定结论。Dimelis 和 Louri（2002）为提高结果的稳健性，使用三个备选变量衡量 FDI 在东道国的规模：FDI 的销售额、就业和资本。通过对希腊进行实证检验，结果发现跨国公司对少数子公司所有权程度的影响明显更大。Takii（2005）使用印度尼西亚制造业数据得出结论认为，跨国公司子公司的所有权程度提高或全资拥有子公司，降低了其在东道国的技术溢出效应的程度。Javorcik 和 Spatareanu（2003）在处理罗马尼亚的数据时发现，当存在部门内技术溢出效应时，只有在没有东道国内资企业参与的情况下，这种影响才是积极的。当存在通过后向关联的跨部门技术溢出效应时，在有东道国内资企业参与的情况下将产生积极影响，这一结论得到了 Javorcik（2004）的证实。Kokko 等（2001）为检验 FDI 技术溢出是否受贸易政策制度性质的制约，使用乌拉圭制造业的数据进行了分析，对 1973 年之前采用进口替代制度时建立的跨国公司与 1973 年之后采用更开放制度时建立的跨国公司进行了区分。研究发现，前一时期建立的跨国公司对乌拉圭的技术溢出效应的相关变量存在正相关系数，而后一时期建立的跨国公司对乌拉圭的技术溢出效应的相关变量则存在负相关系数。由此判断，内向型制度似乎对于 FDI 在东道国对当地企业生产率的影响有利。Kohpaiboon（2006）对泰国制造业的研究中，通过使用名义保护率和有效保护率两种替代措施代表一个行业的贸易政策性质，发现旨在促进出口的政策体制中技术溢出效应可能更大。Li 等（2001）使用中国数据将 FDI 区分为国内市场驱动型和出口导向型，以验证 FDI 的技术溢出效应是否可能因 FDI 的市场导向而有所不同。结论认为，出口导向型 FDI 对东道国国内企业的溢出效应使其只在效率提高方面受益，而国内市场驱动型 FDI 由于加剧了东道国国内市场的竞争，因此对东道国国内企业产生负面影响。由此加强了已有的研究结论。Javorcik（2004）基于立陶宛的相关数据进行经验检验时，发现的一些微弱证据表明，在立陶宛面向东道国国内市场的 FDI 项目产生了更多的技术溢出效应。基于以上针对不同东道国的研究中截然相反的研究结论可知，FDI 的市场导向对东道国技术溢出效应的相关影响，尚不能给出明确的研究结论及作出明确合理的解释。已有的文献成果对 FDI 与东道国技术溢出效应之间分析较少的另一因素为，FDI 的海外投资动机。对这一因素开展分析研究时，面临一个重要困难：如何衡量跨国公司的海外投资动机。Driffield 和 Love（2006）使用跨国公司与东道国之间的研发投入强度差异，进行了代理处理并假设这种差异是确实存在的。若这种研发投入强度的差异是积极的，则 FDI 是东道国的技术来源；若这种研发强度的差异是消极的，则 FDI 于东道国投资的主要目的是技术开发。有学者认为后一种类型的 FDI 可能对东道国国内公司产生更大的生产率溢出效应。Driffield 和 Love（2003）通过检验从 13 个国家流入英国的 FDI 以验证这一假设。研究发现，在 FDI 具有技术开发这类传统投资动机的情况下，FDI 对东道国技术溢出效应之间是积极正面相关的；而在 FDI 具有技术采购投资动机的情况下，FDI 对东道国技术溢出效应之间是消极负面相关的。这两项结果都是显著的且非常重要。Girma（2005）进行了在公司层面的类似经验检验分析，分析结果广泛证实了相关结论。

对于 FDI 在东道国的技术溢出效应影响因素的相关论据和已经产生的经验证据是确定的。FDI 的技术溢出效应取决于许多因素，通常具有不确定的影响。其中，在 FDI 技术溢出效应的影响因素中，东道国国内公司和东道国相关区域、产业的吸收能力是吸收纳入 FDI 外部性的先决条件。对于其余因素的相关研究结果可能显示相反的效果，或者在某些情况下仍然不足以得出可靠的结论。

第二节　全球价值链理论

全球价值链理论主要包括：全球价值链概念的形成和发展，全球价值链的动力机制，全球价值链的治理和全球价值链的升级等主要内容。因全球价值链的治理并非本书的研究重点，所以在本节的文献综述中不着重介绍全球价值链治理的相关研究。全球价值链理论是在世界价值创造体系重构的基础上，对投入产出关系、空间合作分配关系和价值链治理关系的规律研究。世界经济一体化的快速发展，使经济活动不再局限于国家内部或少数国家之间，跨国公司作为其在世界范围进行资源配置的重要载体，进行生产活动并提供商品和服务。跨国公司在发展过程中于彼此间形成战略联盟进行合作生产，伴随组织分解和业务外包，跨国公司间的关系打破了原有的竞争模式而通过分工和协作展现出网络化的新模式，这种跨国生产活动向国际贸易理论和跨国公司理论提出挑战，需要新的理论框架来解释现代经济活动的新现象。全球价值链理论是经济全球化理论的重要组成部分，对全球化条件下经济活动的新特征和新发展进行了分析。追踪全球生产模式的变化，对于经济参与者、公司、工人和政策制定者而言，可以更好地了解全球价值链在特定情况下的运作方式，帮助其预测随时间推移可能产生的发展变化及相关影响。

一、全球价值链的概念

价值链（Value Chain）是指公司和员工为将产品或服务从概念实现为可承载最终用途的商品，以及其他方面所做的全部活动，包括设计、生产、营销、分销、售后支持等一系列活动。价值链可以包含在单一地理位置（如一个国家）甚至是单一公司内，而全球价值链则涉及多个地理空间和多个公司。比如，计算机的生产过程需要将不同国家的多个供应商提供的材料在一个国家进行组装，而其设计及最终销售则可能在其他地方。因此，全球价值链是多个公司之间分工合作并分散在多个地点的价值链。全球价值链使处于相互分离地点的公司和工人相互影响且联系更密切，这些影响既可以通过 FDI 这样相对简单的方式发生，也可以通过一国的公司与另一国公司签订合同，并在第三国另一家公司工厂协调生产等复杂方式发生。全球价值链中企业之间的关系因产品组件的数量质量特征、企业研发能力及标准化生产过程的能力等诸多因素存在差异，在不同发展程度的国家所起的作用也不同，其运作和治理及特定行业的工作、技术、标准、法规、产品、流程和市场等细节具有重要意义。价值链的概念基于组织的过程视图，将生产制造或服务组织视为系统而由每个子系统组成。每个子系统都有输入、转换和输出等过程，这些过程会涉及资源的获取和消费、资金、劳动力、材料、设备、生产厂房、土地、行政和管理等方面，而如何开展价值链活动则决定了成本并影响了利润（IFM，2013）。价值链的概念已被用于分析全球价值链中的国际贸易，包括将产品从概念、设计、原材料和中间产品中提取所需的全部活动投入及营销、分销以及对最终消费者的支持。具体而言，当必须跨地域协调活动时全球价值链（GVC）的概念出现于文献研究中。

对全球生产网络展开的分析源于20世纪80年代提出的生产价值链理论。最早注意到产业内部企业间价值链分工现象的是Porter M E（1985），并首次在《竞争优势》一文中提出价值链的概念：价值链是一组在特定行业中运营的公司，为了向市场提供有价值的产品或服务而开展的活动。Porter的价值链理论对单个公司的内部价值创造过程展开了研究，用于解释企业内分工日益深化的现象。Kogut B（1985）结合企业竞争优势和国家比较优势对价值链垂直分离进行了解释，提出价值增加链（Value-added Chain），指出比较优势是价值链各环节上的不同国家和地区空间配置的重要原因，单个企业可作为中间环节参与生产中间产品，以及最终产品组装和销售等过程的利益分配，打破企业内垂直扩张的生产体系，反映出企业内价值链垂直分离和企业间全球空间价值链重构的区别和联系，对全球价值链理论的形成影响深远。

全球价值链理论在形成过程中融合了价值链、商品链和全球化等理念。第一次正式提出全球价值链的概念是在20世纪90年代中期。Gary Gereffi（1994）作为价值链分析的先驱者，基于其早期的东亚服装公司研究工作，描述了一个对加入GVC的公司进行自发学习和升级的过程，并对加入其中的发展中国家的产业升级前景充满了希望。关于全球价值链这一新的国际分工现象，经济理论界的学者们有很多不同的表述方法，国外学者 Krugman P R（1996）将其表述为“对价值链的切片化”，Feenstra R C（1998）表述为“垂直专门化”，Hummels D 等（2001）表述为“垂直专业化分工”；国内学者张二震等（2002）表述为“要素分工”，卢峰等（2004）表述为“产品内分工”等。之后，对于价值链理论的研究逐渐扩展到全球经济和产业组织中，最具代表性的是 Gary Gereffi（1995，1999）创建的全球商品链（Global Commodity Chain，GCC）理论，提出全球商品链是指在经济全球化背景下，商品的生产可以在不同国家组织，产品生产的不同阶段在不同国家、不同类型的企业完成，最终生产过程的实现是由多个国家、多个企业共同完成的。Gary Gereffi（2000，2003）等学者在已有研究基础上逐步完善了全球价值链（Global Value Chain，GVC）理论分析框架。联合国工业发展组织（United Nations Industrial Development Organization，UNIDO）（2002）结合诸多学者的研究成果，提出了最具代表性的 GVC 概念。根据联合国工业发展组织的定义，全球价值链是指为实现商品或服务的价值进行生产、销售、回收处理等过程在全球范围形成跨企业的网络组织，涉及原料采购和运输、半成品和成品生产与分销、最终消费和回收处理的整个过程，所有生产销售等活动的组织和参与者进行价值和利润分配。处于全球价值链上的企业散布于世界各地，进行着设计、产品开发、生产制造、营销、配送、消费、售后服务、最后循环利用等各种增值活动，即为最终实现商品或服务价值由起始生产到最终消费并回收处理，而将原料采购和运输、半成品和成品生产及销售进行串联的全球性跨企业网络组织。简而言之，全球价值链包括生产商品或服务所涉及的所有人员和活动及其全球供应、分销和售后活动。GVC 与行业级价值链类似，但涵盖全球层面的运营，见表 2-4。

表 2-4 全球价值链理论发展过程

理论	代表学者	时间	主要观点
企业价值链理论	Porter	20 世纪 80 年代中期	企业之间的竞争不是某个环节的竞争，而是整个价值链的竞争

续表

理论	代表学者	时间	主要观点
片段化价值链理论	Kogut	20 世纪 80 年代中期	生产流程的片段化，价值链生产环节的全球范围配置
全球商品链理论	Gereffi	20 世纪 90 年代中期	产品生产的跨国组织体系
全球价值链理论	UNIDO、Sussex 大学等	20 世纪 90 年代末	全球性跨企业的生产链条网络

资料来源：根据全球价值链理论整理。

GVC 概念的出现与世界银行在关于东亚奇迹报告（Page J，1994）中对“亚洲四小龙”在出口导向型战略下重点发展劳动密集型的加工产业，获得短时间内经济腾飞的成功相呼应。因此，世界银行和其他主要机构鼓励发展中国家的企业，通过升级技术能力发展满足全球标准化生产过程的能力，鼓励领先的跨国公司在帮助东道国当地企业发展、转让先进技术技能和知识等方面发挥关键性作用。Giuliani E 等（2005）发现产业集群有助于东道国工业区企业克服增长限制，发挥比较优势，并和发达国家、发展中国家在全球市场范围展开竞争。对于通过国际分工利用国际资本和技术，之前的文献更多地强调外部联系和全球范围的消费者对促进集群层面在升级方面发挥的作用，但通过对拉丁美洲国家的集群分析发现，部门特征对整合全球价值链中产业集群升级模式和程度，以及部门创新模式至关重要，发展中国家并不都能在全球价值链中完成产业升级，甚至一些国家面临低端锁定风险。

Kaplinsky R 和 Morris M（2000）认为全球经济一体化为世界上许多国家和个人，提供了经济和收入的大幅增长机会。对于发展中国家和地区而言，新时代的全球化还意味着在全球范围内进行联系和分工协调的制造生产。这一重大机遇有望提高工业增长的潜在速度和范围，并提升其制造和服务活动。生产者在面临激烈竞争且竞相降低轨道的情况下，一些国家确实因此实现了良性循环、收入持续增加、能提供更高质量和日益差异化的最终产品，步入了高速发展，而与之对应的处于低迷道路的不同关键能力是创新能力，并确保产品和流程开发的持续改进。因此，生产的重点需要放在学习能力上，这不仅对生产部门本身有影响，而且对整个国家的创新体系也有影响

（Lundvall，2010；Nelson 和 Winter，2013）。

经济合作与发展组织（Organization for Economic Co-operation and Development，OECD）秘书长 Gurría（2012）认为 20 世纪 90 年代末出现的全球价值链，为加速国际贸易和投资的格局转变提供了催化剂，对全球经济体和企业产生了重大而深远的影响。联合国贸易和发展会议（United Nations Conference on Trade and Development，UNCTAD）（2013）报告指出，全球价值链对国际经济发展做出了重大贡献，增值贸易对发展中国家的国内生产总值贡献了约 30%，远远高于发达国家的 18%，全球价值链的参与程度与人均国内生产总值增长水平相关。全球价值链对经济、就业和收入产生直接影响并为发展创造了机会，成为发展中国家提高生产能力的重要机制，也可以提高技术采用率和劳动力技能发展，为长期产业升级奠定基础。但是，在 GVC 同样存在局限性，由于 GVC 分工条件下不同国家和地区的利益分配是非均衡的，当参与全球价值链的国家在国内完成的工作增加值相对较低，即仅为产品或服务的总增加值贡献一小部分时，GVC 对该国增长的贡献就可能受到限制。因此技术的扩散、技能培养和升级并非自动发生和确定有保障的，发展中国家面临着在全球价值链中进行永久性低附加值生产活动的风险。同时需要警惕的是，价值链管理者重新安置其生产的倾向会带来额外的风险，GVC 对环境和社会条件可能产生负面影响。比如，恶劣的工作环境、职业安全、健康保障等。因此，各国需要仔细评估参与全球价值链的利弊，以及促进全球价值链或全球价值链引导发展战略促进政策的成本和效益。促进 GVC 参与意味着在针对特定的 GVC 细分市场中，其参与只能构成国家整体发展战略的一部分。在促进 GVC 参与之前，政策制定者应评估国家的贸易概况和工业能力，以有效选择 GVC 发展战略路径。通过 GVC 实现升级需要一种结构化方法，包括将全球价值链嵌入工业发展政策，通过为贸易和 FDI 提供适当的框架条件，并建立所需的基础设施、发展公司能力和培训当地劳动力来实现全球价值链的增长和升级。

二、全球价值链的动力机制

学者和企业界人士广泛使用全球价值链研究方法，对全球产业的结构和动态进行详细研究，以了解生产制造和利益分配。在实践中，问题研究集中在经济发展和产业竞争力上，因此在全球价值链中决定潜在“杠杆点”和“瓶颈”的动态因素分析结果，如治理、制度和企业间关系等，会进一步影响产品或服务的分工位置、发展和竞争力，常被公司应用于制定发展战略，也常为国家制定产业政策、干预措施服务。全球价值链的发展受很多因素影响，且全球价值链的模式和影响在特定的国家和行业中往往有所不同，因此 GVC 研究通常具有行业或地理区域重点。在研究中需要考虑三个重要变量：一是交易的复杂性。交易越复杂，全球价值链中的参与者之间越需要更多的互动，从而相较基于价格的市场而言，越需要更复杂更强有力的治理形式。二是交易的可编码性。在一些行业中，已经制定了相关行业和产品的分类方案并用于编制复杂的信息，以便相对容易地在 GVC 合作伙伴之间切换数据，且通常使用先进的信息技术。如果供应商有能力接收和采取这种编码信息，而且方案广为人知和被广泛使用，模块化价值链便较容易出现。如果没有，则相关主导公司既可能保留内部功能将导致更多的垂直整合，即层次结构，也可能将其外包给受到严格控制和监控的供应商，即专属网络类型，还可能与供应商建立密集的特定对应关系，即关系治理类型。三是供应商的能力。接收和处理来自主导公司的复杂信息和指令，要求供应商具有一定的能力，只有这样才能实现复杂编码信息的传递和密切的互动。如果没有合格的供应商，主导公司倾向于将其外包给他们密切监控和控制的供应专属商（Gereffi G 等，2005）。

全球价值链理论的动力模式基于 Gereffi 等（1994）在全球商品链研究中给出的 GCC 运行机制。生产者驱动型（Producer-driven）意味着主导企业通过 FDI 在东道国寻求本地庞大的市场需求并促成分工体系的形成。采购者驱动型（Buyer-driven）则由消费者或买方的需求驱动 GVC 形成，主导企业缺乏相应实力对整个价值链进行管理，更多的是通过全球采购和生产外包的形式组织产品的生产，东道国企业则通过原始委托生产（Original Entrusted Manufacture，OEM）这种国际分工地位较低的方式参与 GVC。简而言之，以上两种动力模式认为，全球价值链上各个分割环节在生产者或者采购者的推动下进行分离、重组及维持运营。二者的比较见表 2-5。

表 2-5　生产者驱动型全球价值链与采购者驱动型全球价值链的区别

项目	生产者驱动型	采购者驱动型
驱动力根源	产业资本	商业资本
核心竞争力	研发（R&D）、生产能力	设计、市场营销
进入壁垒	规模经济	范围经济
经济部门	消费耐用品、中间品、资本品	非消费耐用品
典型产业	汽车、计算机、航空航天	服装、鞋类、玩具
制造企业所有权	跨国企业	当地企业
主要的网络环节	基于投资	基于贸易
主要的网络结构	垂直一体化	水平一体化
辅助支撑体系	重硬件，轻软件	重软件，轻硬件
典型案例	英特尔、波音、丰田、海尔等	沃尔玛、耐克、戴尔等

资料来源：根据《A commodity chains framework for analyzing global industries》（Gereffi G，1999）整理。

Venkatraman N 和 Henderson J C（1998）认为在工业和消费者市场中，买方和供应商的关系驱动系统越来越复杂，全球生产供应链的设计和管理势在必行。互联网的出现促使供应链管理越发复杂，业务接受和商业用途的信息网络为建立商业上可行的供应链，以应对新兴虚拟组织面临的竞争挑战提供了基础。在新挑战下，由生产者驱动的投资引领推动市场需求，在全球形成生产供应链主导公司安排产品服务的营销，外包相关生产环节和 FDI 等产业前后向联系。在此类全球价值链中，多以大型跨国制造企业为主导，一般处于资本密集型和技术密集型产业，如计算机、汽车、航空航天、装备制造和半导体等。投资主体可以是拥有先进技术、意图市场扩张的跨国企业，或者是为带动地方经济发展、谋求工业体系完善升级的政府。而由采购者驱动的主导企业一般为品牌优势强大、销售渠道成熟的主体，其全球价值链的生产组织形式往往是全球采购和贴牌加工等跨国产品流通网络，市场需求强大，对出口导向战略发展中国家的工业化进程的拉动作用也强大，一般处于传统劳动密集型产业，如食品、纺织服装、鞋类、家具、玩具等。

Sturgeon T J（2001）认为互联网对全球价值链的影响十分明显，但其对生产者驱动链和购买者驱动链的持久变化尚不能确定，目前虽然出现了几种可能的情况但并不互斥。第一种情况是电子商务将导致基于信息媒体的价值链出现，可以直接在线访问消费者；第二种情况是互联网扩展了购买者驱动链的逻辑，因为信息和资源都在不断地从制造商、营销商和零售商转移到消费者身上；第三种情况是互联网的影响将被捕获并整合到大型成熟公司的实践中，从而加强现有生产者驱动和购买者驱动的治理结构中的权力关系。这三种情况均有证据支持，且目前第三种模式仍占主导地位。

三、全球价值链的升级

全球价值链框架不仅将工业组织框架，包括商品链、网络、工业区和集群等各个方面结合起来，也将不同学术背景研究人员聚集在一起，使用一套标准术语描述跨越广泛地理区域的公司之间复杂的网络关系，并促进全球价值链分析和研究方法的不断发展。比如，杜克大学全球价值链中心既是 GVC 计划的所在地，也是为数不多的以 GVC 为重点的研究机构之一。GVC 框架既被用于确定具体的劳动力发展战略，也被用于确定升级的机会。全球价值链空间广泛，组织分散，高度动态，难以确定一个国家或产业的地位和前景。因此，经济参与者、企业、工人和政策制定者必须了解全球价值链在特定情况下的运作方式，并运用工具帮助预测它们如何随时间变化。全球价值链视角下的产业升级是指已嵌入 GVC 或嵌入 GVC 过程中的企业，通过融入全球价值链获取先进的技术和市场，实现技术进步，提高核心竞争力，进而开展附加值更高的生产活动。升级过程既可以是对价值链环节内的属性调整，也可以是价值链环节间的组合变动；既可以发生在同一价值链之中，也可以发生在多条价值链之间。对于发展中国家而言，若想改变所处功能和环节的被动地位，获取更高的生产附加值，就必须升级。

关于全球价值链的提升，由于全球价值链的各环节产生的附加值不同，战略性的环节能够创造更高的附加值（Porter，1992），导致发达国家和发展中国家在价值链分工中获益不均。最具代表性且得到学者们广泛认同的是，施振荣（1992）在《再造宏碁：开创、成长与挑战》一书中提出的“微笑曲线”。它说明了在产品的价值链环节中，加工、组装的附加值最低，而其上游的研发和下游的营销、品牌运营则具有较高的附加值。当前，大多数发展中国家以加工制造的方式嵌入 GVC 的低端环节，附加值较低，获取的贸易利益十分有限。因此，如何促进价值链向高附加值环节提升，既是增强一国竞争力的必然要求，也是提升贸易利益的关键所在。随着全球价值链历经价值链、价值增加链、产品链、生产链而逐步发展完善，生产链条上各环节日益专业化，分工越发精细化。Teece D 和 Pisano G（1994）认为产业升级是发展企业动态能力的结果，从长期来看，企业的利润只能从有利于学习效应发挥的企业内部流程、区域国家创新系统等方面获取。Krugman（1995）把企业间价值链和区域间、国家间价值链融为一体，基于价值链对全球化过程加以分析，描述了生产过程分割的片段化。Hamel G 和 Prahalad C（1996）认为产业升级是核心竞争力创新和提升的结果，企业的核心竞争力主要包括为消费者提供满足需求的产品和价值的能力、难以掌握的竞争策略、较高的进入门槛等。Arndt S 和 Kierzkowski H（2001）对同一价值链生产过程中的分割现象用“碎片化”或“片段化”描述跨境组件和生产共享，这一跨境网络既可以在公司内部发生，也可以在多个企业间合作。这种生产的流程分离和空间分离，对国际贸易统计方法的准确性提出了挑战。Kaplinsky R（2000）认为价值链分析为政策的制定和实施提供了宝贵建议，通过参与全球经济和融入全球价值链，使企业具备提供更优质产品的制造能力，生产效率更高，生产过程的技术含量更高，因此可以视为升级。Humphrey J 等（2000）又以企业为研究中心，提出了四个层次升级分类方法，由低到高分别是：工艺流程升级（生产过程更加有效率）、产品升级（转向更高端生产线）、功能升级（升至价值链中的高附加值环节）、部门间升级或链条升级（将所获能力应用于新领域或转向一个新的 GVC），即由 process-upgrading（流程升级）到 product-upgrading（产品升级），进而到 function al-upgrading（功能升级），最后到 chain-upgrading（产业链升级）。Humphrey 等（2002）还通过研究东亚众多国家的工业化进程对上述分类方法进行了佐证，结果发现东亚国家的升级路径基本遵循“原厂委托组装（Original Equipment Assembling，OEA）—原厂委托制造（Original Equipment Manufacture，OEM）—自主设计制造（Own Design Manufacture，ODM）—自主品牌制造（Own Brand Manufacture，OBM）”的过程。但由于发达国家的跨国公司牢牢占据着价值链中的支配地位，为了维护自身的利益，它们会采取一系列手段阻碍发展中国家企业的价值链提升，导致无法实现上述四层级模式的自动升级。全球价值链分析中将价值链的“升级”视为从“流程升级”转向“产品升级”，然后进行“功能升级”，最后升级过程也可能是跨部门的“价值链升级”。比如，生产者首先通过采用更好的技术提高效率，进而转向使用更高质量的材料升级产品质量或使用功能更好的质量管理体系（Quality Management System，QMS），其次，公司开始设计自己的产品并发展营销和品牌推广能力，最终开始直接向终端市场或客户供应产品（Humphrey J 和 Schmitz H，2004）。Humphrey 的这种四分法在目前的研究中得到了较为广泛的认可。

全球价值链是各国的生产和贸易网络，对 GVC 的研究不可避免地要求一种可以处理投入变量的贸易理论。而当前流行的贸易理论 Heckshcer-Ohlin-Samuelson 模型和新贸易理论以及新新贸易理论仅涉及最终产品，因此需要一种全新的理论（Inomata S，2017）。Escaith H 和 Miroudot S（2016）预期扩展形式的李嘉图贸易模型可以更好地适用于全球价值链分析。一些研究人员认为全球价值链升级过程并非总能发生，另一些研究者认为全球价值链预期的升级过程可能不适用于所有环节的升级。Humphrey J 和 Schmitz H（2000）认为升级到设计、营销和品牌推广等环节会受到某些条件下出口的阻碍，因为跨国公司并不愿意将核心技能转让给东道国供应商，将阻止其进入全球市场直面世界客户。张辉（2004）认为在全球价值链视角下，产业升级过程包括外部采购或产业分离现象，是价值环节内在属性和外在组合的变动，而这些变动既可以在同一价值链中发生，也可以在多条价值链之间发生，既需要根据价值链的增值路径具体布置战略，还需要关注价值链中的突破性创新和跨越式发展。安歌军和赵景峰（2011）指出在跨国公司主导的国际产品内分工条件下，一国（地区）产业结构升级不再局限于由劳动密集型向资本、技术密集型转变，还包括在同一产品生产价值链内部，由劳动密集型环节向资本及技术密集型环节转变。

联合国工业发展组织（UNIDO，2002）认为全球价值链为发展中国家的产业发展提供了技术扩散渠道和参与生产机会，对于当地企业和企业集群的推动作用也是可观的。融入全球价值链便意味着有了提升自身能力的机遇和机会，有望通过适当的学习和经营管理活动将企业治理提升至世界先进水准。也就是说，全球价值链为自觉自主创新和学习先进技术能力提供了有效系统和产业升级机制，以及获取更广阔市场和更先进技术的希望。发展中国家企业参与国际市场竞争需要具备必要的初始技术能力，当地企业嵌入价值链由供应关系触发的学习效应必将出现，相对应的技术溢出效应对于参与生产者驱动型价值链和采购者驱动型价值链的企业同样有效。产业升级意味着劳动密集型生产环节向资本密集型和技术密集型生产环节的转变，需要改善技术生产能力为全球价值链的升级做好准备。GVC 升级还意味着资本深化，即伴随着要素禀赋的转变。因此，企业应有意识地在生产选择和技术选择中用资本取代劳动，以提高配置效率，遵循产业升级的循序渐进规律。

第三节 制造业全球价值链的定义、地位测度及升级机制

在全球价值链背景下，现代国际竞争已经从单个产品层面逐渐深入产品内部各个生产环节，准确判断中国制造业在价值链分工中的地位，对于中国进一步融入世界分工体系、促进制造业结构升级具有重要意义（李金昌、项莹，2014）。研究这一问题的关键在于如何测度中国制造业出口增值份额，很多学者从不同角度，采用不同方法给出了结论。本节给出制造业全球价值链的定义，限定本书所研究的我国制造业全球价值链的具体测度方法及升级路径。

一、制造业全球价值链的定义

制造业是指通过动力机械制造或手工制作等制造过程，使物料、能源、工具、设备、资金、技术、信息、人力资本等资源，经物理变化或化学变化的制造过程，成为符合市场需求的大型工具、工业品和生活消费品等新的产品，产品通过批发销售或零售等方式供人们使用和利用的行业。因此，本书的研究视角主要以制造业行业为主，分析 FDI 对我国制造业产业的全球价值链升级的影响，而对微观企业的内部影响则不是本书的研究重点。

制造业的全球价值链指的是，参与到全球价值链分工中的制造业。我国制造业发展阶段、产业规模和技术能力有其自身独特性。我国的全球化程度、对外开放程度以及市场化水平，也决定了我国制造业在参与全球价值链分工过程中的嵌入程度。本书所研究的制造业为生产要素已参与到全球分工体系中的制造业，即全球价值链嵌入过程中和全球价值链嵌入后的制造业。全球价值链的主要发生领域在制造业，FDI 对我国制造业的转型升级进而对我国经

济健康持续发展的意义重大。研究 FDI 对我国制造业全球价值链升级的作用和影响，观察、计算、检验 FDI 作用下我国制造业全球价值链的分工发展及变化，总结提炼我国制造业全球价值链的发展脉络和升级机制，是为了更好地利用 FDI，更好地把握制造业发展的理论规律提出建议。

二、制造业全球价值链的地位测度

制造业全球价值链在全球范围内跨国开展，发达国家通过 FDI 在东道国建设工厂、设立研发中心的同时，将先进的技术和管理经验等要素向东道国转移，与当地劳动力要素结合进行生产。这一生产过程伴随着贸易拉动，使东道国的国际贸易相应增加，该国进入制造业全球价值链分工体系的生产环节越多、规模越大，则这一部分进出口贸易的增加值也就越大。这部分贸易数据中的一部分甚至只是一小部分属于东道国可获得的增加值，而大部分都属于母国跨国公司，但是这在数据测度上的划分难度很大。为在一国出口贸易数据中分别评价国外价值和本国价值，Hummels D 等（2001）提出了垂直专业化（Vertical Specialization，VS），并建立根据国家的投入产出表（input-output table，I/O）将国家的出口分解为国内增加值和国外增加值两种不同份额的方法（HIY 方法）。该会计框架将一国的双重计算条款分解为各种增值部分，将一国出口商品中参与垂直专业化的进口中间投入定义为 VS，将一国为他国生产出口品中间投入的出口产品定义为 VS1。本文将先前文献中所有垂直专业化和增值贸易措施均纳入同一框架，其中一个关键假设，即出口生产和国内销售生产之间使用进口投入的强度是相同的，然而在存在处理输出的情况下违反了该假设：加工出口的特征是以出口为目的进行进口，享有优惠的关税待遇，即公司从国外进口零件和其他中间材料，对进口投入豁免征收关税，并对地方或中央政府有其他税收优惠，在加工或组装后出口成品。这通常会导致加工出口生产中的进口中间产量与国内最终销售和正常出口等其他需求来源的强度差异显著，因此 HIY 公式可能导致其出口中外国增加值的份额被严重低估，而 Koopman R、Powers W、Wang Z 和 Wei S J（2010）（KPWW 方法）及 Koopman R、Wang Z 和 Wei S J（2014）（KWW 方法）提出了将一个国家的出口总额按来源彻底分解为增值部分的概念框架，并为该方法配套了一个按来源分类的增值贸易双边数据库。该框架整合了以前所有垂直专业化和增值贸易的措施及垂直专业化的多个指标，将加工贸易和一般贸易分开计算，重新计算显示比较优势，并构建指数用于描述一个国家某部门位于全球价值链的上游或下游的位置。Daudin G、Rifflart C 和 Schweisguth D（2011）提出一种新的国际贸易衡量标准，即增值贸易。当贸易流量重新分配给其原始投入产业和国家时，需要回答为谁生产的问题。增值贸易的工业和地理模式与标准贸易有很大不同，增值贸易在区域贸易中相对不重要，但这种差异对一些发展中国家而言尤其重要。在这种方法（DRS 方法）中对进口品中所包含的经过外国加工又回到外国的这部分国内增加值进行测算，将一国出口品中这种折返的中间品定义为 VS1*，见表 2-6。

表 2-6　基于增值贸易等国际贸易利益计算方法比较

计算方法	内容
HIY	HIY 方法由 Hummels 等提出，指一国出口到国外的附加值被国外吸收
KPWW	KPWW 方法由 Koopman 等提出，是基于经济全球化和全球价值链背景，衡量国家全球竞争力、价值链参与程度和就业的国民账户会计制度
DRS	DRS 方法的主要衡量标准是研究嵌入一国出口到国外的中间产品的附加值，且产品最终以国外产品的形式流向国外

资料来源：根据国际贸易利益计算方法整理。

经济合作与发展组织（OECD）和世界贸易组织（The World Trade Organization，WTO）（2011）为使贸易统计理念与全球价值链基础上“片段化”国际分工的实际情况更加吻合，提出将增加值贸易（Trade in Value-added）用于贸易利益统计，并为衡量评价一国参与全球价值链的广度、深度及所处地位，以附加值贸易统计方法为指导，以投入产出表为数据基础，以中间品贸易为连接，联合提出三个衡量指标：衡量一国参与全球价值链程度的指数，

GVC 参与度指数（Participation Index）；衡量一国参与全球价值链长度和广度的指数，GVC 生产环节数量指数（Index of Number of Production Stages）；衡量一国全球价值链位置的指数，GVC 最终需求距离指数（Index of Distance to Final Demand）（2013）。GVC 参与度指数以各国真实生产增加值在国际贸易中流动为基础（Koopman R 等，2008），对一国总出口进行中间产品和最终产品的分解，并通过对 GVC 中不同国家实际增加值进行测算来间接衡量该国的 GVC 参与程度，主要方法可以借鉴前文总结的 KPWW 等方法。Koopman R（2012）提出 GVC 参与度指数，并可按照公式将其分解为 GVC 前向参与度（Forward Participation Index）和 GVC 后向参与度（Backward Participation Index）。GVC 前向参与度指一国出口总额中的中间品比重，即间接附加值；GVC 后向参与度指一国出口总额中外国产品附加值的比重，即国外中间品附加值。GVC 参与度指数可以衡量一国某产业在全球价值链中的分工地位现状、变化情况及发展趋势（Koopman R 等，2014）。但当一国大量出口中间产品时，如俄罗斯、加拿大等资源禀赋优越的国家，该指数的测算结果偏差较大。GVC 生产环节数量指数指一国参与全球价值链中生产环节的数量（Fally T，2012），可以衡量一国参与 GVC 的长度。具体环节通常包括理念构思、设计、研发、生产制造、装配、交货、营销、品牌宣传维护、售后服务、循环回收等。然而，GVC 参与度指数和 GVC 生产环节数量指数都能够描述一国参与 GVC 的深入程度，却不能描述和测度一国参与 GVC 的地位。GVC 最终需求距离指数在 GVC 生产环节数量指数基础上被进一步提出（Fally T，2012），指一国生产的商品或服务在完成生产环节后距离最终消费者还有多少生产环节，可用于评估产品或服务的上游程度，但对生产所处的具体地位还是无法辨别。王直等（2015）在 Koopman 等的基础上将一国贸易流分解法用于各层面贸易流的分解时，对增加值出口、折返增加值、外国增加值、中间品贸易重复计算部分进行了拆分，重新解释了贸易平衡、增加值出口、垂直专业化、显示性比较优势指数（Revealed Comparative Advantage Index，RCA）等指标。

目前，在国际用以测度一个国家或地区国际产业竞争力等相关指标体系方面，多使用国际贸易竞争力指标。使用比较广泛的有净出口比例指数（Net Export Ratio，NER）、出口市场占有率（Export Market Share）或国际市场占有率（International Market Share）、显示性比较优势指数以及由RCA衍生的众多指数，如显示性比较劣势指数（Revealed Comparative Disadvantage，RCDA）、显示性贸易综合比较优势指数（Relative Revealed Comparative Trade Advantage，RTA）、相对出口优势指数（Relative Export Advantage，RXA）、相对进口优势指数（Relative Import Advantage，RMA）、显示性进口渗透（Revealed Import Penetration，RMP）、显示对称性比较优势指数（Revealed Symmetric Comparative Advantage，RSCA）、标准化的显示性比较优势指数（Normalized Revealed Comparative Advantage，NRCA）等，为衡量一国的比较优势、贸易竞争力、产品竞争力等提供了较为可靠的技术工具。但是，相关指标只能通过贸易统计数据对一国或地区的产品竞争力进行测算，而无法详细按照制造业行业划分为制造业全球价值链下产品的具体增值环节和价值进行研究。Balassa（1965）使用显示性比较优势指数RCA对一个国家或地区某个产业的比较优势进行了判断和描述。涂颖清（2010）使用RCA指数对中国制造业全球价值链的地位进行了测算及判断，认为我国的制造业全球价值链分工地位在低位徘徊。姜伟尉（2013）进一步探索了中国制造业全球价值链背景下的地位及升级问题，通过使用RCA指数进行分析可知，中国制造业RCA指数呈整体上升趋势，因此可以得知我国的制造业全球价值链分工地位在缓慢上升，中国制造业全球价值链升级速度较慢。

三、制造业全球价值链的升级机制

第二次世界大战结束后，跨国公司的迅速发展推动了全球经济一体化进程。互联网技术和物流运输服务的发展及优化加强了国际分工，使分工模式由产业间延伸至产业内和产品内，生产的“碎片化”使简单的上下游分工模式得到优化。这种分工模式的变化是经济全球化过程中商品市场一体化、劳动市场一体化以及经济市场一体化的结果。商品、技术、信息、服务、货币、人员等生产要素在跨国、跨地区流动的同时，生产进一步片段式分层，各国在这一大市场中发挥自己的比较优势，实现资源在全世界范围的优化配置，直接影响甚至重构世界的贸易、投资、生产结构。制造业的跨国分工也在不断加深，企业可以跨越地域限制组织跨国境的生产、服务活动，且这种分工形式越完善，企业相关能力越得到加强。同一产品的理念构思、设计、研发、生产制造、装配、交货、营销、品牌宣传维护、售后服务、循环利用等价值增值在不同比较优势国家间进行分工，使不同国家、不同生产要素再聚合成为新的比较优势。该比较优势可能对企业竞争力施加影响，甚至改变一国制造业在全球价值链中的分工位置。

当前，制造业的生产分工在全球价值链中呈现出生产环节间附加值非均衡化，产品利润按照生产环节附加值增值的多少进行分配，与分工所处的 GVC 位置密切相关。全球价值链的附加值情况可以由微笑曲线、武藏曲线和彩虹曲线进行描述，分别对上下游模块在不同条件下的附加值情况进行了总结。微笑曲线是宏碁集团创始人施振荣先生对 20 世纪 70 年代至 90 年代台湾电子行业发展的总结，该“U 型”曲线呈现两端高中间低的特征，认为代工工厂所处的制造环节是研发、制造、营销三个模块中利润最低的。武藏曲线是日本索尼中村研究所的中村末广所长对日本汽车行业的制造业务流程进行调研的总结，认为日本制造业的装配制造环节利润最高，呈现中间高左右低的曲线形状。但是，日本汽车行业的制造环节除劳动力生产的附加值外，还包含专利利润、品牌利润等无形资产附加值，对发展中国家的制造业情况分析帮助不大。彩虹曲线是在互联网技术出现后的制造业发生分工新变化，打破传统价值链条以消费者为终点的设定，将消费者的需求作为价值链条的起点，突出互联网时代信息收集的重要性，使设计研发等环节相对后移，呈现出中间高左右低的形状，但是具体模块对应的附加值情况与微笑曲线相比差异不大。制造业全球价值链不同生产环节的附加值差异是共识，并且这种差异会随着 GVC 的神话进一步加强。因此，处于 GVC 中的企业如何保障自身的分工地位和话语权，实现自身利润最大化，不仅是参与 GVC 的企业需要关心的，甚至 GVC 中处于垄断地位的主导企业和各国政府也都应该重视。

Gereffi G（1994）在描述全球商品链运行机制时，对劳动密集型产业提出了生产者驱动型、采购者驱动型二元动力机制说。在对制造业 GVC 进行研究中发现，制造业同一生产部门中动力机制兼具两种驱动特征，在不同生产环节两者的比例和重要程度均有区别。制造业 GVC 的主导企业多为发达国家的跨国公司，而发展中国家制造业企业则是以被选择和被邀请的状态嵌入制造业 GVC 的过程，且并非处于主导地位，因此其动力来源较符合二元动力机制。生产者驱动型 GVC 的原动力来自产业资本，重视以技术创造、流程工艺改善、产品性能升级等上下游垂直一体化分工获取规模经济；采购者驱动型 GVC 的原动力来自商业资本，重视以销售、品牌维护等获取范围经济。然而，GVC 降低成本的主要方式是扩展市场范围和整合供应商等，因此 GVC 的根本驱动力是市场竞争（张辉，2004）。张辉（2006）认为对于装备制造等生产者驱动类型产业集群应特别注意研发和生产能力的竞争力提高，对于纺织服装等采购者驱动类型产业集群应偏重设计和市场营销等市场竞争优势的提高，对于电子信息等混合驱动类型产业集群则要根据具体情况制定产业升级的对策。

制造业 GVC 升级属于产业升级范畴，产业经济学定义产业升级是低层次产业向高层次产业转换的过程，分为产业内资源由低效率企业向高效率企业的转移和产业间的资源重新配置，包括改进生产要素、生产结构，提高生产效率和产品质量，跃升产业链等增加附加值的方式。制造业 GVC 升级过程就是尚未嵌入或正在嵌入制造业 GVC 的国家，基于 GVC 获取先进技术和市场联系，或者已经嵌入制造业 GVC 的国家通过优化产业机构、加速技术进步、改善管理流程、提升创新能力、加大要素投入等，转向附加值和增加值贡献率层级更高的生产环节的过程，可细分为技术升级、市场升级和组合升级（张剑等，2007）。

Bazan L 和 Navas-Alemán L（2003）结合定量和定性方法分析巴西 Sinos Valley 是否根据其企业价值链治理模式显示出不同的产业升级模式。研究发现，对该类集群嵌入美国价值链的类型来说，等级最高流程升级最快，但功能升级不太常见；嵌入欧洲价值链的层次结构水平较低，功能升级水平较高；嵌入拉丁美洲和巴西国内的价值链呈现最低层次，功能升级水平最高，产品升级和流程升级水平较低。因此，需要对不同类型的价值链治理模式的升级类型进行识别，并认识到需要对全球价值链进行地方集体升级的需求正在变得普遍。Schmitz H（2004）认为东道国企业集群的升级前景与全球价值链的类型有关，链式升级方法的优势明显，当地企业通过GVC关系升级机会较大，但需要注意升级的顺序和关注焦点从组织内部向全球经济的转移，尤其需要注意全球买家市场联系的建立。Schmitz H（2006）认为发展GVC对解释生产能力增长和收益分配方面贡献显著，并通过进一步对服装和鞋类行业进行研究发现，嵌入GVC使产品和工艺升级的进展加快，但功能升级的限制更多。

张幼文（2005）从要素培育角度分析，认为我国制造业升级需放在全球经济的大背景中，培养稀缺要素发展思维，通过对稀缺要素的培育、购买改变要素结构，形成新的要素优势，并要明确政府和企业的不同分工。李作战（2007）对我国制造业升级提出的建议路径为，抓住FDI新趋势和我国产业结构调整重合的优势，抓住产业集群式发展的机遇，抓紧企业自主创新体系的建立和创新能力的提升，抓紧发达地区新型工业化跨越式发展。许仙平（2007）对浙江制造业升级提出技术提升与品牌建设的必要性，认为高附加值的产品需要正确的品牌策略支持，需要研发投入的加强。张其仔（2008）认为我国初级产品制造业产业竞争力的结构变化是产业分岔的结果，即通过引入新产业保持比较优势。吴友富和章玉贵（2008）认为在中国企业制造业升级过程中需要全球性品牌的支撑，需要对全球市场下消费者需求和市场特征充分把握，需要知名品牌和核心技术，能够设立产业技术标准将对企业成长作用巨大，政府应该予以制度建设的支持。赵文成和赵红（2008）基于产业价值链认为我国制造业升级需要准确定位和最大化发挥自身比较优势，谋求在价值链中的主导地位，通过延伸制造业价值链提高控制能力，利用我国地区间要素差异形成不同地域间的空间布局和产业链协调发展机制。张学敏和王亚飞（2008）对我国制造业 GVC 地位进行了分析，在机遇产品内价值链分工背景下探讨制造业企业 GVC 升级的多元路径。认为从企业层面来讲，需识别和强化企业核心竞争力；从产业集群层面来讲，需要发展具有创新性的集群；从国家层面来讲，需要强化创新系统体系。Dedrick J 等（2010）分析苹果平板、笔记本电脑、iPod 等全球供应链创新财务价值分布发现，Apple 公司从创新中获得了巨大的价值，而笔记本电脑制造商则获利微薄，这样的差异是行业发展、资产互补性和专用性、系统整合和议价能力的综合作用结果，其中产品创新、技术创新和产业组织创新的作用巨大。陈明森等（2012）对我国制造业上市公司展开实证分析，认为处于生产者驱动型 GVC 的企业主要为技术路线升级，购买者驱动型 GVC 企业主要为营销路线升级，混合驱动型 GVC 企业可以根据自身情况进行侧重和选择。王玉燕等（2014）构建了 GVC 内在机理，对中国制造业嵌入 GVC 过程中技术进步效应提出假说，认为 GVC 对制造业技术进步和产业升级的推动效应与抑制效应并存且存在显著异质性。Timmer M P 等（2014）基于世界投入产出数据库，追踪生产最终制造产品直接和间接所需的所有劳动力和资本的附加值，发展分解技术进行全球价值链切分，对商品的生产系统进行国际分割，任何国家都可以进行多个阶段且极易受到影响。通过实证分析得到四个趋势：20 世纪 90 年代初以来，外国增值生产内容衡量的国际分割现象迅速增加；大多数 GVC 中资本和高技能劳动力获得高附加值，而低技能劳动力融入 GVC 的难度很大；发达国家越来越专注于 GVC 中高技能工人开展的活动；新兴经济体出乎意料地专注于资本密集型活动。

在一国制造业 GVC 升级过程中，需要在嵌入过程中整合国外高级生产要素，重视其与本地生产要素的结合，在复制先进生产模式的基础上发挥新形成的要素比较优势和规模效应；同时，还要在 GVC 嵌入后配合政府管理效率的提高与基础设施建设配套，建立完善的国家科研创新体系，重视高素质人才的培养和积累，从源头创新发展新的比较优势和高级生产要素。

第四节　本章小结

本章基于本书的研究目的和研究重点，对相关的已有研究成果进行了梳理和总结，重点分析了外商直接投资、全球价值链、制造业全球价值链升级的相关内容并对其进行了综述，对外商直接投资通过技术溢出效应对制造业全球价值链升级的一般影响和已有研究有了较为完整和全面的理解。其中，FDI 技术溢出效应的相关研究成果及研究思路和办法，对于本书展开制造业转型升级的研究至关重要，因此进行了更为翔实的总结。经过梳理相关研究及对与本书相关研究内容的重点综述发现，FDI 对于东道国内资企业的技术溢出效应除了应取决于东道国自身经济发展水平等情况、东道国相关产业部门具体情况、FDI 主体跨国公司的具体情况等因素外，还受到众多与外商直接投资特征相关的多种因素影响，并且这些决定性因素固可能产生相反的效果而使总体结果难以明确。因此，在东道国国家层面及总体水平上观察到的中性甚至负面的技术溢出效应，并不排除在更具体详细、更微观的观察水平上会产生积极影响的可能性。所以进行研究时的考察层次及具体角度对于最终的研究结论会产生一定的影响。令人遗憾的是，已有文献中的经验证据不支持也不允许为大多数因素得出明确的结论，已有的最有力的实证结果中证明，东道国国内企业吸收能力是 FDI 技术溢出效应及相关结果的重要影响因素。这似乎是使东道国能够从 FDI 中获取这些技术溢出等间接利益的基本先决条件。一个有限的经验证据表明，东道国若为较发达国家或地区，则能够获得的 FDI 技术溢出效应似乎会更大。此外，有研究结果表明，FDI 可能加剧所涉及的每个东道国国家地区的不平等局面。但很多其余因素得到的证据在某些情况下是不一致的，或者仍然不足以得出明确的结论。从一些调查研究中可以得到一个显而易见的结论是，对 FDI 的技术溢出效应的研究应该从大多数先前研究进行的总体水平现象的评估中推进，并采用对这些外部性的决定因素进行系统详细分析的形式。显然，对于 FDI 技术溢出效应的评估方法仍有许多工作要做，以澄清允许外国投资存在情况的相关影响。基于已有的研究成果可知，对于现有实证研究的范围需要进一步扩大，以期实现以下研究目标：对在 FDI 技术溢出效应可能的决定因素中选取所建议的因素提供经验证据、经验测试，并尽可能得到相对明确的研究结论；深化对 FDI 技术溢出效应的决定因素在相互作用时的预期影响分析，如跨越区域效应与其他因素的相关性分析、基于企业维度的经验检验、测算技术差距或出口能力差异情况导致的技术溢出效应的异质性等。此外，经验模型的任何改进不仅应基于适当的数据集，其中基于企业层面的调查研究数据由于研究的难度较大且因涉及在跨国公司和相关东道国内资企业都同意的情况下的调研数据，还应基于适当的统计技术进行模型的设置和调整，并需要协调汇编不同国家、不同组织提供的数据库，以进行可比较的测试（Barrios，2004）。基于不同层次样本数据及基于不同数据库的统计数据需要建立具有可比标准的样本划分，以帮助解决相关研究中涉及的调查数据不清晰、不一致所导致的模糊结果。同时，应该通过增加理论建模的经验性分析的相关努力，对在大多数决定性因素相关信息及数据不甚全面的情况下进行补充研究，以便更清楚地了解 FDI 的技术溢出效应相关决定因素的影响，以及它们之间的相互影响和作用。通过以上的研究分析和 FDI 对东道国技术溢出效应影响因素的相关检验，对众多相关问题的研究具有建设性的意义，并有助于更恰当地为相关国家提供旨在促进或改善通过 FDI 提升本国经济利益的经济政策。通过 FDI 对东道国内资企业的技术溢出效应的评估，基于不同的样本或分析角度、分析方法而产生了不同的结果，但是相关分析研究的进步对于评估确定 FDI 技术溢出效应的存在、维度和标志有了重要的贡献，并支撑学者基于以上分析结论进一步开展相关领域的拓展研究。

在大多数国家，外商直接投资被认为是发展战略的重要组成部分，因此制定相应的政策以刺激其内向流动。这种政策的主要动机是 FDI 技术溢出效应的存在。外商直接投资的生产率溢出体现了跨国公司拥有先进技术的事实，具体体现在产品的创意、创新及设计研发、生产流程、分销技术、物流网络、管理和营销技能、品牌管理能力等（Blomström 和 Kokko，1998）。这些先进的技术可以通过 FDI 传递给东道国的内资企业，从而提高他们的生产力水平，并实现相关战略目标及其他经济目标。然而，事实上关于 FDI 对东道国相关影响的研究文献则强调，跨国公司通常具有强烈的基于公司特有属性及特点的优势，而这些优势可能与其无形资产的大量转移有关，如技术、专利、商业秘密、品牌名称及价值、管理技术和营销网络等（Dunning，1993）。一旦跨国公司在东道国成立了子公司，需要注意的就是，其中一些优势可能不会完全在子公司内化，反而会蔓延到东道国其他国内公司。因此，技术溢出效应或生产率溢出扩散的最终效果和程度，是由东道国内资企业的相关外部因素决定的，即是从已建立的跨国公司子公司传递到东道国内资企业及国内生产者的问题。如果跨国公司的生产力水平高于东道国国内企业，则 FDI 将具有通过技术溢出效应为东道国提供更大知识转移的潜力。尽管这种外部性的存在是被普遍认可的，但其测量及相关问题仍需要继续耕耘（Arnold 和 Javorcick，2005）。当然，在已有的实证文献中，对于跨国公司在生产率的优越性方面存在相对共识，并且跨国公司相较于东道国内资企业，更加倾向于在东道国进行更多的人力培训（Dimelis 和 Louri，2002；Torlak，2004；Proença 等 2006）。Görg 和 Greenaway（2004）以及 Crespo 和 Fontoura（2006）调查的经验证据提供的结果喜忧参半，通过对通常被认为适当的公司层面数据进行了分解研究，并通过调研建立了专家组数据，发现只有 7 项案例研究中 FDI 对东道国的生产率有正面的溢出效应。在调查采样仪采取更广泛样本后，作者报告了 12 项案例研究的负面影响，在进一步扩展样本量后并没有证实生产率正溢出的普遍存在，只有 17 项案例研究指出其存在积极影响。这说明，随着样本空间及研究对象层次的调整，相关问题的研究结论有可能出现不一样的结果。公司层面的积极溢出效应可能只影响东道国相关变量的一部分，所以可能低估 FDI 对东道国经济影响的真实意义。

因此，从现有研究中汲取的最重要的教训是，对 FDI 与东道国相关影响的研究，有必要从国家、行业层面出发，并针对具体母国和东道国的不同情况和政策进行详细分析，以推动 FDI 的技术溢出效应和生产率溢出是否具有全球普遍规律这一问题的探讨，并发掘促进或阻碍溢出效应的相关因素。通过切实的努力，增加对决定 FDI 溢出效应的存在、标志和程度等因素的了解，将有助于学者基于此项结论进一步研究由此展开的相关经济问题，因此其相关综合研究的现实意义巨大。自 Caves（1974）的开创性研究以来，FDI 生产率溢出和技术溢出效应等相关内容的发生已被广泛关注及研究，并以此拓展了众多的研究领域。随着全球一体化进程的发展，基于 FDI 生产率溢出和技术溢出效应的相关研究将更加丰富。对外商直接投资的生产率溢出的全球评估和技术溢出效应对东道国的积极影响的相关研究，具有重要的现实意义和指导意义。基于相关研究是针对我国国情来讨论制造业全球价值链对技术提升、地位提升、转型升级的作用等角度，我国学者展开了对我国制造业升级等相关问题的深入实证检验和理论探索。

第三章　中国外商直接投资与制造业全球价值链

本章梳理了我国改革开放40多年来外商直接投资的发展历程与现状、中国制造业的发展与机遇、中国制造业全球价值链等相关问题，分阶段盘点回顾了我国外商直接投资工作的具体历程和政策走向，对我国制造业具体的产业产品分类进行了与国际常用标准的对比总结，回顾了我国制造业基本发展历程，描述了我国制造业利用外商直接投资的相关情况，并重点说明了近些年我国制造业中外资工作的现状，梳理了我国制造业嵌入全球价值链的过程及现状，并对我国制造业转型升级及全球价值链的位置提升所面临的机遇和挑战进行了总结。

第一节　我国外商直接投资的发展历程与现状

改革开放40多年来，我国利用外资始终与同时期推进的经济体制深化改革保持步调一致。为更好地梳理改革开放以来我国外商直接投资的发展历程，需要深刻理解各时期政策方针的演变。依据我国国民经济总体发展历程及我国外资政策的走向，将改革开放后我国外商直接投资过程粗略划分为四个发展阶段：1978—1991年，试点试验阶段；1992—2000年，全面发展阶段；2001—2008年，调整重构阶段；2009年至今，创新突围阶段。在这四个时期，我国利用外资的目标方针、主题侧重、国内外形势、待解决的首要问题等方面都有所差异，本节尝试考察我国利用外资的体系构建与演进路径，细致观察我国外商直接投资的发展状况。

一、试点试验阶段：1978—1991年

由于历史数据缺失，未能获得1978年中国FDI流入量数据，1979年我国FDI流入量仅为8万美元，引资排名居全球第122位；1980年我国FDI流入量便急剧上升，引资排名居全球第57位。1978—1988年，除1987年我国FDI流入量增速在3%左右外，其余年份均保持两位数以上的增长；同时，我国FDI流入量的全球排名也快速攀升，在短暂调整后趋于稳定。我国FDI流入量占国内生产总值（GDP）比重保持上升趋势，并在1988年首次突破1%。这一时期，我国FDI吸引力总体改善，除1986年改善力度放缓、1987年小幅回调外，其余年份均得到较为快速的发展。1989—1991年，我国FDI吸引力能力因内外压力改变而经历考验，虽流入量持续增加且排名小幅上升，但FDI占GDP比重有所下滑，反映出在此期间我国对外资的态度有所变化，外资环境有恶化趋势。不过在1991年这种变化趋势就被扭转，FDI的流入量和FDI占GDP比重均有较大幅度的增长，见表3-1。

表3-1　1978—1991年中国FDI流入情况

单位：亿美元，%

年份	FDI流入量	排名	FDI占GDP比重	排名	变化趋势
1978	—	—	—	—	-
1979	0.0008	122	0.00	—	-
1980	0.57	57	0.03	—	+
1981	2.65	29	0.14	—	+
1982	4.30	19	0.21	116	+
1983	9.16	16	0.40	103	+
1984	14.19	8	0.55	77	+
1985	19.56	7	0.63	76	+
1986	22.44	10	0.75	63	+
1987	23.14	13	0.85	67	-
1988	31.94	12	1.02	56	+

续表

年份	FDI 流入量	排名	FDI 占 GDP 比重	排名	变化趋势
1989	33.93	10	0.98	77	-
1990	34.87	12	0.97	75	-
1991	43.66	11	1.14	68	+

资料来源：FDI 流入量数据来自 UNCTAD 数据库；GDP 数据来自 WDI 数据库。

注："+" 表示增加趋势；"-" 表示降低趋势。

1978—1991 年，由于用以衡量 FDI 对中国经济发展贡献的相关数据缺失较多，所以仅根据 1985—1991 年 FDI 提供的就业机会占比情况分析，此期间的增长速度保持在两位数，因此可以判断该数据期间 FDI 对我国的经济发展贡献力度有所提升，见表 3-2。

表 3-2 1985—1991 年中国 FDI 贡献分析

单位:%，亿元

年份	增加值增幅	就业占比	出口占比	税收占比	工资报酬	全国研发支出	外资研发支出	外资研发占比	资本支出占比	变化趋势
1985	—	0.05	—	—	—	—	—	—	—	-
1986	—	0.09	—	—	—	—	—	—	—	+
1987	—	0.15	—	—	—	—	—	—	—	+
1988	—	0.20	—	—	—	—	—	—	—	+
1989	—	0.30	—	—	—	—	—	—	—	+
1990	—	0.36	—	—	—	—	—	—	—	+
1991	—	0.55	—	—	—	—	—	—	—	+

资料来源：《中国统计年鉴》（1986—1992）。

注：1. 来源于外商投资企业的增加值增幅为规模以上外商投资企业工业增加值增幅。

2. "+" 表示增加趋势；"-" 表示降低趋势。

该阶段我国国民经济的基本任务为调整严重失调的经济关系。在我国分别于 1979 年提出的"调整、改革、整顿、提高"方针和 1989 年提出的"调整、整顿、改造、提高"方针指导下，着重解决为利用外资开创有利条件。

1978 年召开的党的十一届三中全会决定实行改革开放，将党和国家工作的中心转移到经济建设上。这一历史性决策彻底扭转了我国长期以"一无内债，二无外债”为宗旨的封闭思想与错误认识。以十一届三中全会为起点，中央开始制定利用外资相关政策，将利用外资、引进技术和先进设备作为国民经济的重要工作。在对待外资的态度方面，由排斥外资转向利用外资。在经济发展指导方针方面，提出“实行对外开放政策，加强国际经济技术交流，是我们坚定不移的方针”①，确立“继续积极有效地利用国外贷款，吸收外商直接投资或同外商合资经营，把对国外资金的利用扩大到适当规模”的指导方针②，从战略高度阐述对外开放与利用外资的意义，指出尽量多利用一些外资，以加快我国经济建设。在法律体系建设方面，1979 年，颁布《中华人民共和国中外合资经营企业法》，对合资企业形式、投资方式、董事会组成及职权、利润分配、生产经营计划等做了规定，成为我国第一部利用外资的重要法律；1981 年，颁布《中华人民共和国外国企业所得税法》，对征收外国企业所得税的征税对象、税率计算、优惠条件、管理方法等做了规定；1982 年，将中国利用外资的政策正式写入宪法，以国家根本大法的高度权威性为外资的合法地位进行背书；1986 年和 1988 年，分别颁布《中华人民共和国外资企业法》与《中华人民共和国中外合作企业法》，对两种形式涉外企业的各自特征、设立条件、禁入行业、设立程序、经营自主权、税收口径、经营期限等做了规定。至此，我国外资政策体系所依附的三大主干法律全部制定完毕，三资企业成为我国外商直接投资最主要的组织形式。1990 年，修改《中华人民共和国中外合资经营企业法》，对诸多规定限制重新表述，主动适应利用外资新形势，增强了外资的信心和安全感。在管理机构设置方面，1979 年成立外国投资管理委员会统管利用外资工作，1982 年又将国家进出口管理委员会、对外贸易部、对外经济联络部和外国投资管理委员会合并为对外经济贸易部，下设外国贷款管理局和外国投资管理委员会作为外资管理的专门机构。

为尽快打开局面，开展区域倾斜政策试验，选定若干沿海城市作为试点，

① 1981 年五届人大四次会议通过国务院《政府工作报告》。

② 1982 年五届人大五次会议通过《关于第六个五年计划的报告》。

并赋予特殊政策和灵活措施等自由，为利用外资提供空间支撑。① 1979 年，深圳、珠海、汕头、厦门试办出口特区，次年更名为经济特区②；1984 年，进一步开放 14 个沿海港口城市，利用外资空间辐射范围大幅拓展。在制定优惠政策措施方面，该阶段的外资优惠政策主要着力于税赋减免，对中外合资经营企业实施包括企业所得税、进口设备关税及工商统一税等优惠③，并将受惠外资主体扩展至中外合资经营企业、中外合作经营企业、外商独立经营企业（三资企业）④，并按企业所处地域不同区分为经济特区（包括广东省海南行政区）、沿海开放城市的经济技术开发区以及上述城市的老市区三种情况给予不同优惠力度，还特别区分生产性外资企业与服务性外资企业享受不同优惠标准，并赋予地方政府减免税收自主权。1984 年 2 月，邓小平视察了深圳、珠海和厦门 3 个经济特区，充分肯定了经济特区取得的成绩以及利用外资的正确决策，明确了进一步扩大对外开放、加快利用外资、引进技术的战略方针。这些重要思想成为我国继续积极利用外资的理论基础和实践保障，为深入改革我国国民经济体制、实现经济总体发展产生了强大的推动作用。1985 年，我国决定在长江三角洲、珠江三角洲和闽南厦漳泉三角地区开辟沿海经济开放区，继续实施对内搞活经济、对外开放。基于已有经验，形成我国“区域倾斜”政策的战略构想，即对外开放工作将采取从沿海到内地逐步推进的办法，具体为：经济特区—沿海开放城市—沿海经济开放区—内地，这样多层次的探索和实践。⑤ 1988 年，将沿海经济开放区扩展到北方的辽东半岛、山东半岛等，批准设立海南经济特区，对海南经济特区实行更加灵活开放的

① 《中共中央、国务院批转广东省委、福建省委关于对外经济活动实行特殊政策和灵活措施的两个报告》（中发〔1979〕50 号）。

② 《中共中央、国务院关于〈广东、福建两省会议纪要〉的批示》（中发〔1980〕41 号）。

③ 《中共中央、国务院关于加强利用外资工作的指示》（中发〔1983〕32 号）。

④ 《中华人民共和国国务院关于经济特区和沿海十四个港口城市减征、免征企业所得税和工商统一税的暂行规定》（国发〔1984〕161 号）。2000 年废止。

⑤ 《中共中央、国务院关于批转〈长江、珠江三角洲和闽南厦漳泉三角地区座谈会纪要〉的通知》（中发〔1985〕3 号）。

经济政策，并授予海南省人民政府更大的自主权。① 1990 年，国务院与上海市宣布开发和开放浦东新区的九项政策②，提出有计划、有步骤地重点搞好上海浦东新区的开发和开放。在支持内陆开放方面的措施也更有力，沿江开放、沿边开放、内地省会城市开放等举措相继出台。批准沿长江的重庆、武汉等 6 个港口城市实行沿海开放城市政策，批准黑河、满洲里、河里、东兴等 14 个内陆边境城市对外开放、扩大开展边境贸易和对外经济合作的权限、举办边境经济合作区，批准合肥、南昌、太原、石家庄、长春等 18 个省会为开放城市，实行与沿海开放城市相同的政策。③

1984 年，党的十二届三中全会通过《中共中央关于经济体制改革的决定》，确定经济体制改革的目标为“有计划的商品经济”。在利用外资问题上，强调“积极扩大对外经济技术交流和合作的规模，努力办好经济特区，进一步开放沿海港口城市利用外资，吸引外商来我国举办合资经营企业、合作经营企业和独资企业”。我国已初步构建起较为完整的外资政策体系。在肯定“六五”期间外资工作成绩的基础上，强调“通过多种形式适当扩大利用国外资金的规模，重点用于能源、交通、通信和原材料特别是电力、港口、石油等方面的建设，以及机械电子等行业的技术改造”及“用于发展出口产品和实行进口替代，以增加外汇收入和节约使用外汇”④，“在改进管理、简化手续、提高效率等方面下功夫，进一步改善企业生产经营条件，切实办好外商投资企业，维护我国对外信誉，增强外商前来投资的信心”。⑤ 1989 年，党中央明确提出：

---

① 1988 年七届人大一次会议通过《关于建立海南经济特区的决议》。

② 中国人民银行、财政部、中华人民共和国海关总署分别宣布《上海外资金融机构、中外合资金融机构管理办法》《关于上海浦东新区鼓励外商投资减征、免征企业所得税和工商统一税的规定》和《中华人民共和国海关对进出上海外高桥保税区货物运输工具和个人携带物品的管理办法》；上海市宣布《上海市鼓励外商投资浦东新区的若干规定》《关于上海浦东新区外商投资企业审批办法》《上海市浦东新区土地管理若干规定》《关于上海市浦东新产业导向和投资指南》《关于上海浦东新区规划建设管理暂行办法》《上海市外高桥保税区管理办法》。

③ 《中共中央关于加快改革、扩大开放、力争经济更好的上一个新台阶的意见》（中发〔1992〕4 号）。

④ 1986 年六届人大四次会议通过《中华人民共和国国民经济和社会发展第七个五年计划》。

⑤ 《国务院关于进一步改善外商投资企业生产经营条件的通知》（国发〔1986〕76 号）。

“要加强对利用外资的统一归口管理。国家计委要根据产业发展序列的要求，按照资金来源的不同，结合各产业的特点，制定吸收外国投资序列表和相应的政策，以引导外资流向。要严格限制向长线产业及某些非生产领域投资。”① 服务业方面亦积极试验，在北京、上海、天津、广州、大连、青岛和五个经济特区各试办一至两个中外合资或合作经营的商业零售企业。②

在以增强出口创汇能力为中心的总体要求下③，利用外资工作不免过度强调规模而忽视产业属性，由此引致吸收利用外资尚停留在以“三来一补”为主的低端形式，对利用外资推动我国产业体系升级等问题关注不足。为合理引导利用外资方向，外资主管部门将我国对外商投资项目分为鼓励、允许、限制和禁止四类④，对外资进入我国的准入领域做了比较严格的规定与限制，从而有意识地将国家产业政策与外资政策实现结合，以期打开更有效利用外资的新局面。引进、利用外国先进技术和设备是我国利用外资，尤其是外商直接投资始终秉持的方针。随着利用外资工作的深入，技术引进的意义被高度重视。这一阶段，我国着手实施以市场换技术的方针，放松以往对外资企业产品内销比例的严格限制，通过开放市场吸引外资参与国内企业技术改造，强调“要坚决贯彻以市场换技术的方针，落实替代进口的措施，鼓励外商投资者提供先进技术”，给予产品出口企业和先进技术企业在外汇、税收、自主权、扩大内销比例等方面的优惠。⑤ 1991 年，实施《中华人民共和国外商投资企业和外国企业所得税法》，对外资优惠政策进行归总，对施行税率、减免税办法、关联企业等做了规定。

1989 年，党的十三届五中全会提出，“必须认真研究新情况和解决新问题，坚定不移地把治理整顿深入进行下去”。在利用外资问题上要求“积极地

---

① 《国务院关于当前产业政策要点的决定》（国发〔1989〕29 号）。

② 《国务院关于商业零售领域利用外资问题的批复》（国函〔1992〕82 号）。

③ 1986 年六届人大四次会议通过《中华人民共和国国民经济和社会发展第七个五年计划》。

④ 《国务院办公厅转发国家计委关于〈指导吸收外商投资方向暂行规定〉的通知》（国办发〔1987〕76 号）。

⑤ 《国务院关于进一步改善外商投资企业生产经营条件的通知》（国发〔1986〕76 号）。

吸收符合我国产业政策的外国直接投资，多办一些利用我国现有企业进行改造的合资、合作企业，对能够争取到的长期低息外国政府贷款和国际金融组织贷款，要积极争取”，“必须加强对外债的借、用、还三个环节的管理”，利用外资的管理体制更加规范。由于内外局势发生剧变，国内对利用外资问题展开了“姓资姓社”大讨论。党中央始终保持战略定力，反复重申利用外资的意义，提出进一步积极有效地利用外资、保持合理的外债规模和结构的指导方针，坚持进一步完善法律法规，改善投资环境，将吸引外商投资与加快企业技术改造结合起来，推动我国传统产业的技术进步和产品的升级换代。随着区域倾斜政策的持续演进，其内在矛盾导致的现实弊端渐次暴露，如东西部地区争抢原料、政策歧视等。总结经验教训，指出治理经济环境、整顿经济秩序和实施沿海地区经济发展战略相互促进，将保证改革开放和经济建设顺利健康地进行。今后一个时期内国家不再批准建立新的经济特区、经济技术开发区和出口加工区，不再扩大沿海经济开放区，区域倾斜政策趋于收紧。我国利用外资的政策重心已由以“区域倾斜”为核心的开放格局支撑，向以“产业指导政策”为核心的市场准入管理渐进转变。1992 年，邓小平南行并发表重要讲话，加快了中国的经济发展，以此为分水岭，我国利用外资工作迈入新时期。

二、全面发展阶段：1992—2000 年

1992—2000 年，除受亚洲金融危机影响导致中国 FDI 流入量在 1999 年下降明显外，其余年份均呈增长趋势，引资排名保持在全球前 8 位。我国 FDI 流入量占 GDP 比重在经历 1992 年、1993 年的大幅上升后连续下降，但整体水平依然高于 1992 年；其排名情况亦有所波动，在 1994 年达到这一时期最高的全球第 13 位，在 2000 年掉落到全球第 100 位，降幅较大。在此期间，我国 FDI 吸引力的情况并不乐观，自 1995 年起在指标体系涉及数据衡量下连续恶化，我国外资整体情况不容乐观，见表 3-3。

表 3-3　1992—2000 年中国 FDI 流入情况

单位：亿美元,%

年份	FDI 流入量	排名	FDI 占 GDP 比重	排名	变化趋势
1992	110.08	5	2.58	37	+
1993	275.15	2	6.19	15	+
1994	337.67	2	5.98	13	+
1995	375.21	2	5.11	28	-
1996	417.26	2	4.83	31	-
1997	452.57	2	4.71	43	-
1998	454.63	3	4.42	55	-
1999	403.19	8	3.69	83	-
2000	407.15	8	3.36	100	-

资料来源：FDI 流入量数据来自 UNCTAD 数据库；GDP 数据来自 WDI 数据库。

注："+" 表示增加趋势；"-" 表示降低趋势。

1992—2000 年，可用于衡量 FDI 对中国贡献的相关数据较之前丰富，在此时期 FDI 对我国经济发展贡献的整体情况反映更为客观。根据已有数据来看，值得注意的是，FDI 的税收占比在数据期保持较为快速的增长；工资报酬高于我国平均工资水平，且差距较为明显；资本支出占比在 1993 年首次突破 10%，其后虽有所波动，但水平保持在相对高位。综合判断在此期间 FDI 的贡献情况除 1996 年、1998 年有所下降外，其余年份均在增长，反映出 FDI 对我国经济发展的促进作用较大，贡献较为突出，见表 3-4。

表 3-4　1992—2000 年中国 FDI 贡献分析

单位:%，亿元

年份	增加值增幅	就业占比	出口占比	税收占比	工资报酬	外资研发支出	外资研发占比	资本支出占比	变化趋势
1992	48.80	0.77	—	3.96	—	—	—	7.51	+
1993	46.20	0.73	—	5.67	—	—	—	12.13	+
1994	28.00	1.05	—	8.29	—	—	—	17.08	+
1995	19.00	1.27	—	10.52	164.77	—	—	15.65	+

续表

年份	增加值增幅	就业占比	出口占比	税收占比	工资报酬	外资研发支出	外资研发占比	资本支出占比	变化趋势
1996	13.10	1.38	—	11.56	168.63	—	—	15.14	-
1997	13.40	1.44	23.03	12.55	174.05	—	—	15.04	+
1998	12.70	1.36	24.99	13.74	173.61	—	—	13.25	-
1999	12.90	1.36	24.58	16.29	172.53	—	—	11.18	+
2000	14.60	1.43	25.18	18.74	168.13	—	—	10.24	+

资料来源：《中国统计年鉴》（1993—2001）。

注：1. 来源于外商投资企业的增加值增幅为规模以上外商投资企业工业增加值增幅。

2. “+”表示增加趋势；“-”表示降低趋势。

该阶段我国国民经济的基本任务侧重于经济体制改革。党的十一届三中全会以来，我国经济体制改革的目标由“有计划的商品经济”① 过渡至“计划与市场内在统一的体制”②“计划经济与市场调节相结合的经济体制和运行机制”③，后凝练成为“社会主义市场经济体制”。④

在经济体制改革的强势推动下，我国经济发展进入快车道，利用外资工作亦大幅提速。该阶段利用外资的政策方针主要强调“逐步统一内外资企业政策，实行国民待遇”，与前一时期“进一步积极有效地利用外资，保持合理的外债规模和结构”方针相比，更注重积极、合理、有效地利用外资。与此同时，外资主管部门待解决的基本问题已由“为利用外资开创哪些条件”转换为“吸引外资内容应有哪些侧重”，强调按照产业政策，积极吸引外商投资，引导外资适当投向金融、商业、旅游、房地产等领域，对分属不同产业属性的外资加以甄别，更趋于理性。为解决外资准入领域过窄问题，大力拓宽外资准入领域，划分鼓励类、允许类、限制类和禁止类四类产业并具体规定了审批制度和法律责任，列明不允许外商独资经营及应当由国有资产占控

① 1984 年党的十二届三中全会通过《中共中央关于经济体制改革的决定》。

② 1987 年党的十三大会议通过《沿着有中国特色的社会主义道路前进》报告。

③ 1990 年党的十三届七中全会通过《第十三届中央委员会第七次全体会议公报》。

④ 1992 年党的十四大会议通过《加快改革开放和现代化建设步伐，夺取有中国特色社会主义事业的更大胜利》报告。

股或主导地位的项目。① 这些政策在规范外资准入方面的操作性极强，实现由单纯引入资金向借力外资实现技术引进并促进产业结构调整升级的转变。1997 年东南亚金融危机冲击我国经济，加之为加入世界贸易组织所做的前期筹备工作进入关键期，此后我国的外资政策取向总体为“稳中求进”，指导思想方面则强调适应经济持续增长的需要，保持必要的外汇储备，注意维护国家经济安全。

继续完善涉外法律、法规体系建设，开始建立多层次资本市场体系，赋予外资企业在一定程度上自由参与我国资本市场，有利于动员境外投资者的投资积极性。通过发行人民币特种股票②吸收外资，设立中外合资经营股份有限公司；在满足了必要条件“外国股东购买并持有的股份占公司注册资本25%以上”的情况下，设立外商投资股份有限公司③；允许外资通过境内上市外资股投资国内企业，并对发行主体、投资人范围、股权规则、管理机构等做了规定。④ 1993 年，我国着手实施税制改革，秉持统一税法，公平税负，促进平等竞争的指导思想，着手清理解决“令出多门、规划不当”等因素导致的外资优惠政策相互冲突、失范问题，逐渐落实外资国民待遇。个人所得税方面，规定不分内外所有中国居民和来源于中国所得的非居民，均应依法缴纳个人所得税⑤；其他税制方面，规定内外资企业应适用统一的增值税、消费税和营业税缴纳标准。⑥ 这些重要举措有利于纠正内外资企业之间竞争条件的差距，为涉外企业逐步归并国民经济序列，落实外资国民待遇创造了条件。

---

① 《指导外商投资方向暂行规定》（国家计划委员会、国家经济贸易委员会、对外贸易经济合作部令〔1995〕第 5 号）；《外商投资产业指导目录》（1995 年版）。

② 人民币特种股票，即“境内上市公司外资股”，简称“B 股”。

③ 《对外贸易经济合作部关于设立外商投资股份有限公司若干问题的暂行规定》（对外贸易经济合作部令第 1 号）。

④ 1995 年，《国务院关于股份有限公司境内上市外资股的规定》（国务院令第 189 号）。

⑤ 1993 年八届人大常委会四次会议通过《关于修改〈中华人民共和国个人所得税法〉的决定》（主席令第 12 号）。

⑥ 《国务院批转国务院关税税则委员会关于清理政策性关税减免文件意见的通知》（国发〔1993〕88 号）；1994 年八届人大常委会五次会议通过《关于外商投资企业和外国企业适用增值税、消费税、营业税等税收暂行条例的决定》（主席令第 18 号）。

我国利用外资的诸多优惠政策与 WTO 倡导的非歧视原则等存在冲突，为匹配国际惯例及符合世界贸易组织规则等相关要求，需合理重构优惠政策体系。2000—2001 年，我国完成对《中华人民共和国中外合资法》《中华人民共和国中外合作法》和《中华人民共和国外国企业法》的修改①，取消外商投资企业自行解决外汇收支平衡的要求、取消外商投资企业原材料购买地的限制、取消外资企业的出口义务。为鼓励境外投资者来华投资高新技术产业，赋予涉外企业中外资部分以股权变更的自由②；允许外商投资企业实施境内投资，并对投资的必要条件、实际限制、审批机构、投资方式、出资期限、待遇保障等做了规定。③ 为建立和完善我国创投机制，向境外投资者开放了我国创投市场，并规定了参与形式与条件。④ 在管理机构设置方面，1994 年成立全国外资工作领导小组并设办公室于对外贸易经济合作部，细化外资管理，组织协调各部门意见。⑤

在党的十四大会议精神指引下，深化对外开放更多借力于产业开放，区域倾斜进一步收紧，唯一一项深化建设浦东新区的政策⑥也是对 1990 年浦东新区政策的延续，对财政税收政策、外贸管理和保税区管理问题、金融政策、浦东新区建设项目等做了规定。在外资的空间分布方面，引导促进东、中、西部地区经济协调发展，积极鼓励外资投向中、西部地区，鼓励东部地区的外商投资企业到中、西部地区再投资，强调开展试点的开放领域和试点项目原则上应在东、中、西部地区同时进行等，是对“西部大开发”和“中部崛

① 2000 年九届人大三次会议通过《关于修改〈中华人民共和国中外合作经营企业法〉的决定》；同年九届人大常委会十八次会议通过《关于修改〈中华人民共和国外资企业法〉的决定》；2001 年九届人大四次会议通过《关于修改〈中华人民共和国中外合资经营企业法〉的决定》。

② 《对外贸易经济合作部、国家工商行政管理局关于印发〈外商投资企业投资者股权变更的若干规定〉的通知》（外经贸法发〔1997〕267 号）。

③ 《对外贸易经济合作部、国家工商行政管理局关于颁布〈关于外商投资企业境内投资的暂行规定〉的命令》（对外贸易经济合作部、国家工商行政管理局令〔2000〕6 号）。

④ 《对外贸易经济合作部、科学技术部、国家工商行政管理总局关于设立外商投资创业投资企业的暂行规定》（对外贸易经济合作部、科学技术部、国家工商行政管理总局令〔2001〕4 号）。

⑤ 《国务院办公厅关于成立全国外资工作领导小组的通知》（国办发〔1994〕70 号）。

⑥ 《国务院关于“九五”期间上海浦东新区开发开放有关政策的通知》（国函〔1995〕61 号）。

起”战略的前期构想。

1997年,《外商投资产业指导目录》首次修订,新版本的目录扩大了国家鼓励外商投资的范围,可享受优惠政策的条目占总条目比例为83%,并将一些档次不高、市场已开始萎缩的条目列入允许竞争类,尤其鼓励外商向中、西部地区投资。“以技术换市场”的方针得到坚定贯彻,加快发展信息等高新技术产业,大力推进重大科研成果产业化,加快技术引进速度①,并坚持技术引进与自主创新相结合的发展思路。为实现主动进行产业调整,完善国家产业体系目标,鼓励29个领域共440种产品、技术及基础设施和服务的发展②,并很快将范围调整为28个领域共526种③。

2001年12月,我国正式加入WTO并成为第143个成员国。“入世”为我国带来诸多好处,并以此为分水岭,我国对外经济迈入新一轮的高速发展。

三、调整重构阶段:2001—2008年

2001—2008年,我国FDI流入量持续增长,引资排名在2003年首次达到全球第一,并在此期间排名稳定。我国FDI流入量占GDP比重在此期间的增长速度较慢且下降幅度较大,到2008年时该值已低于2001年水平,意味着我国FDI流入的增长速度低于我国GDP的增长速度。总体而言,在此期间我国FDI引资情况并不理想,见表3-5。

① 《国务院关于设立中外合资研究开发机构、中外合作研究开发机构的暂行办法》(国科发政字〔1997〕430号)。

② 《当前国家重点鼓励发展的产业、产品和技术目录(试行)》(国家发展计划委员会令第6号)。

③ 《当前国家重点鼓励发展的产业、产品和技术目录(2000年版)》(国家发展计划委员会、国家经济贸易委员会令第7号)。

表 3-5　2001—2008 年中国 FDI 流入情况

单位：亿美元,%

年份	FDI 流入量	排名	FDI 占 GDP 比重	排名	变化趋势
2001	468.78	4	3.50	80	+
2002	527.43	3	3.59	77	+
2003	535.05	1	3.22	74	+
2004	606.30	3	3.10	91	-
2005	724.06	3	3.17	82	+
2006	727.15	3	2.64	105	-
2007	835.21	6	2.35	125	-
2008	1083.12	2	2.36	131	+

资料来源：FDI 流入量数据来自 UNCTAD 数据库；GDP 数据来自 WDI 数据库。

注：“+”表示增加趋势；“-”表示降低趋势。

2000—2008 年，FDI 对中国的贡献情况波动较大。增加值增幅波动明显，到 2008 年已降至两位数以下；就业占比持续增加，但增幅以 2005 年为分水岭时出现先增加后缩小的情况；出口占比从 2007 年出现下滑；外资工资报酬与我国平均工资报酬的差距逐年缩小，资本支出占比也逐年下降。大部分国家和地区十分重视外资研发支出及占比情况，我国的外资研发支出规模在 2006 年大幅上升，且持续扩大，但占比情况并不乐观，意味着外资在我国的研发支出强度相对于我国总体研发支出而言增长较慢。

表 3-6　2001—2008 年中国 FDI 贡献分析

单位:%，亿元

年份	增加值增幅	就业占比	出口占比	税收占比	工资报酬	外资研发支出	外资研发占比	资本支出占比	变化趋势
2001	11.90	1.43	26.14	19.94	162.02	—	—	10.42	-
2002	13.30	1.55	27.38	20.59	156.87	—	—	10.04	+
2003	20.00	1.73	28.24	22.35	150.45	30.00	1.95	7.97	+
2004	18.80	2.06	29.33	23.16	139.76	25.20	1.28	7.12	-
2005	16.60	2.42	31.24	23.06	129.81	22.70	0.93	6.68	-

续表

年份	增加值增幅	就业占比	出口占比	税收占比	工资报酬	外资研发支出	外资研发占比	资本支出占比	变化趋势
2006	16.90	2.69	32.02	23.7	127.31	48.40	1.61	5.27	+
2007	17.50	2.92	31.95	22.57	119.71	50.00	1.35	4.62	-
2008	9.90	2.94	30.84	23.1	118.52	57.20	1.24	4.35	-

资料来源：《中国统计年鉴》（2002—2009）。

注：1. 来源于外商投资企业的增加值增幅为规模以上外商投资企业工业增加值增幅。

2. “+”表示增加趋势；“-”表示降低趋势。

“入世”初期，我国经济面临多重压力与内外风险，一方面归因于长期计划经济体制累积的惯性，对国际经济规则难以迅速适应，另一方面归因于国内相当多的产业还不具备与世界先进水平进行竞争的实力，而我国“入世”时所做的市场准入、资源流动等承诺均需要切实兑现。“入世”过渡期，我国外资主管部门待解决的基本问题是如何辩证地认识、科学地协调外资与内资的关系。

在延续“九五”期间贯彻执行的“积极合理有效地利用外资”指导方针基础上，将其修改为“提高利用外资质量”①，更注重外资结构优化和效率提升。深化涉外经济体制改革，进一步扩大对外开放，更好地利用外资加快发展，践行“引进来”与“走出去”并重，实施自由贸易区战略，加强双边多边经贸合作。② 实施“西部大开发”战略③与“走出去”战略④，引导外资对西部地区的投资力度以协调区域经济发展，积极鼓励能够发挥我国比较优势的对外投资。将利用外资的重点引向东北老工业基地，积极吸引外资参与老工业基地的改革改制和调整改造。⑤ 党的十四大会议后，我国着手实施国有企

① 2006年十届人大四次会议通过《中华人民共和国国民经济和社会发展第十一个五年规划纲要》。

② 2007年党的十七大会议通过《高举中国特色社会主义伟大旗帜　为夺取全面建设小康社会新胜利而奋斗》报告。

③ 《国务院关于进一步推进西部大开发的若干意见》（国发〔2004〕6号）。

④ 2001年九届人大四次会议通过《中华人民共和国国民经济和社会发展第十个五年计划纲要》。

⑤ 《国务院办公厅关于印发2004年振兴东北地区等老工业基地工作要点的通知》（国办发〔2004〕39号）。

业股份制改革试验①，逐步探寻建立适应市场经济要求，产权清晰、权责明确、政企分开、管理科学的现代企业制度经验。② 为了充分利用外资参与国有企业改革，助力国有企业改组改制，我国逐步放宽对外资参股的限制。首先，允许外资受让我国上市公司国有股和法人股，并明确规定转让原则、条件和程序③；其次，利用外资改组国有企业，在更大程度上发挥市场对资源配置的基础性作用④；最后，允许外资并购国有企业，实质性确立进入主板市场（A股）投资的自由，标志着外资在中国实施并购的制度性障碍已然扫除。⑤ 党中央强调重点鼓励外资以多种方式参与国有企业改组改制、鼓励外资参与中部地区不良资产重组处置、积极吸收外资加快重点行业和重点企业的技术改造，并制定、实施十余条引资措施。⑥ 至此，我国区域调整三大战略基本成型。与改革开放初期建立经济特区、开放城市等试验性质的区域倾斜政策不同，这一阶段的区域政策主要强调先发区域对落后区域的带动作用。2007 年，《中华人民共和国企业所得税法》⑦ 颁布实施后，及时制定了法规解决过渡期涉外企业所得税率问题，以稳定市场预期。⑧ 自此，我国税收体系中包括增值税、消费税、营业税、企业所得税、城镇土地使用税、车船税、耕地占用税、房产税、城市维护建设税及教育费附加等，原来以内外资企业分设的制度宣告结束，意味着中国境内所有企业逐渐享受一致的国民待遇。在管理机构设置方面，2003

---

① 1993 年党的十四届三中全会通过《中共中央关于建立社会主义市场经济体制若干问题的决定》。

② 1999 年党的十五届四中全会通过《中共中央关于国有企业改革和发展若干重大问题的决定》。

③ 《关于向外商转让上市公司国有股和法人股有关问题的通知》（证监发〔2002〕83 号）。

④ 《利用外资改组国有企业暂行规定》（国家经济贸易委员会、财政部、国家工商行政管理总局、国家外汇管理局令第 42 号）。

⑤ 《外国投资者并购境内企业暂行规定》（对外贸易经济合作部、国家税务总局、国家工商行政管理总局、国家外汇管理局令第 3 号）。

⑥ 《商务部办公厅关于扩大开放、提高吸收外资水平、促进中部崛起的指导意见》（商资字〔2005〕第 130 号）。

⑦ 《中华人民共和国企业所得税法实施条例》在 2007 年召开的十届人大会五次会议上通过，以中华人民共和国主席令第 63 号的形式发布，于 2008 年 1 月 1 日正式执行；与该法配套的《中华人民共和国企业所得税法实施条例》于 2007 年召开的国务院第 197 次常务会议通过，以国务院令第 512 号的形式发布。

⑧ 《国务院关于实施企业所得税过渡优惠政策的通知》（国发〔2007〕39 号）。

年组建商务部①，与国家发展改革委、国家工商行政管理总局等部门协调外资审批等工作。

《外商投资产业指导目录》（以下简称《目录》）经历第二、第三次修订，2002年版及2004年版相继发布。《目录》修改的重点为大幅放开行业准入，尤其是服务行业的准入门槛。我国此前通过建立试点开放银行、保险等行业中某些业务的外资准入，但系统程度不足且推进速度缓慢，“入世”后，我国服务业对外开放明显提速。② 此外，我国鼓励外资进入包括电子信息、软件、航空航天、光机电一体化、生物医药与医疗器械等11个大类917项高新技术产品及其产业，并给予多项优惠政策。③ 《外商投资产业指导目录》（2007年版）的发布，是《目录》的第四次修订。新版《目录》在自主创新、节能减排、减少顺差方面渐进突破，在全面落实我国“入世”承诺的同时强调积极稳妥地扩大开放，增加“承接服务外包”“现代物流”等鼓励类项目。这是在贸易顺差高企，外资并购门槛提高情况下，外资政策调整思路逐步明朗的重要体现，服务业则继续开放准入门槛。④

WTO在“多哈回合”谈判受挫，多边贸易机制发展停滞，世界各国转而寻求区域合作。2004—2007年，我国已签署自贸区协定4个，包括《内地与香港更紧密经贸关系安排》及其补充协议（2003—2004）、《内地与澳门更紧密经贸关系安排》及其补充协议（2003—2004）、《中国—智利自贸区协定》（2005）、《中国—巴基斯坦自贸区协定》（2006）。我国在维护多边经济体制

---

① 《国务院关于机构设置的通知》（国发〔2003〕8号）。

② 《中华人民共和国外资保险公司管理条例》（国务院令第336号）、《外国律师事务所驻华代表机构管理条例》（国务院令第338号）及《中华人民共和国外资金融机构管理条例》（国务院令第340号）；《合格境外机构投资者境内证券投资管理暂行办法》（证监会、人民银行令〔2002〕12号）及《关于实施〈外资参股证券公司设立规则〉和〈外资参股基金管理公司设立规则〉有关问题的通知》（证监发〔2002〕86号）；《外商投资图书、报纸、期刊分销企业管理办法》（新闻出版总署、对外贸易经济合作部令〔2003〕18号）；《外商投资商业领域管理办法》（商务部令〔2004〕8号）；《中华人民共和国外资银行管理条例》（国务院令第478号）。

③ 2003年科技部、商务部联合发布《鼓励外商投资高新技术产品目录》。

④ 《中华人民共和国外资银行管理条例》（国务院令第478号），《关于规范房地产市场外资准入和管理的意见》（建住房〔2006〕171号）等。

的同时践行自由贸易区战略，积极与他国谈判建立自由贸易区，伙伴国由周边向拉丁美洲、欧洲、非洲辐射，协定内容不断深化，合作模式也呈现多样化，为我国利用外资带来新活力。

四、创新突围阶段：2009 年至今

2009—2017 年，我国 FDI 流入量全球排名较为稳定，FDI 流入总量变化幅度相对较小，中国已成为全球引资大国（表 3-7）。但我国 FDI 流入量占 GDP 比重及排名情况并不突出，说明我国 FDI 增速慢于我国经济发展速度，也反映出我国外资工作需要得到更多重视。

表 3-7　2009—2017 年中国 FDI 流入情况

单位：亿美元,%

年份	FDI 流入量	排名	FDI 占 GDP 比重	排名	变化趋势
2009	950. 00	2	1. 86	134	-
2010	1147. 34	2	1. 88	83	+
2011	1239. 85	2	1. 64	98	-
2012	1210. 80	2	1. 41	125	-
2013	1239. 11	2	1. 29	108	+
2014	1285. 00	2	1. 23	116	-
2015	1356. 10	4	1. 23	144	-
2016	1337. 00	3	1. 19	165	+
2017	1440. 00	2	1. 18	178	+

资料来源：FDI 流入量数据来自 UNCTAD 数据库；GDP 数据来自 WDI 数据库。
注：“+”表示增加趋势；“-”表示降低趋势。

2017 年用于衡量 FDI 对中国的贡献数据缺失较多，2009—2016 年的相关数据较为完整，可用于 FDI 对我国贡献情况的反映判断，见表 3-8。

表 3-8 2009—2017 年中国 FDI 贡献分析

单位:%, 亿元

年份	增加值增幅	就业占比	出口占比	税收占比	工资报酬	外资研发支出	外资研发占比	资本支出占比	变化趋势
2009	6.20	2.93	30.44	23.46	115.06	78.10	1.35	2.86	-
2010	14.50	3.04	28.99	23.03	114.23	92.14	1.30	3.09	+
2011	10.40	3.39	27.33	22.53	116.91	116.20	1.34	2.57	-
2012	6.30	3.36	26.44	22.25	119.50	100.40	0.97	2.04	-
2013	8.30	4.10	25.10	20.92	122.70	105.86	0.89	1.72	+
2014	6.30	3.97	24.98	21.42	123.89	107.55	0.83	1.54	-
2015	3.70	3.58	25.41	19.87	123.01	105.17	0.74	1.50	-
2016	4.50	3.29	24.87	18.26	122.69	103.24	0.66	1.46	-
2017	—	3.04	23.82	—	—	—	—	—	-

资料来源:《中国统计年鉴》(2010—2018)。

注:1. 来源于外商投资企业的增加值增幅为规模以上外商投资企业工业增加值增幅。
2. "+" 表示增加趋势;"-" 表示降低趋势。

在此期间,FDI 的贡献力指标表现堪忧,反映出我国的外资工作需引起重视。增加值波动幅度较大,且多数年份有下降压力;就业占比仅 2010 年、2011 年有所提高,其余年份均在下滑;出口占比同样表现不佳,上升的年份仅有 2015 年。税收占比在数据期亦呈现整体下降趋势,且降幅有扩大风险。外资的研发支出在 2009—2011 年大幅攀升,其余年份的波动相对较小;但外资的研发占比情况相对比较为严峻,说明外资在我国的研发投入强度相对较弱。基于此期间的 FDI 贡献情况分析,我国的 FDI 国际竞争力需要提高。

2007 年美国次贷危机及 2009 年欧洲主权债务危机,导致主要发达国家金融市场剧烈动荡,造成世界各国不同程度出现债务危机、银行挤兑、流动性紧张、借贷成本增加等现象,并波及中国经济。危机的余波致使发达国家对外直接投资大幅度缩减、资本输出下降,也直接影响我国利用外资的工作。在此背景下,我国外资主管部门待解决的问题是如何开启吸引外资新模式。我国经济在步入"新常态"的同时,利用外资工作也正在经历"新常态",此时诸如"FDI 增速锐减""外资隐形退潮"等观点兴起引起社会广泛探讨。

如何通过制度创新持续增强我国利用外资的优势与活力，是当前利用外资政策的关键任务。

创新的重要性被更多国家深刻认识。为积极融入全球创新体系，我国利用外资的方针定为“提高利用外资水平”，具体为要坚持以我为主、择优选资、提高利用外资综合优势和总体效益，推动引资、引技、引智有机结合。①2015 年，中共中央、国务院发布的《关于构建开放型经济新体制的若干意见》强调，推进准入前国民待遇加负面清单的管理模式，分层次、有重点放开服务业领域外资准入限制，进一步放开一般制造业；推动与各国各地区互利共赢的产业投资合作，通过各类投资合作机制分享我国“引进来”的成功经验，推动有关国家营造良好投资环境。我国利用外资的方针因此被确定为“提升利用外资综合质量”。2016 年召开的十二届人大四次会议通过《中华人民共和国国民经济和社会发展第十三个五年规划纲要》，论述了构建全方位开放新格局，确定了“提升利用外资和对外投资水平”的方针，尤其强调了“质量”，与先前的“积极合理有效”相一致。2017 年，国务院发布《关于扩大对外开放积极利用外资若干措施的通知》（国发〔2017〕5 号），指出利用外资是我国对外开放基本国策和开放型经济体制的重要组成部分，明确了当前和今后一段时期我国利用外资工作的政策导向：一是进一步扩大对外开放，二是进一步创造公平竞争环境，三是进一步加强吸引外资工作。

我国逐步放开了外资并购境内企业的门槛，相应的审查制度建设却并未跟上。② 在两次世界性经济危机的警示下，我国着手建立面向外资的国家安全审查制度体系，重视保障国家经济重点安全。2008 年颁布了《中华人民共和

① 2011 年十一届人大四次会议通过《中华人民共和国国民经济和社会发展第十一个五年规划纲要》。

② 《关于外国投资者并购境内企业的规定》（商务部、国务院国有资产监督管理委员会、国家税务总局、国家工商行政管理总局、证监会、国家外汇管理局令〔2006〕10 号），第十二条规定：“外国投资者并购境内企业并取得实际控制权，涉及重点行业、存在影响或可能影响国家经济安全因素或者导致拥有驰名商标或中华老字号的境内企业实际控制权转移的，当事人应就此向商务部进行申报。”

国反垄断法》，我国面向外资并购的审查制度获得实质性进步。① 我国陆续对建立并购安全审查制度的覆盖范围、审查内容、工作机制、权责职属、审查程序等做了规定。② 这些与国际惯例接轨的举措使外资并购的政策更加规范和透明，而且并不意味着中国吸引外资基调的改变。为了进一步加快相关法律、法规体制建设，我国陆续完善外资管理体制，《商务部关于进一步改进外商投资审批工作的通知》（商资函〔2009〕7 号），《商务部关于下放外商投资审批权限有关问题的通知》（商资发〔2010〕209 号），《国家发展改革委关于做好外商投资项目下放核准权限工作的通知》（发改外资〔2010〕914 号），2014 年《外商投资项目核准和备案管理办法》（国家发展改革委第 12 号令）等文件被陆续颁布。

在区域政策方面，2013 年国务院发布了《关于印发中国（上海）自由贸易试验区总体方案的通知》（国发〔2013〕38 号）。2015 年，国务院办公厅发布了《关于印发自由贸易试验区外商投资准入特别管理措施（负面清单）的通知》（国办发〔2015〕23 号）；国务院发布了《关于印发中国（广东/天津/福建）自由贸易试验区总体方案的通知》（国发〔2015〕18/19/20 号）。2017 年，国务院发布了《关于印发中国（辽宁/浙江/河南/湖北/重庆/四川/陕西）自由贸易试验区总体方案的通知》（国发〔2017〕15/16/17/18/19/20/21 号）；进一步深化上海、广东、天津自由贸易试验区改革开放方案。③ 在产业政策方面，中国（上海）自由贸易试验区（简称上海自贸区）探索建立外商投资“准入前国民待遇”加“负面清单”的管理模式是其建设的亮点和难点，该法的核心内涵为“法无禁止即可为”。2015 年，国务院办公厅发

① 十届全国人大常委会二十九次会议通过，其中第三十一条明确规定：“对外资并购境内企业或者以其他方式参与经营者集中，涉及国家安全的，除依照本法规定进行经营者集中审查外，还应当按照国家有关规定进行国家安全审查。”

② 《国务院办公厅关于建立外国投资者并购境内企业安全审查制度的通知》（国办发〔2011〕6 号），《商务部实施外国投资者并购境内企业安全审查制度的规定》（公告〔2011〕53 号）。

③ 《国务院关于印发全面深化中国（上海）自由贸易试验区改革开放方案的通知》（国发〔2017〕23 号），《国务院关于印发进一步深化中国（广东/天津）自由贸易试验区改革开放方案的通知》（国发〔2018〕13/14 号）。

布了《关于印发自由贸易试验区外商投资准入特别管理措施（负面清单）的通知》（国办发〔2015〕23号）；2017年，国务院办公厅发布了《关于印发自由贸易试验区外商投资准入特别管理措施（负面清单）的通知》（国办发〔2017〕51号）。在自由贸易区建设方面，经济危机造成的多边机制受损尚待修复，区域主义已蔚然成风，发展中国家与发达国家间达成众多区域协定（RIA/RTA），热衷于发起高标准区域合作，其中的深层含义是应对新兴市场崛起而采取的主动进攻。中国改革开放40多年来始终保持中高速经济增长，被发达国家视为全球竞争的重要对手，许多区域安排明显指向中国以图给予遏制，我国亟待寻求突围。2010年，分别签订了《中国—哥斯达黎加自由贸易协定》《中国—东盟自由贸易协定》；2013年4月15日，签订《中国—冰岛自由贸易协定》，2013年7月6日，签订《中国—瑞士自由贸易协定》。

《外商投资产业指导目录》（2011年版）的发布，是该《目录》的第五次修订。修订后的《目录》除照例增加了鼓励类项目、减少限制与禁止类项目外，还取消了部分领域对外资的股比限制，有股比要求的条目比原《目录》减少了11条。将高端制造业作为鼓励外商投资的重点领域，以促进国内制造业的改造提升。鼓励外资进入战略性新兴产业，以提升我国承接国际产业转移的层次和水平，培育国际合作和竞争新优势等。外资还被获准进入投顾服务业。①《外商投资产业指导目录》（2015年版）发布，是该《目录》的第六次修订。修订后的《目录》限制类减少41条，禁止类减少2条，制造业获得大力度开发，房地产、电子商务、金融、批发零售等服务业被进一步开放。《外商投资产业指导目录》（2017年版）的发布，是该《目录》的第七次修订。此次修订的主要特点和变化是积极主动扩大开放，提出外商投资准入“负面清单”，删除内外资一致的限制性措施，保持鼓励类政策总体稳定。服务业、制造业、采矿业均相应取消部分领域的外资准入限制。继续鼓励外资投向先进制造、高新技术、节能环保、现代服务业等领域，促进引资、引技、

① 《基金管理公司、证券公司人民币合格境外机构投资者境内证券投资试点办法》（证监会令〔2011〕76号）。

引智相结合，推动产业结构调整优化升级。提出在全国范围内实施的外商投资准入“负面清单”，作为对外商投资实行“准入前国民待遇”加“负面清单”管理模式的基本依据。“负面清单”之外的领域，原则上不得实行对外资准入的限制性措施。本次《目录》修订旨在贯彻落实党中央关于构建开放型经济新体制、推进新一轮高水平对外开放的要求，坚持开放发展理念，深化“准入前国民待遇”加“负面清单”管理模式改革，进一步提高服务业、制造业、采矿业等领域的开放水平，推动简化外商投资准入管理，将构建更加开放、透明的投资环境，以开放促改革、促发展，更好地发挥利用外资在我国经济发展和深化改革进程中的积极作用。随着中国吸引外资的结构和质量被不断优化，外商投资向高端产业集聚的态势明显，已经成为中国产业升级的重要推动力量，同时相关产业的增加值也将有所提升。因此，中国应继续鼓励发挥外资对优化我国产业结构、贸易结构的积极作用。

第二节　中国制造业的发展与机遇

改革开放40年来，我国制造业得到快速发展，制造业规模全球第一且门类齐全、上下游产业链完整，可以说形成了独立的产业体系。随着改革开放程度不断加深，我国通过国际贸易、国际投资与世界经济发展关系密切，深度融合地嵌入制造业全球价值链中。FDI对我国的产业结构优化、技术水平提升、经济增长方式转变的作用不容忽视，但是中国制造业整体发展水平偏低，与世界先进国家相比大而不强，存在全球价值链分工位置偏低、部分低附加值生产环节产能过剩、高附加值环节相对缺乏且产能有限等问题。因此，我国制造业在高速发展的同时，需要进一步优化产业结构，加速转型升级，努力提升全球价值链分工地位等，在识别和抓住机遇的同时战胜挑战。

一、制造业产业产品分类

目前，国际上比较具有影响力的制造业产业及其产品分类主要有以下七种方法。

1. 国际标准产业分类（International Standard Industrial Classification, ISIC）

由隶属于联合国经济及社会理事会的统计分类委员会颁布，并由联合国统计司维持，是生产活动的国际参考分类，更加重视生产过程。其主要目的是提供一组活动类别，用于根据此类活动收集和报告统计数据，以推进产业分类的国际化、标准化进程。它为各国制定国家活动分类提供了指导，在国际上得到广泛应用，是比较国际级经济活动统计数据的重要工具。目前，《国际标准产业分类》（ISIC，Rev. 4）是2008年第四次修订的版本，将全部经济活动分为21个门类、88个类、238个大组和419个组。

2. 全球行业分类标准（Global Industry Classification Standard，GICS）

由摩根士丹利国际资本公司（Morgan Stanley Capital International，MSCI）和标准普尔评级公司（Standard & Poor´s，S&P）于1999年8月开发的行业分类标准，供全球金融业使用，为其提供了一个全面的、全球统一的经济板块和行业定义。GICS作为一个行业分类模型，已经在世界范围内得到广泛认可，其意义在于为创造易复制的、量体裁衣的投资组合提供了坚实基础，提高全球范围内经济板块和行业研究的可比性。GICS为四级分类，包括11个经济部门、24个行业组织、69个行业和158个子行业。

3. 行业分类基准（Industry Classification Benchmark，ICB）

由道琼斯指数公司（Dow Jones & Company）和富时指数公司（FTSE）在2005年1月推出，现由富时国际独有。该体系基于透明管理规则进行管理，用于将市场分成宏观经济中部门的行业分类标准。其主要目的是将市场划分为越来越具体的类别，使投资者能够比较明确地界定子行业之间的行业趋势，是主要为交易及投资决策使用的行业分类系统。所有 ICB 数据库中的公司及证券均按照管理规则进行四级分类，涉及 10 个行业的系统、19 个超级系统、41 个扇区和 114 个子部门。

4. 国际贸易标准分类（Standard International Trade Classification，SITC）

现行分类系统于 1950 年 7 月 12 日由联合国经济社会理事会正式通过，由联合国统计局主持制定并由联合国维护。目前，SITC 分类的最新版为第四版，于 2006 年颁布，贸易数据自 2007 年起开始提供，涉及 10 大类、67 章、262 组、1023 个分组和 2970 个项目。SITC 是国际贸易中对一国进出口商品进行分类统计和对比的标准分类方法，以便对不同国家和不同年份的国际贸易进行研究比较，从而促进国际贸易统计的可比性。联合国商品贸易数据库（United Nations Comtrade Database）提供的国际贸易数据，便是按照 SITC 进行分类的。联合国统计司国际贸易统计处表示，汇编进入国际贸易的所有商品的国际贸易统计数据，以及 SITC 的商品分组均反映了产品生产过程中使用的材料、加工阶段、市场惯例和产品的使用、商品在国际贸易方面的重要性及技术变革。

5. 商品名称和编码协调制度（Harmonized Commodity Description and Coding System，又称 the Harmonized System，HS）

由海关合作理事会（the Customs Co-operation Council）制定，后由独立的政府间组织，即世界海关组织（the World Customs Organization，WCO）开发和维护，是一种国际标准化的名称和数字系统，用于对交易产品进行分类，是世界各国海关经常采用的一种分类标准。HS 编码共有 22 大类、98 章，“类”基本按经济部门划分，“章”的分类则基本采取两种方法：一是按商品原材料的属性分类，相同原料的产品一般归入同一章，章内再按产品的加工程度从原料到成品顺序排列；二是按商品的用途或性能分类。制造业的许多产品很难按其原料进行分类，尤其可用多种材料制作的产品或由混合材料制成的产品。因此，按其功能或用途分为不同的章，章内再按原料或加工程序排列出目或子目。HS 分为 HS 4 位编码指数和 HS 2 位编码指数，国际通行的 HS 编码由 2 位码、4 位码及 6 位码组成，6 位码以上的编码及对应商品则由各国自定。目前使用的是 2007 年的第五版（HS 2007），货物按其加工程度，依原材料、未加工产品、半成品和成品的顺序排列，包括 22 个大类、97 章，5053 个 6 位数产品基本编号。

6. 大类经济类别（Broad Economic Classification，BEC）

由联合国统计局制定、联合国统计委员会审议通过、联合国秘书处 1971 年出版颁布，是国际贸易商品统计的商品分类体系。其主要用途是对可运输货物进行分组，常用于国际商品贸易数据的一般性经济分析。BEC 类别是按照商品大的经济类别综合汇总国际贸易数据制定的，按照国际贸易商品的最终主要用途，根据 SITC 定义。当前使用的 BEC 是 1988 年的第三次修订版本，采用 3 位数的分类，把全部国际贸易商品分为 7 大类：食品和饮料、工业供应品、燃料和润滑油、资本货物（运输设备除外）及其零附件、运输设备及其零附件、其他消费品、未列名货品；19 个基本类，基本类按最终用途汇总为资本品、中间产品和消费品 3 个门类。

7. 产品总分类（United Nations Central Product Classification，CPC）

由联合国统计司制定，联合国统计委员会颁布，是对所有产品的综合分类，包括经济活动产出的产品，涵盖了可运输货物和不可运输货物，是货物和服务的完整产品分类，旨在成为组织和分析工业生产、国民账户、贸易、价格等数据的国际标准。CPC 可以为所有国内、国际交易对象或可以输入股票的产品提供类别。CPC 根据产品的物理性质和固有性质及原产业的原则对其进行分类，是一种既无所不包又互相排斥的类别体系，还是 HS 与 SITC 的衔接。目前使用的 CPC 是 2008 年 12 月修订的增补版（CPC Ver. 2. 0），总共有 10 部门、70 类、305 组、1167 级和 2098 次级。

除此以外，较有影响力的产业分类体系还包括欧洲共同体经济活动的统计分类（Statistical Classification of Economic Activities in the European Community，NACE）、北美产业活动分类（North American Industry Classification System，NAICS）、美国产业分类标准 Standard Industrial Classification（SIC）等。现对部分国际机构和国家制定的较有影响力的产业产品分类标准进行整理，见表 3-9。

表 3-9　主要国际机构产业产品分类标准

制定者	典型标准	缩写
联合国统计委员会	《全部经济活动的国际标准产业分类》	ISIC
	《国际标准产品分类》	CPC
	《国际贸易分类》	SITC
海关合作理事会	《协调商品种类和编码体系》	HS
欧盟	《欧盟产业活动分类标准》	NACE
	《欧盟产品分类标准》	CPA
美国、加拿大、墨西哥	《北美产业活动分类》	NAICS

资料来源：根据主要国际机构产业产品分类标准整理。

将目前联合国统计司和国际海关理事会出版制定的较有国际影响力的分类标准进行如下整理，见表 3-10。

表 3-10　联合国统计司和海关合作理事会分类标准

制定者	国际分类标准名称	英文缩写
联合国统计司	《全部经济活动的国际标准产业分类》	ISIC
	《国际标准产品分类》	CPC
	《国际贸易分类》	SITC
	《按用途划分的个人消费分类》	COICOP
	《政府职能分类》	COFOG
	《为住户服务的非营利机构的目的分类》	COPNI
	《按目的划分的生产者支出分类》	COPP
海关合作理事会	《协调商品种类和编码体系》（进出口）	HS

资料来源：根据联合国统计司和海关合作理事会相关分类标准整理。

《国际标准产业分类》（ISIC，Rev. 4）规定了四级分类（门类、类、大组和组），从而为详细程度不同的数据比较分类提供了框架。修订本第四版共涉及 21 个门类 88 个类，其中制造业为第 3 门类，包括第 10~33 共 24 类（表 3-11）。结合我国《国民经济行业分类》（GB/T 4754—2017）和国家统计局关于修订《三次产业划分规定（2012）》（国统设管函〔2018〕74 号）的通知，具体规定了第一产业是指农、林、牧、渔业（不含农、林、牧、渔服务业）；第二产业是指采矿业（不含开采辅助活动），制造业（不含金属制品、机械和设备修理业），电力、热力、燃气及水的生产和供应业，建筑业；第三产业即服务业，是指除第一产业、第二产业以外的其他行业。制造业为第二产业。依据联合国经济和社会事务部统计司发布的《全部经济活动的国际标准产业分类》（简称《国际标准产业分类》）修订本第四版定义，产品的实质性变化、革新或重建一般被认为属于制造业的范畴。制造业包括从事将材料、物质或成分经物理和化学处理后转化成新产品活动的单位，被转化的材料、物质或成分是原料，即农业、林业、渔业、采矿业或采石业以及其他制造活动的产品。制造门类的单位往往被称为车间、工厂或制造厂，其特点是使用由动力驱动的机器和材料装配设备；同时，以手工方式或在家庭作坊将材料或物质转化成新产品的单位和向一般公众销售在出售商品场所制作产品的单位，如面包房和裁缝铺等，也被列入制造业门类。另外，制造单位自行加工材料或与其他单位签订合同为其加工材料，这两种类型的单位也都被列入制造业。

表 3-11　ISIC 制造业产业分类

类	大组	组	说明
类 10	101~108	14 个	食品的制造
类 11		4 个	饮料的制造
类 12		1 个	烟草制品的制造
类 13	131、139	8 个	纺织品的制造
类 14	141~143	3 个	服装的制造

续表

类	大组	组	说明
类 15	151、152	3 个	皮革和相关产品的制造
类 16	161、162	5 个	木材、木材制品及软木制品的制造（家具除外）、草编制品及编织材料物品的制造
类 17		3 个	纸和纸制品的制造
类 18	181、182	3 个	记录媒介物的印制及复制
类 19	191、192	2 个	焦炭和精炼石油产品的制造
类 20	201～203	8 个	化学品及化学制品的制造
类 21	210	1 个	基本医药产品和医药制剂的制造
类 22	221、222	3 个	橡胶和塑料制品的制造
类 23	231、239	8 个	其他非金属矿物制品的制造
类 24	241～243	4 个	基本金属的制造
类 25	251、252、259	8 个	金属制品的制造，但机械设备除外
类 26	261～268	9 个	计算机、电子产品和光学产品的制造
类 27	271～275、279	8 个	电力设备的制造
类 28	281、282	16 个	未另分类的机械和设备的制造
类 29	291～293	3 个	汽车、挂车和半挂车的制造
类 30	301～304、309	8 个	其他运输设备的制造
类 31	310	1 个	家具的制造
类 32	321～325、329	7 个	其他制造业
类 33	331、332	7 个	机械和设备的修理和安装

资料来源：根据 ISIC，Rev. 4 整理。

制造单位的新产品包括可直接消费的成品和可进一步制造的原材料，即半成品。机械设备的专用元件、配件、附件的制造与该机械设备按照一般原则划分在同一个组，设备的非专用元件和配件的制造则不考虑使用它们的机械设备的种类而划入适当类别。制成品各部分的组装单位被视为制造业的组成部分，组装对象可以是自产的或从外部购买的零件组装的制成品。对于废物回收，如将废物加工成为二次原料的活动，这些活动的首要目的是废物处理或废物加工，并不视作制造业的一部分；全新的最终产品的制造被划入制造业的范围内，即使在此过程中利用了废物为原料。工业、商业以及类似的机械和设备修理与保养属于制造业范畴，当机械设备的组装和安装作为一种专门活动进行时属于制造业，但电脑，个人、家庭用品，汽车的修理则属于服务业。分类系统中制造业与其他类的界限在某种程度上是模糊的。作为一般规则，制造业中单位从事的是将材料转化成新产品的活动，其产出是新的产品。当然，对新产品的定义在一定程度上也可能带有主观性。

国际贸易分类标准 SITC 依照产品来源的产业部门及加工程度，按照原料、半制造品、制成品的经济分类标准进行分类，将商品分为 10 个门类：第 0 类（Section 0）为食品和活体动物；第 1 类（Section 1）为饮料和烟草；第 2 类（Section 2）为不可食用原料，燃料除外；第 3 类（Section 3）为矿物燃料、润滑剂和相关物料；第 4 类（Section 4）为动植物油、脂肪和蜡；第 5 类（Section 5）为化学品及相关产品；第 6 类（Section 6）为主要按原材料分类的制成品；第 7 类（Section 7）为机械和运输设备；第 8 类（Section 8）为杂项制品；第 9 类（Section 9）为未归类商品和交易。其中第 0~4 类为初级产品，第 5~9 类为工业制成品，均属于制造业。制造业中第 6 类、第 8 类为劳动密集型产品，第 5 类、第 7 类、第 9 类为资本或技术密集型产品。将制造业产品分类进行整理，详情请见附录 A（表 A-1　SITC 制造业产品分类）。

我国目前使用的统计行业标准，是国家统计局 2017 年颁布实施的《国民经济行业分类》（GB/T 4754—2017），涉及 20 个门类、97 个大类、473 个中类、1380 个小类。其中，制造业属于门类 C，含 31 个大类、179 个中类、608 个小类，具体内容请见附录 A（表 A-2　《国民经济行业分类》制造业产业分类）。

二、中国制造业的发展历程

中国制造业的发展与世界制造业中心的形成及转移关系密切。全球性三个制造业中心分别为英国（18 世纪到 20 世纪上半叶）、美国（20 世纪上半叶到 70 年代）和日本（20 世纪 80 年代到 90 年代）。随后，日本的全球制造业中心地位开始下降，包括中国在内的东亚地区的制造业快速发展，在制造业全球价值链中占据重要位置。英国在成为全球制造业中心国家的同时也是全球的航运中心、贸易中心、金融中心，工业革命和机器大工业时代奠定了其科技创新能力在当时的领先地位，其工业生产占全球工业生产的比重超过1/3。然而，随着经济缺乏竞争活力，企业技术发展相对滞后等问题的出现，英国的传统工业优势无法扭转其在新兴工业方面的劣势。最终决定了美国赶超英国成为世界制造业中心的关键因素在于科技创新能力。美国的自然资源、人力资本丰富，铁路运输发达，全国性统一市场规模庞大，为美国工业的起飞奠定了物质基础。科学技术研究创新中心的转移和具有创新创业精神的企业家群体的出现使技术革命在美国发生成为必然。同时，美国大规模引进外资，尤其来自英国的外商直接投资在美国工业化的进程中贡献显著。

第一次世界大战之后，美国的工业生产能力全球第一，并得以长期保持。在第二次世界大战之后，日本经济在制造业快速发展的带动下增速惊人，其国内生产总值赶超了英、法、德等国家成为世界第二经济强国，其主要发展契机在于第三次现代科技革命。20 世纪 80 年代中期，日本的新兴半导体产业技术领先，获取了世界超半数的市场份额，保障其成为新的世界制造中心。科技进步和技术创新，在作为经济基础的制造业的振兴发展和腾飞中的作用越发显著，尤其是重要行业和关键技术的研发与应用，对于一国竞争力的提升作用巨大，甚至起到决定性作用。与工业时代不同的是，信息时代的世界科学技术研究创新中心与世界制造业中心呈现分离状态。美国在通信信息、生物科技、新材料新能源等领域的重大科技创新能力处于领先地位，综合国力强大，在知识经济和信息革命中开创了以科学技术掌控生产制造的新趋势。比如在信息制造产业，由于其物质产品价值更多地取决于内含的技术价值，因而美国作为全球科技中心，可以对东亚地区等全球制造业中心通过跨国公司的运营和全球价值链的融合进行控制，通过把控核心技术实现对相关产业上下游产业链的控制，以获取高额附加值。

由于生产成本、环境保护、规模效应递减、产业结构调整、比较优势变化等因素，发达国家对发展中国家展开制造业跨国转移，其总体趋势是技术领先国向技术落后国转移，具有技术资本比较优势的国家向具有劳动资源比较优势的国家转移，而将高利润、高附加值的研发和服务等环节留在本国，将低利润、低附加值、高污染的生产环节转移给发展中国家，并以此获得廉价的劳动力和生产成本，以提高产品的成本优势。跨国公司作为发达国家此次战略调整的载体，通过公司内部的生产分工和外包等行为，促进了制造业的跨国转移，为发展中国家承接世界制造业产业转移创造了条件。

回顾我国制造业的发展历程，结合我国外商直接投资的发展阶段，考虑到新中国成立后至改革开放前的初建时期，可以大致划分为四个阶段：1949—1977 年，初建形成阶段；1978—2000 年，复苏崛起阶段；2001—2008 年，高速发展阶段；2009 年至今，转型升级阶段。

1949—1977 年，是我国制造业的初建形成阶段。时值新中国成立初期，考虑到国际环境的压力，我国依照苏联的发展思路优先发展重工业。中国的工业结构由以小规模手工业为主导，转变为以钢铁工业为中心的重工业为主导。受国际环境、“文化大革命”、国内劳动力资源和物质资本限制等因素影响，在中国制造业的技术落后与国际制造业的先进技术水平之间差距巨大的同时，农业和轻工业的发展也受到了限制，国内资源出现了配置失调。在一定程度上浪费了宝贵的发展机遇和物质资源的情况下，我国克服重重困难努力摆脱国内生产无法满足国内需求的窘境。

1978—2000 年，是我国制造业的复苏崛起阶段。在实施改革开放政策之后，我国制造业由计划经济时期政府主导重工业发展，进入社会主义市场经济体制时期市场主导轻工业发展的新阶段。市场配置资源，生产目标首先是满足国内的消费需求。消费者的衣、食、住、行等相关消费需求得到极大满足，产品种类极大丰富，产品质量不断提高，基本实现了满足国内需求的目标。其次是积极引进外资。民营经济快速成长，资源在市场的引导作用下得到有效配置，生产能力和技术水平大幅提升，部分产业具备了国际竞争力，加工贸易蓬勃发展，在改革政策红利的释放下，中国制造逐渐形成气候。

2001—2008 年，是我国制造业的高速发展阶段。以中国加入 WTO 为标志性事件，我国利用劳动力等资源成本低、配套基础设施建设全、上下游产业链配套优等优势，通过大量承接 OEM 订单，开启了“世界工厂”之路，中国制造的影响力覆盖全球。

2009 年至今，是我国制造业的转型升级阶段。从国际环境来看，全球金融危机后世界经济复苏速度缓慢，生产需求大幅降低，同时出现了加工制造业向劳动力成本更为低廉的东南亚国家转移的趋势。从国内环境来看，虽然我国制造业逐步积累了相当数量的资本、技术、经验，但随着我国人口红利逐渐消失、资源环境问题日益突出，前一阶段积累的高污染高能耗、外贸依存度高、产品附加值低等矛盾逐渐凸显，部分行业出现了产能过剩问题。世界经济发展状况堪忧，国际贸易增长乏力，我国的出口数量减少。经过一段时间的高速增长，我国经济发展进入新常态，制造业转型升级势在必行。中国制造业的创新能力和科学技术水平，决定了我国能否真正成为世界制造中心的重要一极，《中国制造 2025》的出台更加明确了我国制造业的发展方向和目标。中国制造业的整体实力具备相当的国际竞争力，生产能力与产量优势突出，产业构成齐全，基础设施完善，传统优势产业与新兴高技术产业并重。然而，资源配置效率还可进一步提高，生产和市场的规模优势尚待进一步发挥，产业结构仍需进一步优化。

三、中国制造业与外商直接投资

联合国贸易和发展会议（United Nations Conference on Trade and Development，UNCTAD）发布的《2018 年世界投资报告》显示，2017 年我国吸收外资较 2016 年上升一位成为全球第二。在 2017 年全球经济发展形势严峻、对外投资放缓的情况下，我国引进外资的工作较为理想。我国作为 2017 年外商直接投资第二大接受国，在 2017 年上半年外资流入有所放缓的情况下，全年吸引了 1360 亿美元，同比上升 2.0 %，占全球 FDI 总量的 9.5%，并创下崭新纪录成为历史新高。放眼亚洲范围，2017 年亚洲发展中国家和地区 FDI 总体稳定于 2016 年水平，约 4760 亿美元。但从具体结构而言，大多数东盟国家

FDI 有所上升，涨幅约 11%，达到 1340 亿美元，抵销了中国香港、新加坡、印度及沙特阿拉伯等 FDI 主要接收国的外资流入下降。其中值得注意的是，对中国高技术产业的 FDI 投资力度强劲，规模瞩目（表 3-12）。2018 年，由于我国宣布促进和吸引外商直接投资的计划，流入我国的 FDI 持续增长的概率较大。联合国贸易和发展会议于 2018 年 10 月 15 日发布的《全球投资趋势监测报告》显示，2018 年上半年，全球 FDI 总额约 4700 亿美元，较 2017 年同期下降 41%。2018 年全球 FDI 整体水平处在至少十年的历史低位，但其中引人注目的例外是，我国 2018 年上半年吸收 FDI 增长 6%，上半年外资流入超过 700 亿美元，是全球最大 FDI 接受国。这证明，我国外资营商环境和 FDI 吸引力都在不断提升。我国商务部外资司公布的 2018 年 1—12 月全国吸收外商直接投资的情况显示，我国 2018 年新设立外商投资企业 60533 家，同比增长 69. 8%，实际使用外资金额 1349. 7 亿美元，同比增长 3%。具体到行业层面，2018 年我国制造业新设立外商投资企业 6152 家，同比增长 23. 4%，实际使用外资金额 411. 7 亿美元，同比增长 22. 9%。

表 3-12　2015—2017 年中国高技术制造业 FDI 占比　　单位：%

高技术制造业	2015 年	2016 年	2017 年
医药制造业	14. 9	22. 9	21. 6
航空、航天器及设备制造业	1. 0	0. 4	0. 8
电子及通信设备制造业	75. 5	66. 7	64. 7
计算机及办公设备制造业	4. 9	2. 5	3. 8
医疗仪器设备及仪器仪表制造业	3. 5	7. 5	8. 8
信息化学品制造业	0. 2	0. 1	0. 4

资料来源：《中国外商投资报告》（2018）。

我国商务部发布的《中国外资统计公告》（2018）显示，2017 年，我国规模以上外商投资企业工业增加值增幅 6. 6%，高于全国工业增加值增幅 6. 4%；1992—2017 年，我国规模以上外商投资企业工业增加值平均增幅达到了 15. 0%，高于全国工业增加值平均增幅的 11. 1%。2017 年，我国制造业新设立外商投资企业 4986 家，同比增长 24. 3%，实际使用外资金额 335. 1 亿美元，同比下降5.6%。2017年，我国高技术产业FDI中高技术制造业新设立企业1032家，占全年新设立企业数的2.9%，占全年新设立制造业企业的20.7%，实际使用外资金额98.9亿美元，占全年实际使用外资金额的7.3%，占制造业全年实际利用外资金额的29.5%。根据商务部公布的数据，高技术制造业中电子及通信设备制造业吸收FDI规模最大。2015年，电子及通信设备制造业实际投资占高技术制造业比重达到75.5%，2016年下降至66.7%，2017年下降至64.7%。而医药制造业和医疗仪器设备及仪器仪表制造业，则呈现出投资占高技术制造业投资比值逐年上升趋势，2015年分别为14.9%和3.5%，2016年分别上升为22.9%和7.5%，2017年则分别达到21.6%和8.8%。这证明我国高技术制造业投资向医药制造领域转移。

制造业作为我国吸收外商直接投资规模最大、比例最高的行业，其引资比重近年来呈现出整体下降趋势。中国制造业实际使用外资占总体比重，由1997年的62.1%，升至2005年历史最高点70.4%后，呈现下滑态势。2015年制造业外商投资企业4507家，占全年新设立外商投资企业总数的16.96%，制造业实际使用外资金额395.43亿美元，占全年实际使用外资金额总量的31.32%；2016年制造业外商投资企业4013家，占全年新设立外商投资企业总数的14.38%，制造业实际使用外资金额354.92亿美元，占全年实际使用外资金额总量的28.32%，其中高技术制造业实际使用外资598.1亿元人民币，同比增长2.51%；2017年制造业外商投资企业4986家，占全年新设立外商投资企业总数的14%，制造业实际使用外资金额335.1亿美元，占全年实际使用外资金额总量的25.6%。可以看出，我国制造业吸引FDI的数量和规模都有所下降，其中高技术制造业占制造业FDI比重有所增加。这说明我国整体FDI结构和制造业FDI结构都在向更符合我国经济发展和经济结构的方向调整。

第三节　中国制造业全球价值链

本节首先梳理了我国制造业参与全球价值链的发展过程以及现状，进而主要通过显示性比较优势指数（RCA 指数），对我国制造业全球价值链的比较优势和分工地位进行了描述，进而在全球价值链视角下研究我国制造业的升级问题，对我国制造业当前主要面临的机遇与挑战进行了分析。

一、中国参与制造业全球价值链的发展及现状

改革开放 40 年来，我国积极引进外商直接投资，大力促进加工贸易的发展，通过我国人口红利期间大量劳动力在东部沿海地区进入制造业企业，以承接来自中国香港、中国台湾等地区在 20 世纪 80 年代转移到中国大陆地区的海外订单等，并于 20 世纪 90 年代承接来自美国的大量产品生产组装配置环节，以及吸引来自欧盟、日本、韩国等国家和地区的外商直接投资，中国制造业因此被逐步纳入制造业全球价值链分工体系，深刻嵌入全球价值链之中。改革开放 40 年来，我国还经历了由计划经济体制向市场经济体制转轨的过程，市场竞争的激烈使一些无法适应市场主导资源配置的企业退出市场，释放出大量劳动力使我国制造业企业劳动力资源相对充裕，一些劳动密集型产业在对劳动力进行简单培训后即可投入生产，使服装、电子设备组装等低附加值外包订单迅速增加，加工贸易制造业发展迅速。从 20 世纪 90 年代末开始，我国接受过大学教育的高素质劳动力数量逐渐增加，对在我国的 FDI 高端人才需求予以满足，吸引了大量战略资产寻求型 FDI 在我国设立研发机构及运营中心。

表 3-13　2009—2017 年中国制造业就业情况

年份	制造业就业人数（万人）	全国就业人数（万人）	制造业就业占比（%）	制造业工资总额（亿元）	全国工资总额（亿元）	制造业工资占比（%）
2009	3491.90	12573.04	27.77	9302.20	40288.16	23.09
2010	3637.15	13051.50	27.87	11140.79	47269.89	23.57
2011	4088.33	14413.30	28.36	15031.37	59954.66	25.07
2012	4262.19	15236.37	27.97	17668.07	70914.21	24.91
2013	5257.94	18108.45	29.04	24566.64	93064.29	26.40
2014	5243.14	18277.78	28.69	27011.39	102817.23	26.27
2015	5068.70	18062.49	28.06	28341.61	112007.79	25.30
2016	4893.84	17888.07	27.36	29088.88	120074.80	24.23
2017	4635.46	17643.83	26.27	29740.55	129889.06	22.90

资料来源：《中国工业统计年鉴》（2010—2018）。

从表 3-13 可以看出，我国制造业就业规模相对稳定，占我国全国就业人口数比重较大，但 2013 年达到峰值后呈现下降趋势，说明我国制造业吸纳劳动力就业的能力有所下降。

由制造业工资总额与全国工资总额比例和制造业就业人口数占比可知，我国制造业劳动力工资待遇总体而言低于全国水平，也从另一个角度说明了我国制造业全球价值链分工处于廉价劳动力和低附加值的环节。

由表 3-14 可知，制造业出口一直是我国货物出口贸易中占比最大的一部分。因此，制造业的发展以及制造业全球价值链的升级对于我国的经济发展和国际贸易意义重大。

表 3-14　2009—2017 年世界主要国家制造业出口占比　　单位：%

年份	中国	美国	德国	日本	印度	巴西
2009	93.57	66.79	81.54	88.03	66.82	39.47
2010	93.55	66.16	82.22	89.00	63.76	36.57
2011	93.30	63.53	83.23	89.09	62.23	34.12
2012	93.93	63.43	83.58	89.56	64.77	35.04
2013	94.02	62.31	83.49	88.19	61.88	36.33

续表

年份	中国	美国	德国	日本	印度	巴西
2014	93.99	61.97	83.62	88.24	64.01	34.80
2015	94.37	64.19	84.13	88.03	70.60	38.09
2016	93.75	63.54	84.00	88.54	73.07	39.86
2017	93.60	61.92	84.92	88.10	70.67	37.59

资料来源：世界银行数据库。

我国制造业总体大而不强的问题依然存在，电子及通信设备制造业企业的引资比重较大，但近几年出现引资比重下降问题。虽然我国本土企业对我国电子及通信设备制造业发展的带动能力不容忽视，但总体而言，我国相关产业依然处于低创新、低附加值的生产装配环节，技术研发创新仍需加大投入，科研机构及高校与企业合作不紧密，成果转化情况不理想。在我国制造业规模持续扩大的同时，我国劳动生产率水平虽然增速较快，但依然达不到全球平均水平，仍有较大的提升空间和必要性。

表 3-15　2016 年和 2020 年（预计）全球制造业竞争力排名

排名	2016 年		2020 年（预计）		
	国家或地区	评分	2016 年对比 2020 年	国家或地区	评分
1	中国	100.0	+1	美国	100.0
2	美国	99.5	-1	中国	93.5
3	德国	93.9	—	德国	90.8
4	日本	80.4	—	日本	78.0
5	韩国	76.7	+6	印度	77.5
6	英国	75.8	-1	韩国	77.0
7	中国台湾	72.9	+1	墨西哥	75.9
8	墨西哥	69.5	-2	英国	73.8
9	加拿大	68.7	-2	中国台湾	72.1
10	新加坡	68.4	-1	加拿大	68.1

资料来源：《全球制造业竞争力指数》（2016）。

根据《全球制造业竞争力指数》（2016）预测，我国制造业全球竞争力于2020年将下降一位，落后于美国成为全球第二（表3-15）。具体而言，我国的制造业出口格局和结构不利于继续保持我国的制造业全球竞争力。其中，我国高端技术出口地域限制较强，主要集中在亚洲地区，因此限制了我国相关制造业的进一步扩大和全球价值链升级。贸易出口竞争力是国家整体竞争力和经济繁荣的关键性决定因素，而我国以制造业为绝对比重的出口结构，决定了制造业对于我国贸易出口竞争力的关键影响，进而影响到我国的整体经济活力和竞争力。相对而言，美国、德国、日本等制造业领先国家的先进制造业和技术密集型产品繁荣度更高，出口产品保护的国内增加值较高，并且全球贸易格局较复杂。中国的制造业受到印度、马来西亚、越南、印度尼西亚和泰国等国家廉价劳动力、增强的灵活制造能力、人口分布更集中合理等因素带来的强大竞争影响，全球制造业生产重心将向这些国家倾斜，并帮助其转向更高附加值及更先进技术的制造业全球价值链环节。因此，我国需要进一步巩固制造业转型升级的已有成果，加大研发投入力度，争取领先的制造业GVC生产环节。我国在高质量人才方面有一定的竞争潜力。随着我国高校招生数量的扩大，提供的高质量劳动力具有相对的竞争力，对于我国创新能力的提升以及创新驱动型制造业产业的发展，都有着巨大支撑作用。同时，控制生产成本、提高制造能力及生产力，建立完善强大的供应商网络生态体系，在全球经济形势严峻的情况下，对于制造业企业提高自身竞争力并实现利润增长起关键作用。我国制造业成本优势正在经历严峻考验。在制造业产业升级的过程中，需要将制造业生产重心向更高附加值、更高技术含量的制造业行业转移，因此人力资源和创新推动是我国制造业转型升级中必须重视的环节。同时，需要认识到我国的消费能力及消费结构的转变。随着平均工资和个人可支配收入的增加，我国迅速扩大了中产阶级的数量和规模，给制造业劳动力成本和原材料价格带来成本上升压力的同时，也创造了巨大的创新型市场需求，并进一步与全球消费市场接轨，为我国向技术先进的制造业环节及制造模式转变提供了坚实基础。

二、中国制造业全球价值链升级

在经济全球化背景下，跨国公司为应对日益激烈的产业内竞争，逐步将发展战略由与东道国之间简单一体化战略转向复合一体化战略，深化跨越国界的水平分工及垂直分工，形成世界范围以价值增值为基础的国际一体化贸易生产网络体系，使国家间关系、企业间关系无法继续沿用传统国际贸易理论和传统微观经济学予以解释说明，因此中国制造业升级问题也需要放在全球价值链中进行分析解决。

制造业全球价值链的发展形成，可以从企业内部生产经验和企业外部经济环境两个角度解释，进而便于为我国制造业的全球价值链升级寻找更合理的方案。从内部因素分析，企业生产组织模式对福特制所代表的一体化科层形式的组织体系不断更新重构，逐渐建立起以模块化设计制造为主要产业特征的新模式，为大型跨国公司实现内部管理的新理念、新结构提供了条件，并且随着为了应对激烈竞争需保持比较优势而发展出的创新性发展和灵活性管理的不断强化，公司内部管理经营模式逐渐呈现松散化与功能职能的归核化，促进了企业生产关系的变革和创新，支撑了更符合现代企业发展的组织模式和更有利于企业扩张经营的融资方式。美国电子信息产业高度集中的硅谷就是上述企业生产管理组织方式变革的产物，同时又进一步催生出大型公司管理体系的继续创新和持续变革，并带来了生产力和生产技术的进步。随着电子信息技术对生产方式和生产力的颠覆，在基于信息交流的跨国沟通合作效率显著提高的同时，成本大幅降低，为国际贸易和国际分工的进步奠定了基础，使跨越国界的生产链条得以实现，加工贸易和订单式生产也可以成为现实。从外部因素分析，伴随石油危机的原材料价格上涨、生产成本上升、消费需求削减等压力，使西方发达国家生产厂商在激烈的市场竞争中，通过向出口导向战略的发展中国家转移部分生产环节的方式，利用东道国人口红利阶段过剩的廉价劳动力降低总成本以提高自身比较优势，使制造业全球价值链得以实现跨越国界向发展中国家迅速延伸。我国改革开放 40 年来，对外开放和经济发展取得巨大成就，经济增长方式的转变进入新常态，制造业也需要转型升级，以提升所处全球价值链生产分工环节，从而谋求更高附加值和更有利于配合我国经济增长方式转变这一要求的分工位置。

对于一国具体产业全球价值链地位的确定以及相关变化的测算，可以通过产业比较优势、产业利润率、劳动生产率和全要素生产率等变量予以表征。其中，产业比较优势最为常用，可以采用贸易的数据从市场份额角度出发进行分析。比较常见且应用较广的有显示性比较优势指数（Revealed Comparative Advantage Index，RCA）及其相关衍生指数、显示性竞争优势指数（Competitive Advantage Index，CA）、贸易竞争力指数（Trade Competitiveness，TC）、产业内贸易指数（Index of Intra-industry Trade，IIT）、国际市场占有率指数（International Market Share，IMS）等，而其中的 RCA 指数应用最为广泛。显示性比较优势指数（Balassa B，1965）的基本思想是，通过一国出口中某产业所占份额与全球总出口中该产业份额的比重来反映一国特定产业的相对比较优势。由于剔除了经济波动对出口的影响，因此该指标可以较为准确地反映一国某产业的相对比较优势，其计算公式为

$$RCA_{ij} = (X_{ij} / X_{tj}) / (X_{iW} / X_{tW})$$

其中，X_{ij}表示 j 国家 i 出口产品；X_{tj}表示 j 国家 t 时期的总出口值；(X_{ij} / X_{tj}) 为 j 国家 i 产品占其总出口的份额；X_{iW}表示世界出口 i 的出口总值；X_{tW}表示世界 t 时期的出口总值；(X_{iW} / X_{tW}) 为 i 产品出口总值占其世界总出口的份额。RCA 取值大于等于 0。一般认为，一国某产业 RCA 指数大于 2.5 时，表示该产业具有比较优势且比较优势极强；一国某产业 RCA 指数大于 1.5 小于 2.5 时，表示该产业具有比较优势且比较优势强；一国某产业 RCA 指数大于 0.8 小于 1.5 时，表示该产业具有比较优势且比较优势较强；一国某产业 RCA 指数小于 0.8 时，表示该产业不具备比较优势而存在比较劣势。

根据 WIOD 数据库 2016 年公布的最新数据，剔除我国制造业产业相关产业中外商直接投资进入较少产业，计算我国制造业产业显示性比较优势指数，

具体内容见表 3-16。

表 3-16　我国制造业产业显示性比较优势指数

行业分类编码	WIOD 行业分类	2000 年	2005 年	2010 年	2014 年
C10~C11	食品、饮料	1. 16	1. 13	1. 05	1. 03
C13~C15	纺织、服装和皮革制品	3. 46	3. 31	3. 14	2. 58
C16	木材加工和木、竹、藤、棕、草制品	1. 42	1. 69	1. 81	1. 97
C17	造纸和纸制品	0. 86	0. 94	0. 97	1. 01
C18	印刷和记录媒介复制	1. 43	1. 06	1. 12	1. 28
C19	石油、煤炭及其他燃料加工	1. 19	1. 00	1. 34	0. 98
C20	化学原料和化学制品制造	1. 18	1. 28	1. 22	1. 15
C21	医药制造	0. 34	0. 30	0. 32	0. 31
C22	橡胶和塑料制品	1. 56	1. 49	1. 33	1. 28
C23	非金属矿物制品	1. 80	1. 47	1. 69	1. 87
C24	基础金属制造	1 37	1. 84	1. 71	1. 51
C25	金属制品	0. 72	0. 83	0. 87	0. 91
C26	计算机、通信和其他电子设备制造	1. 06	1. 79	1. 92	1. 84
C27	电气机械和器材制造	1. 39	1. 60	1. 75	1. 80
C28	设备制造	0. 83	1. 02	1. 27	1. 15
C29	汽车制造	0. 25	0. 30	0. 57	0. 55
C30	其他运输设备制造	0. 39	0. 55	0. 90	0. 69
C31	家具制造	2. 26	1. 87	1. 23	1. 45

资料来源：根据 the World Input-Output Database（WIOD）数据库相关数据计算所得。
注：剔除 WIOD 行业分类中 C12 烟草、C32 其他制造、C33 金属制品、机械和设备修理。

由表 3-16 可知，从 RCA 指数角度分析我国制造业产业比较优势的总体变化趋势为劳动密集型制造业产业，尤其纺织、服装和皮革制品业，总体存在比较优势但存在减弱趋势，个别产业由不具备比较优势向具有微弱比较优势转变，如造纸和纸制品业；而资本密集型制造业产业则呈现出由不具备比较优势向具有比较优势转变的总体趋势；技术密集型产业特别是高技术产业呈现出比较优势上升的总体趋势。由上述我国制造业产业 RCA 指数的变化反映出，我国的制造业结构调整和转型升级存在一定效果。

表 3-17　2009—2015 年世界主要国家制造业显示性比较优势指数

年份	中国	美国	德国	日本	印度	巴西
2009	1.40	1.02	1.22	1.31	0.85	0.57
2010	1.43	1.03	1.25	1.35	0.80	0.55
2011	1.48	1.03	1.32	1.40	0.80	0.52
2012	1.50	1.03	1.33	1.42	0.87	0.54
2013	1.49	1.01	1.32	1.39	0.81	0.56
2014	1.44	0.98	1.28	1.35	0.84	0.51
2015	1.35	0.94	1.19	1.25	0.86	0.52

资料来源：根据 UNCTAD 数据库相关数据计算所得。

通过表 3-17 可知，我国制造业整体显示性比较优势较强，整体水平相对稳定，近两年有下滑压力，而同时印度制造业显示性比较优势呈现上升趋势。我国需重视对制造业的优势培养和技术创新驱动的转型升级。

有些学者以贸易总量为标准的传统国际贸易统计数据为基础，研究了中国制造业在 GVC 国际分工中的地位及其变化情况。施炳展（2010）、胡昭玲、宋佳（2013）采用同一产品内部出口产品价格的跨国比较方法，通过研究出口价格变化认为中国大部分出口产品仍位于价值链的低端环节，特别是技术含量较低的产品在价值链中的地位高于技术含量较高的产品，中国制造业的国际分工地位依旧偏低。随着近年来国际贸易统计方式的不断丰富与日渐成熟，很多学者认为全球价值链分工中各个环节的增加值不同，由此导致处于各环节上的不同国家的贸易利益存在明显差异，传统贸易统计方法仅统计最终产品贸易余额的方式不但使国与国之间的贸易失衡状况不再真实，而且大大扭曲了价值链中各参与成员国获得的收益（廖泽芳、宁凌，2013；周升起等，2014）。传统国际贸易统计方法已不能反映一国贸易的真实情况，无法消除“重复计算”可能带来的影响。于是，很多学者开始尝试从参与 GVC 贸易中的增加值含量（Trade in Value Added，TiVA）的统计标准角度，对中国制造业的国际分工地位进行考察。杨高举、周俊子（2012）利用非竞争型投入占用产出模型，对中国高技术产业的国际分工地位进行了测度，认为 1995 年以来，在劳动生产率显著提高的带动下，中国高技术产业国际分工地位大幅提高，但比起发达国家还相差很多。郭晶、赵越（2012）利用上述模型却得出了与之相反的结论，通过测算1995—2005年中国“完全国内增加值率”指标，认为中国高技术产业的国际分工地位远远低于主要发达国家，并且表现出显著的下降趋势。

对于制造业价值链提升的因素，总体而言，学者们关于该问题的基本观点是，其是复杂的，是内生、外生因素共同作用的结果，各要素间的相互依存与强化是升级的动力来源（涂颖清，2011），具体涉及价值链内的治理关系、集群内企业的战略规划、集群外价值链上的环境，以及价值链外的环境、区域和国家的创新体系及人力资源发展水平等诸多因素（朱建安、周虹，2008）。众多学者从实证角度对影响中国制造业价值链提升的因素进行了分析验证。黄菁、杨三根（2006）通过计量实证分析，认为产业结构对中国对外贸易结构有重要影响，而影响产业升级的因素主要是技术发展水平、外商直接投资等。丁蕾（2010）以中国各省市高新技术产品2002—2007年的加工贸易数据进行回归，认为对中国高新技术型加工贸易价值链的提升发挥了显著推动作用的因素是制造业基础和人力资本，研发投入尚未发挥其应有的作用。聂聆、李三妹（2014）利用2001—2011年中国9个制造业部门的面板数据进行了回归，得出了人力资源禀赋、贸易开放度和外商直接投资，是促进中国在制造业GVC中竞争力提高的重要驱动因素。吕剑亮（2014）对中国加工贸易转型升级展开相关影响因素分析，认为技术研发对其具有积极的作用，但没有合理发挥劳动力、外资等因素的相关作用。

第四节　本章小结

改革开放40年来，我国外商直接投资工作成果显著，同时我国制造业也经历着高速发展的过程，其中外商直接投资对我国制造业的崛起功不可没。

在我国制造业面临转型升级以及全球价值链位置提升的今天，需要在认识相关问题和挑战的情况下，继续大力发挥外商直接投资在我国制造业发展中的积极作用。

在对我国制造业的发展机遇不可忽视的同时，虽然存在一定的实力和比较优势，但是在激烈的全球竞争面前仍需清醒地认识各种挑战。我国制造业大而不强的问题依然存在，很多重要产业关键产品核心技术缺乏，对我国制造业的相关产业攀升高端市场，占领 GVC 高端地位形成巨大障碍。我国制造业产品的质量提升压力依然较大，由“中国制造”向“中国质造”甚至“中国智造”还是艰难的转变过程，对于逐渐加强的对高质量产品的消费者需求的满足能力仍需提高。我国制造业生产效率依然较低，甚至较世界平均生产效率水平仍存在一定距离，这一方面显示出我国制造业提升空间较大，另一方面也需要有较大的危机感和紧迫感，在提高劳动者素质、技能以及生产过程自动化方面仍有大量工作要做。我国制造业产品的能源利用率较低，导致了较高的生产能耗和较大的生产成本，不利于我国环境的可持续发展和生产成本的降低。我国制造业的市场化程度和市场进行资源配置的效率仍然较低，导致部分产业产能过剩、竞争过于激烈、产品同质化严重、行业利润率极低，应大力推动市场对资源的配置，使有能力生存下来的制造业企业获得更大的市场份额和市场竞争力。我国制造业在企业社会责任、知识产权保护意识、环境保护意识、劳动者权益保护等方面仍需大力提高，相关意识的缺乏将不利于中国制造业的整体国际形象良性发展，同时也对我国制造业内部的技术研发创新和积极合理的竞争产生了抑制。中国制造业企业需要认识到，目前的国际竞争压力不仅来自意图接手全球制造业转移的部分发展中国家，还来自大力复兴工业的发达国家。因此，低技术密集产业和高技术密集产业都面临着较大的外部压力，合理的产业集群式发展可以在一定程度上缓解这种困境，所以需要相关法律法规的建立和完善，以及相关制度体系的构建。应当重视中小企业、民营企业在我国制造业转型升级中的积极作用，对于中小企业的融资环境较差问题，需要切实重视和解决，以保护和释放这一部分市场活力，从而积极推动我国的自主创新，推动我国制造业的转型升级。要合理利用外资，为 FDI 发挥在东道国技术溢出效应等外部性作用创造有利的条件，为 FDI 发挥在我国制造业 GVC 价值链提升中的作用提供相关保障。

第四章　FDI 技术溢出效应分析

外商投资企业对中国的技术水平提高和研发能力提升起到关键作用。世界一流的跨国公司通过 FDI 在中国进行生产经营和研发活动，其国际网络为中国带来尖端科技，从而为中国的技术进步带来大量溢出效应。《中国外商投资报告 2018》总结了外商投资企业为中国带来国际先进技术的具体方式：开展独立研究、设立研发中心、培训研究人员、为当地企业提供示范、提高当地大学和研究机构的能力等。外商投资研发还通过赞助研究项目、实验室、师资、学生奖学金，开设学术、技术和职业教育培训课程，在特定科技领域建立战略联盟等方式，激励中国企业和企业家进行科技创新。本章基于 FDI 的不同投资目的，对其技术溢出效应及传导机制进行了异质性分析，分别对市场寻求型 FDI、效率寻求型 FDI、资源寻求型 FDI、战略资产寻求型 FDI 的技术溢出效应进行了验证。首先将我国制造业中的所有内资企业作为整体进行不同投资动机 FDI 对我国制造业行业整体施加的技术溢出效应检验，其次按照制造业企业的要素密集度进行划分，分别考察不同投资动机 FDI 对高技术密集度产业、中高技术密集度产业、中低技术密集度产业和低技术密集度产业的技术溢出效应检验。

第一节　不同投资目的 FDI 技术溢出效应传导机制异质性分析

基于 FDI 决定因素理论，FDI 根据不同的投资动机可分为五种类型：市场寻求型、效率寻求型、资源寻求型、战略资产寻求型和政策寻求型。政策寻求型 FDI 更加关注一国针对 FDI 流入的引资政策及整体制度环境，这对 FDI 的流动有重要影响。在一个政治稳定、政府效率较高，更多鼓励引资政策、对投资者权益相对重视的国家，FDI 的溢出效应会更为明显，同时亦有更大动力流入这些国家。一国整体制度环境可用政治稳定性、政府、投资者保护对其予以表征。由于我国政局稳定，外资政策相对优越，对于流入我国的 FDI 政策寻求动机在投资中都会有所体现，在分析 FDI 对我国制造业投资动机的行业区分时不易明确划分，因此对于政策寻求型 FDI 在此不做专门讨论。对我国 2009—2016 年外商直接投资不同动机产业企业数及实际利用外资金额进行统计，计算结果见表 4-1。

发达国家对发展中国家的技术溢出存在非对称性，对于国家经济发展的影响存在异质性，说明技术溢出效应的发挥存在一定约束条件。邱斌等（2008）利用 2000—2005 年中国制造业行业面板数据计算基于 DEA 模型的 Malmquist 指数，分析了我国制造业的全要素生产率，衡量 FDI 水平、前面、后面关联，肯定了 FDI 对于国内企业总体而言，产生正向技术溢出效应。其中，后向关联带来的技术进步促进作用最大，前向关联技术溢出效应较弱，而水平关联促进全要素生产率的主要渠道是提高技术效率。回归发现，FDI 技术溢出渠道在行业集中度、出口依存度、技术水平不同的分组指标下的传导机制存在异质性。

表 4-1　2009—2016 年不同投资动机制造业 FDI 利用外资年度占比

单位：%

年份	效率寻求型		资源寻求型		市场寻求型		战略资产寻求型	
	企业数	金额	企业数	金额	企业数	金额	企业数	金额
2009	6.32	4.39	10.24	11.63	8.72	16.83	74.71	67.15
2010	6.33	5.40	9.90	12.78	8.36	12.94	75.41	68.89
2011	4.92	5.78	10.31	13.06	8.41	13.87	76.36	67.29
2012	4.63	3.64	9.48	10.26	7.82	14.84	78.08	71.25

续表

年份	效率寻求型		资源寻求型		市场寻求型		战略资产寻求型	
	企业数	金额	企业数	金额	企业数	金额	企业数	金额
2013	5.54	3.52	9.25	8.48	8.01	15.89	77.20	72.12
2014	5.85	4.62	9.10	11.48	9.06	14.52	76.00	69.38
2015	6.96	4.92	7.50	12.53	8.23	11.72	77.31	70.83
2016	6.60	3.49	9.25	10.10	9.88	11.29	74.27	75.12

资料来源：《中国外资统计》（2011—2017）；《中国外资统计公告》（2018）。

注：FDI 投资企业数原始数据单位为个；FDI 投资金额原始数据单位为亿美元。

FDI 溢出效应存在的原因是，母国企业和东道国企业之间的先进技术、分销渠道、人力资源、商业机密、专业知识、品牌形象、专利技术、管理理念及手段、营销策略等方面的差距（Dunning J H，1993）。外资企业通过 FDI 在东道国进行生产经营时，可以为东道国带来先进的生产设备、生产方式、营销渠道、销售策略、管理知识等无形资产。东道国通过示范效应、竞争效应、前后向关联效应和人才流动效应等渠道获取技术溢出效应。基于以上分析结果提出假设：在 FDI 技术溢出的过程中，战略资产寻求型 FDI 对中国制造业企业技术进步的溢出效应最强，市场寻求型 FDI 次之，资源寻求型 FDI、效率寻求型 FDI 的间接技术溢出效应推进中国制造业企业技术进步的结果不明确。

一、市场寻求型 FDI 技术溢出效应传导机制

市场寻求型 FDI（Market-Seeking）是指旨在进入新市场或维持现有市场的投资，其目标是扩大利润率。市场寻求型 FDI 更加关注东道国的市场规模、居民消费能力、东道国市场增长潜力以及东道国市场的开放程度。市场规模直接反映了一国整体经济实力，使用 GDP 变量对市场规模予以表征，GDP 的总量越高，可以理解为市场规模越大；消费能力直接反映了一国居民在其可支配收入范围内的消费需求，使用人均 GDP 变量对消费能力予以表征，人均 GDP 越高，可以理解为东道国居民的消费能力越强；市场增长潜力直接反映了一国市场需求的未来发展趋势，使用 GDP 增长率变量对市场增长潜力予以

表征，GDP 增长的速度越快，可以理解为东道国的市场发展越具有潜力；市场开放程度反映了一国与其他国家贸易往来的密切程度，使用贸易依存度，即贸易占 GDP 的比重对市场开放程度予以表征，市场开放程度越高，可以理解为国家间的贸易投资活动越频繁和繁荣，贸易的依存度越强，可以理解为市场开放的程度越高。Hymer S H（1976）认为企业对外投资动机是建立在规模优势的基础上，利用自身垄断优势以实现市场扩展和获取更高利润。这是对市场寻求型 FDI 投资动机的最早探讨。这类投资在我国的 FDI 中占比较高，许多生产性服务行业，即各种类型的投资都涉及该目的。市场寻求型 FDI 主要涉及产业有租赁和商务服务业、交通运输仓储和邮政业、批发和零售业、房地产业、建筑业、住宿和餐饮业；主要涉及制造业行业有化学原料和化学制品制造业、化学纤维制造业、汽车制造业、电气机械和器材制造业等。

市场寻求型 FDI 的主要目标销售市场是东道国本土市场，在参与东道国国内市场竞争时，为充分体现其技术水平更高的竞争优势，以获取更多市场份额，必然使用更为先进的技术以彰显其显著的优势，因此示范效应较强。市场寻求型 FDI 在参与东道国国内市场竞争时，会给东道国企业造成直接且激烈的竞争形势，逼迫本土企业通过改进技术维持自身市场份额和地位，使本土企业的先进技术引进力度、创新意识及投入都有所加强。并且在持续的竞争中，市场寻求型 FDI 企业也会为了争取市场份额和维护技术先进的比较优势而进一步加速开发或引进先进技术。如此一来，竞争效应作用加大，为东道国创造了一个新技术引进和开发的竞争氛围及良性循环的事实。市场寻求型 FDI 为更好地融入东道国市场，与上下游相关产业的联系一般较为紧密，在东道国进行配套产业和建设的动力较足，甚至为了确保自身竞争优势，会对上下游相关产业予以一定的技术支持和培训以及基础设施建设，并加强与相关企业的联系，以更好地适应东道国市场，提供符合本土需求的产品。因此，市场寻求型 FDI 的前后向联系效应较大。市场寻求型 FDI 为保障企业生产过程中采用的先进技术能够得以落实，生产可以顺利开展，便有较大动力对所雇用的流水线工人、管理人员、技术人员等当地劳动力展开培训，使东道国的劳动力有机会获取先进技术和管理经验。一种可能机制在于，获取新知识、新技能的母国人才随 FDI 进入东道国后，通过跳槽至本土企业或在东道国自行创业等方式重新配置，以此带动技术向东道国发生溢出。相关企业的生产经营内容主要涉及全球价值链中销售及售后服务环节，既是与消费者距离最近的一环，也是新循环的起点。其转型升级需要注重用户体验、提高消费者满意度、积极提升售后服务质量，并尽量延伸到详尽的售前商品咨询。这些环节在相关技术学习方面吸收模仿的门槛较低，通过人才流动、观察效仿等机制可以实现与先进技术所有企业进行互动，并实现相关技术的转移、消化、吸收。通过企业经营层面、管理层面、创新层面产生有效技术溢出，提高东道国企业生产经营反馈效率，并通过产业集聚、提升市场化程度等相关机制放大产业内、产业间技术扩散，最终实现东道国相关产业整体技术水平的提升，即全要素生产率的增长。

二、效率寻求型 FDI 技术溢出效应传导机制

效率寻求型 FDI（Efficiency-Seeking）的母国一般具有劳动力成本较高，土地、能源等生产要素成本高企，产业竞争力下降等特征，因此通过 FDI 将产业转移到劳动力、土地、能源等要素价格更低的地方，以获取更大的成本优势。效率寻求型 FDI 的目的是获取较低的生产成本和更大的利润空间，因此为了提高成本优势和竞争力，会更加关注其影响因素，即低成本劳动获得的难易和能源、电信、交通等基础设施的建设情况。低成本劳动资源获得越容易，能源、电信、交通等基础设施建设越完善，对于效率寻求型 FDI 而言，该东道国就越具有吸引力。低成本劳动获得的难易程度取决于低技术劳动力的规模、低技术劳动力获得的成本以及工资支付的相对弹性。上述因素综合反映了一国生产成本的高低情况，决定了该东道国对效率寻求型 FDI 的吸引力和竞争力。低技术劳动力的规模可用就业数量变量予以表征，就业人数越多，可以理解为低技术劳动力的供给越充分，低成本劳动的获得难度越低。

低技术劳动力的获得成本情况可用单位劳动成本变量予以表征，单位劳动成本是由劳动力的价格及劳动生产率共同决定的。劳动力的价格越低或劳动生产率越高，意味着单位劳动成本越低，可以理解为低技术劳动力供给越充足，低成本劳动的获得难度越低，对于以成本为导向的效率寻求型外资企业就越有吸引力。工资支付相对弹性变量反映了企业支付工资的自主性、随意性，可通过观测工资与劳动生产率的相关程度变量对其予以表征。工资与劳动生产率的相关程度越低，可以理解为企业支付工资的相对弹性越大，低成本劳动获得的难度越低，对于以追求利润最大化为目标的效率寻求型企业就越有吸引力。工资与劳动生产率的相关程度水平较高，而且数值及全球排名情况呈相对平稳状态，在一定程度上说明了东道国劳动法规政策的相对完善，对工人工资等权益的保障较重视。效率寻求型 FDI 在我国 FDI 中涉及产业较多，但并非我国 FDI 主要类型，总体占比并不大，与我国产业调整方向和结构升级方向一致。并且近年来我国劳动力成本上升，相对于周边发展中国家的劳动力成本来说并无绝对优势和吸引力，而人力资本尚未形成新的比较优势，因此对于效率寻求型 FDI 的竞争力并不强劲。Dunning J H（1993，2008）认为效率寻求型 FDI 一般出现在资源寻求型 FDI 和市场寻求型 FDI 之后，且主要进行劳动密集型的中间品和最终商品的生产。效率寻求型 FDI 一般为制造业低技术产业和中低技术产业，主要涉及产业有食品制造业、饮料制造业、烟草制品业、纺织服装业等，转移方向一般是技术发展水平差距较小的发展中国家，通过获取更低生产成本来获取成本优势。

效率寻求型 FDI 企业在东道国形成比较优势的重要原因是东道国的廉价劳动力资源，往往从事的是技术含量较低的生产经营活动。比如，加工贸易和劳动密集型最终产品的加工组装。一般此类型的外商投资企业有较小动力在东道国使用先进技术，对东道国企业的示范效应较小。效率寻求型 FDI 企业在东道国生产产品的主要目的是出口，给东道国企业带来的竞争程度较小，对东道国企业进行技术开发和新技术引进的刺激力度较小，竞争效应亦不明显。效率寻求型 FDI 的主要市场在东道国之外，对东道国本土市场的了解动力也不足，与上下游相关产业关联较小，发展上下游相关配套产业的动力不足。由于效率寻求型 FDI 的主要目标市场的市场需求往往要求较高的产品品质，但是由于与国际先进水平相对割裂的东道国企业提供的中间品质量一般都达不到标准，出于降低成本、维护竞争优势和保护知识产权等原因，外商投资企业往往会选择进口中间品的方式，因此难以与东道国上下游产业建立完整的生产链，前后向联系效应也较小。效率寻求型 FDI 在东道国进行的加工贸易和组装生产较为简单，从业人员往往只需进行技术含量较小的简单机械生产，对劳动者的技术能力提高十分有限，因此人才流动效应较小。

三、资源寻求型 FDI 技术溢出效应传导机制

资源寻求型 FDI（Resource-Seeking）更加关注东道国的矿物燃料、金属、矿石、初级农产品等原材料生产要素，以及能源等自然资源的储备与开发情况。从要素禀赋贸易理论的逻辑考虑，当一国的燃料、矿产等自然资源和生产要素相对充裕时，通常会成为全球市场中的燃料和矿产资源出口方，资源寻求型 FDI 则会出于该国相对较好的资源储备与利用情况而流入该国。单位产值能源消耗强度变量直接反映了一国的经济生产过程对于能源的依赖情况，能源消耗的强度越高，便越有利于吸引能源资源密集型行业企业通过 FDI 向该国进行转移。一国自然资源与能源等开发的情况，可用一国的燃料出口占全球燃料出口比重，金属、矿石的出口占全球金属、矿石的出口比重和每千美元的国内生产总值能源消耗情况予以表征。由于自然资源是国家经济可持续发展的重要物质保障，而我国目前国内产业发展速度快，能源需求量大，易受国际能源价格波动的影响，因此资源寻求型 FDI 在我国的数量和比例都相对较少。资源寻求型 FDI 主要涉及产业有采矿业、石油、煤炭及其他燃料加工业等。

资源寻求型 FDI 在东道国可转移的技术，一般是产品生命周期中已经成熟的标准化技术，或者是已经在发达国家被淘汰的技术，因此这类外商投资

企业在进行生产时采用的技术水平往往不高，示范效应较小，可以让东道国企业进行效仿的技术空间有限。此类 FDI 通过上下游资源的开采设备和工业制成品等相关产业的关联、研发创新和人员流动等机制实现技术溢出，并通过上下游产业产品生产规模和出口规模的扩大形成行业规模经济，以促进产业升级。相关产业产品属于 GVC 低端的原材料，利润率较低。资源寻求型 FDI 往往会与东道国上下游企业割裂，对东道国企业难以产生前后向联系效应的技术溢出。资源寻求型 FDI 所处产业一般使用的技术水平整体偏低，对于劳动力的原料萃取等相关技术水平的能力要求也较低，对东道国的劳动力进行培训的动力较小，人才流动效应不明显。

四、战略资产寻求型 FDI 技术溢出效应传导机制

战略资产寻求型 FDI（Strategic-Assets-Seeking）是指以新技术的创新和新产品的研发为主要目的的投资。企业通过对外直接投资获取长期竞争优势和垄断地位优势，会更加关注技术创新所需的人力资本水平、高技能人才可得性、研发支出强度，以及知识产权保护力度等方面。人力资本水平直接反映一国劳动生产能力水平，可使用高教毛入学率变量对人力资本水平予以表征。研发支出强度在一定程度上决定着一国未来的科技实力及核心竞争力，研发支出占 GDP 比重的情况与一国对先进技术研发的重视程度密切关联，可利用科学家和工程师的可获得性及其全球排名情况，对东道国高技能人才的可得性予以表征。先进技术、渠道资源、专业知识、顾客资源、市场信息获取和创新能力等对公司竞争力的重要性日益加深，技术和知识密集型公司及研究机构通过 FDI 进一步以低成本获得核心技术、建立营销网络、维护品牌知名度、引进优秀人才等方式提升企业竞争力。战略资产寻求型 FDI 主要涉及产业有医药制造业，航空航天制造业，计算机、通信和其他电子设备制造业等。相关产业多为制造业中的高技术产业，相关企业多为知识密集型、技术密集型企业。战略资产寻求型 FDI 在我国 FDI 中涉及企业数量最多、投资

金额最大、所占比例最高，且呈增长趋势。

在我国进行研发、生产经营的战略资产寻求型 FDI 所使用的技术，自2002 年起便是其母国最先进或较先进的技术了，在生产经营活动过程中示范效应较强，为我国企业进入世界领先技术的范式提供了对象和模板——《中国外商投资报告》（2007）。战略资产寻求型 FDI 在东道国所处的产业由于东道国企业自身的国内市场竞争已经非常激烈，相关本土企业竞争力也相对较强，因此战略资产寻求型 FDI 在我国进行生产经营活动时，必须使用先进技术并提供富有竞争力的产品才能在东道国立足，其先进技术的引进速度和研发强度对本土企业形成强有力的竞争，促进了相关企业的技术创新，竞争效应较大。战略资产寻求型 FDI 为更好地确保自身技术具有先进的比较优势，对东道国上下游企业的扶持和指导的动力较大，前后向关联效应较强。战略资产寻求型 FDI 为更好地使本地雇用的劳动力进行生产，有较大动力对其进行先进技术和知识的指导培训，但也有可能通过雇用在东道国的母国高级人才进行研发，这样相应的人才流动效应就会减小。此外，战略资产寻求型 FDI 提供了更高工资水平和更加清晰的发展前景，可能对东道国本就数量有限的本土高端人才形成极大吸引力，使东道国企业可以获取的人力资源质量和数量下降，因此对东道国的生产力水平提高和技术研发创新造成威胁。此类 FDI 通过母国企业和东道国企业共享研发成果、人力资源流动等机制实现技术溢出，竞争效应和上下游产业关联效应也会促进其技术迅速扩散，从而整合科研人才队伍、提高科技研发实力、传播先进信息理念、实现核心技术转移，高效率地实现技术溢出，促进制造业升级。相关企业通过竞争效应加剧产业产品竞争，提高全产业生产效率，促进产业技术创新，实现产业层次结构升级；通过示范效应将领先的技术和知识带到东道国市场，便于同产业企业近距离观察、学习、效仿、再创新；通过提高企业核心竞争力获取更高利润的保证，有利于进一步对核心技术研发投入和创造资产的寻求，为技术创新和新兴产业的发展提供了保障。

第二节　基于不同投资目的 FDI 技术溢出效应分析

一、模型设定

内生经济增长理论告诉我们，经济增长来源于对生产要素的投入和技术进步。生产要素包括劳动力、资本等，技术进步可以提高生产要素的使用效率，在其他条件相同的情况下，同样的要素投入可以实现更高的产出水平。假设行业 i 东道国内资企业的生产函数为柯布—道格拉斯生产函数，Y_{it}^h 为行业 i 的东道国内资企业时期 t 的产出，K_{it}^h 和 L_{it}^h 分别为行业 i 的东道国内资企业时期 t 生产投入的资本要素和劳动力要素，具体表示为

$$Y_{it}^h = A_{it}^h \left(K_{it}^h\right)^{\alpha} \left(L_{it}^h\right)^{\beta} \tag{4.1}$$

其中，α 和 β 分别为资本要素 K 和劳动要素 L 的产出弹性；A_{it}^h 为行业 i 东道国内资企业时期 t 的全要素生产率（TFP）。为可以同时影响和提高生产要素边际产出水平的外生变量，在本章探讨中也包括不同动机类型的外商直接投资。将全要素生产率具体表示为

$$A_{it} = B_{it} e^{\gamma t} FDI_{it}^{\theta} \tag{4.2}$$

其中，B_{it} 为影响全要素生产率的其他因素；FDI_{it} 为东道国行业 i 时期 t 吸收的外商直接投资数量。为更好地实现本章研究的不同投资动机 FDI 技术溢出效应，将 FDI 根据动机不同划分为四种：市场寻求型 FDI、效率寻求型 FDI、资源寻求型 FDI、战略资产寻求型 FDI。使用 $MFDI_{it}$ 表示行业 i 时期 t 吸收的市场寻求型外商直接投资数量，$EFDI_{it}$ 表示行业 i 时期 t 吸收的效率寻求型外商直接投资数量，$RFDI_{it}$ 表示行业 i 时期 t 吸收的资源寻求型外商直接投资数量，$SFDI_{it}$ 表示行业 i 时期 t 吸收的战略资产寻求型外商直接投资数量，因此可以将全要素生产率进一步表示为

$$A_{it} = B_{it}e^{\gamma t}MFDI_{it}^{\lambda}EFDI_{it}^{\sigma}RFDI_{it}^{\delta}SFDI_{it}^{\eta} \tag{4.3}$$

其中，上标 λ 、σ 、δ 和 η 分别衡量了市场寻求型 FDI、效率寻求型 FDI、资源寻求型 FDI 和战略资产寻求型 FDI 对东道国行业 i 的技术溢出效应。根据公式（4.3）可以将公式（4.1）进一步整理为

$$Y_{it}^{h} = B_{it}e^{\gamma t}(MFDI_{it})^{\lambda}(EFDI_{it})^{\sigma}(RFDI_{it})^{\delta}$$
$$(SFDI_{it})^{\eta}\lambda\sigma\delta\eta(K_{it}^{h})^{\alpha}(L_{it}^{h})^{\beta} \tag{4.4}$$

对公式（4.4）两边取对数将其转化为线性形式，并用随机干扰项 u_{it} 控制公式中没有写出的对产出有影响的因素，则可以将其整理为

$$\begin{aligned}\ln Y_{it}^{h} &= \ln B_{it} + \gamma t + \lambda \ln MFDI_{it} + \sigma \ln EFDI_{it} + \\ &\delta \ln RFDI_{it} + \eta \ln SFDI_{it} + \alpha \ln(K_{it}^{h}) + \beta \ln(L_{it}^{h}) + u_{it}\end{aligned} \tag{4.5}$$

使用模型（4.5）进行本章的实证分析，其中 λ 、σ 、δ 和 η 分别衡量了市场寻求型 FDI、效率寻求型 FDI、资源寻求型 FDI 和战略资产寻求型 FDI 的技术溢出效应。在统计上，当 λ 大于 0 时，意味着市场寻求型 FDI 的技术溢出效应为正；当 λ 小于 0 时，意味着市场寻求型 FDI 的技术溢出效应为负。当 σ 大于 0 时，意味着效率寻求型 FDI 的技术溢出效应为正；当 σ 小于 0 时，意味着效率寻求型 FDI 的技术溢出效应为负。当 δ 大于 0 时，意味着资源寻求型 FDI 的技术溢出效应为正；当 δ 小于 0 时，意味着资源寻求型 FDI 的技术溢出效应为负。当 η 大于 0 时，意味着战略资产寻求型 FDI 的技术溢出效应为正；当 η 小于 0 时，意味着战略资产寻求型 FDI 的技术溢出效应为负。

二、变量选取与数据来源

本章研究不同投资动机对中国制造业企业技术溢出效应的影响，数据主要来源于中经网数据库已披露的规模以上制造业企业主要指标和《中国工业经济统计年鉴》，受限于数据的一致性和年度时间的完整性，本章选取的研究时间范围为 2009—2016 年共 8 年的时间序列，按照我国《国民经济行业分类》（GB/T 4754—2017）中划分的制造业行业，共涉及制造业门类下编码为

13~43 的大类。其中，将外商直接投资进入数量较少以至样本量不足的行业 16 烟草制品业，41 其他制造业，42 废弃资源综合利用业和 43 金属制品、机械和设备修理业予以剔除，共涉及 27 个制造业产业的横截面数据。为方便研究，不再延续大类编码而重新编号后的具体内容如下：①农副食品加工业，②食品制造业，③酒、饮料和精制茶制造业，④纺织业，⑤纺织服装、服饰业，⑥皮革、毛皮、羽毛及其制品和制鞋业，⑦木材加工和木、竹、藤、棕、草制品业，⑧家具制造业，⑨造纸和纸制品业，⑩印刷和记录媒介复制业，⑪文教、工美、体育和娱乐用品制造业，⑫石油、煤炭及其他燃料加工业，⑬化学原料和化学制品制造业，⑭医药制造业，⑮化学纤维制造业，⑯橡胶和塑料制品业，⑰非金属矿物制品业，⑱黑色金属冶炼和压延加工业，⑲有色金属冶炼和压延加工业，⑳金属制品业，㉑通用设备制造业，㉒专用设备制造业，㉓汽车制造业，㉔铁路、船舶、航空航天和其他运输设备制造业，㉕电气机械和器材制造业，㉖计算机、通信和其他电子设备制造业，㉗仪器仪表制造业。

计量模型涉及变量信息如下。

（一）产出指标

产出指标可以反映内资企业的经济效益和生产经营活动过程中的经营业绩、偿债能力、盈利能力等。使用 Y_{it}^{h} 表示行业 i 的东道国内资企业时期 t 的产出。考虑到数据的可得性、完整性、合理性以及数据来源的一致性，本章借鉴张建华和欧阳轶雯（2003）的方法，使用我国内资企业制造业工业增加值予以表示，以消除处于全球价值链不同位置产业的工业总产值差异。具体统计方法为，将规模以上制造业企业按产业分组后，再将行业工业增加值减去外商投资和港澳台商投资工业企业的制造业增加值，其差值为该项指标具体数值。

（二）投入指标

投入指标是内资企业生产过程中的资本投入和生产销售主营业务相关产

品服务过程中的劳动力投入。资本投入指标可以反映企业的经济规模，进而影响企业的技术效率、技术进步水平、生产能力提高、经济效益提升等，其中包含的无形资产及递延资产对技术进步引发的全要素生产率起关键作用。使用 K_{it}^{h} 表示行业 i 的东道国内资企业时期 t 的资本要素投入。本章采用我国内资企业资产总额予以表示，包含了内资企业拥有和控制的流动资产、固定资产、无形资产、递延资产和长期投资。具体统计方法为，将规模以上制造业企业按产业分组后，再将行业资产总额减去外商投资和港澳台商投资工业企业的资产总额，其差值为该项指标具体数值。使用 L_{it}^{h} 表示行业 i 的东道国内资企业时期 t 的劳动力要素投入。本章采用我国内资企业平均用工人数的平均数予以表示，具体统计方法为，将规模以上制造业企业按产业分组后，再将行业总平均用工人数减外商投资和港澳台商投资工业企业的平均用工人数，其差值为该项指标具体数值。

（三）不同投资目的 FDI 数量

$MFDI_{it}$、$EFDI_{it}$、$RFDI_{it}$ 和 $SFDI_{it}$ 分别表示行业 i 时期 t 吸收的市场寻求型外商直接投资数量、效率寻求型外商直接投资数量、资源寻求型外商直接投资数量和战略资产寻求型外商直接投资数量。本章借鉴 Beugelsdijk S 等（2008）的方法，使用跨国公司分公司在东道国本地市场的销售额做水平型外商直接投资的替代变量，使用跨国公司分公司返回母国市场的销售额做垂直型外商直接投资的替代变量。本章采用相关产业外商投资和港澳台商投资工业企业的国内销售额，作为市场寻求型 FDI 和战略资产寻求型 FDI 替代变量，采用相关产业外商投资和港澳台商投资工业企业的国外销售额，作为效率寻求型 FDI 和资源寻求型 FDI 替代变量。具体统计方法为，将规模以上制造业企业按产业分组后，再分别统计相应产业外商投资和港澳台商投资工业企业的国内销售额或出口交货值。

三、面板数据模型

面板数据（Panel Data），也称平行数据，为时间序列上选取多个截面，并在所选取的截面上选择样本观测值组成的样本数据，同时具有时间和空间两种特性。时间序列数据（time series data），为在不同时间采集的数据，按照时间顺序进行排序，观察描述的现象随时间发生变化。横截面数据（cross sectional），为在某一固定时点采集的一个或多个变量的数据，关注某一特定时点的经济现象，强调空间差异，离散型高。面板数据模式一般形式为

$$y_{it} = \alpha + X_{it}\beta_{it} + \xi,\ i = 1,\ 2,\ ...,\ N,\ t = 1,\ 2,\ ...T. \quad (4.6)$$

其中，i 为横截面成员；t 为对横截面成员进行观测的时期；y_{it} 为横截面成员 i 在 t 时期的观测值，在此方程中为因变量。X_{it} 为横截面成员 i 在 t 时期的 k 阶解释变量观测值向量，β_{it} 为对应的解释变量系数向量。

面板数据是对横截面单元一段时间活动的观测数据，其估计系数与横截面和时间序列都有关系。在面板数据的处理中，个体效应处理方法与时间效应处理方法一致。在本章的处理中，假设在时间效应固定不变的情况下，即面板数据模型仅有个体效应时，对混合模型、变截距模型和变系数模型进行区分。在此假设条件下模型（4.6）可以表示为

$$y_{it} = \alpha + X\beta + \xi \quad (4.7)$$

此模型存在以下三种可能情形：

情形一：$\alpha_i = \alpha_j$，$\beta_i = \beta_j$。

情形二：$\alpha_i \neq \alpha_j$，$\beta_i = \beta_j$。

情形三：$\alpha_i \neq \alpha_j$，$\beta_i \neq \beta_j$。

以上三种可能情形分别对应了面板数据模型的三种不同设定形式：混合模型、变截距模型及变系数模型。其中，混合模型为面板数据对横截面不存在个体影响和结构变化的情况；变截距模型包含固定效应模型及随机效应模型两类，区别为固定效应模型中横截面单位都存在各自的固定截距值，随机效应模型中横截面单位截距值都相同，是所有横截面截距的平均值，个体影响则体现为单个横截面单位误差部分，也就是单个截距与横截面截距平均值的偏离；变系数模型为个体影响不同且每个横截面单位经济结构也不同。

面板数据模型在设定具体选择时，通常遵循首先在混合效应模型与固定

效应模型之间判别。若选择混合效应模型，则使用最小二乘法进行估计；若选择固定效应模型，则继续从固定效应模型与随机效应模型中判别，并根据具体模型选择采用相应的估计方法。

假定时间效应不存在，混合效应模型与固定效应模型的区别为，横截面单位之间有无个体影响，体现在方程中，即混合效应模型横截面单位为固定截距，固定效应模型横截面单位不固定。可将混合效应模型与固定效应模型分别表示为

$$y_{it} = \alpha + X_i\beta + \xi_{it} \tag{4.8}$$

$$y_{it} = \alpha_i + X_i\beta + \xi_{it} \tag{4.9}$$

建立原假设与备择假设如下：

H_0: $\alpha_1 = \alpha_2 = \cdots = \alpha_n$ （建立混合效应模型）

H_1: α_1，α_2，$\cdots$，α_n 不完全相同 （建立固定效应模型）

当 H_0显著时，拒绝混合效应模型假设；当 H_0不显著时，接受固定效应模型假设。采用 F 统计量对以上假设进行检验：

$$F = \frac{(SSE_r - SSE_u)/[(nT-k)-(nT-n-k)]}{(SSE_u)/(nT-T-k)} = \frac{(SSE_r - SSE_u)/(n-1)}{(SSE_u)/(nT-T-k)} \tag{4.10}$$

其中，SSE_r 和 SSE_u 分别为混合效应模型与固定效应模型的残差平方和。

固定效应模型与随机效应模型的区别为：固定效应模型截距项不再被认为是某一特定固定值，而将其认为是均值为 a 的随机变量，因此每个横截面单位的截距值可以表示为

$$\alpha_i = \alpha + u_i,\ i = 1,\ 2,\ ...n. \tag{4.11}$$

其中，u_i 为均值为零，方差为 $\sigma_u{}^2$ 的随机误差项，且各横截面单位的随机误差项互不相关，与混合误差项 ξ_{ij} 也无关。因此随机效应模型可表示为

$$y_{it} = \alpha + X_i\beta + w_{it},\ w_{it} = u_{it} + \xi_{it} \tag{4.12}$$

随机效应模型的随机误差项由横截面误差（表示个体效应）与时间序列

和横截面混合误差两个部分构成，而固定效应模型的随机误差项仅有时间序列和横截面混合误差一个部分。因此，两者的不同在于随机效应模型将个体效应考虑进随机误差项，当对随机效应模型进行参数估计时，应假设解释变量与个体效应不相关；反观固定效应模型则没有该项要求。所以建立原假设与备择假设如下：

H_0：个体效应与回归变量无关。

H_1：个体效应与回归变量相关。

一般用 Hausman 检验对以上假设进行检验，其基本思想为：若个体效应与回归变量无关，则固定效应模型的 OLS 估计量 β_w 和随机效应模型的 GLS 估计量 β_{RE} 将一致；若个体效应与回归变量相关，则固定效应模型的 OLS 估计量 β_w 和随机效应模型的 GLS 估计量 β_{RE} 将不一致。所以，对模型分别进行 OLS 估计和 GLS 估计，将同一模型用两种估计方法得到的参数估计值差值作为分析对象，若该差值较大，则该面板数据应选择采用固定效应模型；若该差值较小，则应该选择采用随机效应模型。对 Hausman 检验构建 Wald 统计量：

$$W = (b - \beta)^T \psi^{-1} (b - \beta) \sim \chi^2(k - 1) \tag{4.13}$$

其中，b、β 分别是固定效应模型 OLS 估计及随机效应模型 GLS 估计，ψ 是采用固定效应模型与随机效应模型所得参数值协方差矩阵的差阵。当 W 值大于卡方分布临界值时，H_0显著，拒绝随机效应模型假设，选择采用固定效应模型；反之，则 H_0不显著，选择接受随机效应模型假设。

四、模型结果与分析

我国市场寻求型 FDI 更加倾向于投资中高技术密集度产业，效率寻求型 FDI 更加倾向于投资低技术密集度产业，资源寻求型 FDI 更加倾向于投资中低技术密集度产业，战略资产寻求型 FDI 更加倾向于投资高技术密集度产业，而相应的产业特征有导致过高或过低估计不同投资动机 FDI 对技术溢出影响的可能。为更加全面、客观地描述不同投资动机 FDI 的技术溢出效应，本章分两步展开分析。第一步，把我国所有制造业内资企业作为整体，分析不同投资动机 FDI 对我国制造业行业整体施加的技术溢出效应；第二步，按照制造业企业的要素密集度进行划分，分别考察不同投资动机 FDI 对高技术密集度产业、中高技术密集度产业、中低技术密集度产业和低技术密集度产业的技术溢出效应。

首先确定模型形式，在混合效应模型与固定效应模型二者之间进行选择。由 EViews 9.0 软件进行混合效应模型是否显著判别，结果见表 4-2。

表 4-2　F 检验

Effects Test	Statistic	d. f.	Prob.
Cross-section F	48.027365	(30.210)	0.0000
Cross-section Chi-square	395.869276	30	0.0000

资料来源：根据 EViews 9.0 回归结果整理得到。

该检验结果表明模型为混合效应模型假设显著，应接受固定效应模型假设。因此，需进一步于固定效应模型与随机效应模型两者之间再次选择。由 EViews 9.0 软件运行 Hausman 检验，根据结果判断随机效应模型是否显著，结果见表 4-3。

表 4-3　Hausman 检验

Test Summary	Chi-Sq. Statistic	Chi-Sq. d. f.	Prob.
Cross-section random	50.702319	4	0.0000

资料来源：根据 EViews 9.0 回归结果整理得到。

该检验结果表明模型为随机效应模型假设显著，应接受固定效应模型假设，故本章面板数据将使用固定效应模型。考虑到横截面单位之间的异方差，运行固定效应模型时采取横截面加权方式。由 EViews 9.0 软件运行得到估计结果见表 4-4。

表 4-4 不同投资动机 FDI 技术溢出影响分析

变量	系数估计量	t 统计量
C	2.951000 ***	9.967126
$Log\ (k^h)$	0.380263 ***	7.025928
$Log\ (l^h)$	0.155217 ***	2.630903
$Log\ (mfdi)$	0.239812 ***	6.970206
$Log\ (efdi)$	-0.000624	-0.035011
$Log\ (rfdi)$	-0.000576	-0.034213
$Log\ (sfdi)$	0.268263 ***	6.989613
@ *trend*	0.118916 ***	11.02904
调整后的 R^2	0.999038	
S. E	0.075012	
D. W.	1.650172	

资料来源：根据 EViews 9.0 回归结果整理得到，其中被解释变量为 $\ln(y^h)$。

注：1. 回归样本数量为 216 个。

2. *、**、*** 分别表示在 10%、5%、1%的水平上显著。

对表 4-4 估计结果分析如下：

资本要素投入对我国制造业产业经济增长的影响重大，当资本要素投入每增加 1%时，我国制造业内资企业的制造业工业增加值将增长 0.38%；而劳动力要素投入对我国制造业产业经济增长的促进作用相对较小，当劳动力要素投入每增加 1%时，我国制造业内资企业的制造业工业增加值增长只有 0.155%。因此可以看到，我国制造业企业中劳动力质量仍需要进一步提高，需要向高水平技术工人方向发展，在制造业企业生产过程中其重要性和作用需要有所提升。

战略资产寻求型 FDI（SFDI）对我国制造业内资企业技术溢出效应最为明显，这与研究预期相一致。从估计结果可知，其弹性系数为正且显著。当战略资产寻求型 FDI 每增加 1%时，我国制造业内资企业的制造业工业增加值将增长 0.27%。市场寻求型 FDI（MFDI）对我国制造业内资企业技术溢出效应也较明显，但相比战略资产寻求型 FDI 的技术溢出效应影响效果次之，与研究预期相一致。从估计结果可知，其弹性系数为正且显著。当市场寻求型FDI 每增加 1%时，我国制造业内资企业的制造业工业增加值将增长 0.24%。资源寻求型 FDI（RFDI）对我国制造业内资企业技术溢出效应并不显著。从估计结果可知，其弹性系数为负但并不显著，即资源寻求型 FDI 的生产经营活动并未给我国制造业企业带来明显的技术溢出效应。效率寻求型 FDI（EFDI）对我国制造业内资企业技术溢出效应也并不显著。从估计结果可知，其弹性系数为负但并不显著，即效率寻求型 FDI 的生产经营活动并未给我国制造业企业带来明显的技术溢出效应。

为进一步明确不同投资动机 FDI 对不同技术密集度行业的技术溢出效应，本章借鉴 OECD 分类和桑百川（2016）的产业分类方法，将制造业划分为低技术密集度产业、中低技术密集度产业、中高技术密集度产业和高技术密集度产业。剔除外资进入较少的产业后，具体划分为：低技术密集度产业为农副食品加工业，食品制造业，酒、饮料和精制茶制造业，纺织业，纺织服装、服饰业，皮革、毛皮、羽毛及其制品和制鞋业，木材加工和木、竹、藤、棕、草制品业，家具制造业，造纸和纸制品业，印刷和记录媒介复制业，文教、工美、体育和娱乐用品制造业；中低技术密集度产业为：石油、煤炭及其他燃料加工业，橡胶和塑料制品业，非金属矿物制品业，黑色金属冶炼和压延加工业，有色金属冶炼和压延加工业，金属制品业；中高技术密集度产业为：化学原料和化学制品制造业，化学纤维制造业，汽车制造业，电气机械和器材制造业；高技术密集度产业为：医药制造业，通用设备制造业，专用设备制造业，铁路、船舶、航空航天和其他运输设备制造业，计算机、通信和其他电子设备制造业，仪器仪表制造业。由于相关技术密集度产业面板数据为依照一定规则从制造业行业中进行选取，而不是于大样本数据中随机挑选的，因此对这四个面板数据展开回归分析时，直接选用固定效应模型，经 EViews 9.0 计量软件运行得出估计结果见表 4-5 和表 4-6。

表 4–5　不同投资动机 FDI 对不同技术密集度产业技术溢出影响分析

变量	高技术密集度产业		中高技术密集度产业	
	系数估计量	t 统计量	系数估计量	t 统计量
C	0. 501240	0. 917821	0. 641427	0. 928625
Log（k^h）	0. 661536 ***	6. 265238	0. 619457 ***	6. 012327
Log（l^h）	0. 032584	0. 467102	0. 038713	0. 579244
Log（*mfdi*）	0. 351358 ***	7. 600529	0. 392673 ***	7. 908192
Log（*efdi*）	0. 021045 *	1. 505471	0. 027208 *	1. 739271
Log（*rfdi*）	0. 024436 *	1. 613147	0. 029817 *	1. 842903
Log（*sfdi*）	0. 398105 ***	7. 893678	0. 364183 ***	7. 625062
@ *trend*	0. 041043 **	2. 318145	0. 047056 **	2. 498521
调整后的 R^2	0. 998849		0. 9988517	
S. E	0. 064709		0. 066933	
D. W.	1. 625599		1. 614697	

资料来源：根据 EViews 9. 0 回归结果整理得到，其中被解释变量为 ln(y^h)。

注：1. 高技术密集度产业回归样本数量为 48 个，中高技术密集度产业回归样本数量为 32 个。

2. *、**、*** 分别表示在 10%、5%、1%的水平上显著。

表 4–6　不同投资动机 FDI 对不同技术密集度产业技术溢出影响分析

变量	中低技术密集度产业		低技术密集度产业	
	系数估计量	t 统计量	系数估计量	t 统计量
C	3. 568159 ***	54. 04486	3. 849385 ***	55. 732718
Log（k^h）	0. 337112 ***	19. 98814	0. 302754 ***	19. 69182
Log（l^h）	0. 255346 ***	6. 567429	0. 282606 ***	6. 948947
Log（*mfdi*）	0. 132501 ***	7. 509178	0. 090481 ***	7. 265913
Log（*efdi*）	−0. 052053 ***	−4. 976542	−0. 045342 ***	−4. 499621
Log（*rfdi*）	−0. 046017 ***	−4. 622791	−0. 051605 ***	−4. 865082
Log（*sfdi*）	0. 127483 ***	7. 560914	0. 100193 ***	7. 381828
@ *trend*	0. 153002 ***	47. 00328	0. 187917 ***	49. 04319
调整后的 R^2	0. 999203	0. 999324		
S. E	0. 075434	0. 078503		

续表

变量	中低技术密集度产业		低技术密集度产业	
	系数估计量	t 统计量	系数估计量	t 统计量
D. W.	1.692188		1.789563	

资料来源：根据 EViews 9.0 回归结果整理得到，其中被解释变量为 $\ln(y^h)$ 。

注：1. 中低技术密集度产业回归样本数量为 80 个，低技术密集度产业回归样本数量为 48 个。

2. * 、** 、*** 分别表示在 10%、5%、1%的水平上显著。

对表 4-5 和表 4-6 估计结果分析如下：

我国制造业高技术密集度产业和中高技术密集度产业经济增长的主要动力是资本。当资本要素投入每增加 1%时，我国制造业高技术密集度内资企业的制造业工业增加值将增长 0.66%，我国制造业中高技术密集度内资企业的制造业工业增加值将增长 0.62%；而劳动力要素投入对我国制造业高技术密集度产业和中高技术密集度产业的经济增长促进作用相对较小，根据估计系数 t 值，劳动力要素弹性系数不显著。这是因为，制造业高技术密集度产业和中高技术密集度产业多为技术密集型和资本密集型产业，对劳动力要素的需求量相对较小，所以劳动力要素的增长对这两类产业的制造业工业增加值作用较小。还有一种解释可能为，目前我国从事制造业高技术密集度产业和中高技术密集度产业的劳动力质量不高，尚不能形成大规模人力资本，是相对这两种产业对较高素质劳动力的需求并不匹配而造成。

我国制造业中低技术密集度产业和低技术密集度产业经济增长的主要动力是资本要素和劳动力要素。当资本要素投入每增加 1%时，我国制造业中低技术密集度内资企业的制造业工业增加值将增长 0.34%，我国制造业低技术密集度内资企业的制造业工业增加值将增长 0.30%；当劳动力要素投入每增加 1%时，我国制造业中低技术密集度内资企业的制造业工业增加值将增长 0.26%，我国制造业低技术密集度内资企业的制造业工业增加值将增长 0.28%。这是因为，制造业中低技术密集度产业和低技术密集度产业多为劳动密集型，所以资本要素对制造业工业增加值的贡献力度小于高技术密集度产业和中高技术密集度产业，而劳动力要素对其的贡献更大，这是由相应的产业特征特点决定的。

市场寻求型 FDI 对四类制造业产业都有正的技术溢出效应，弹性系数都为正且显著。其中，市场寻求型 FDI 对中高技术密集度产业的技术溢出效应最大，对高技术密集度产业的技术溢出效应次之，对中低技术密集度产业的技术溢出效应较小，对低技术密集度产业的技术溢出效应最小。具体而言，当市场寻求型 FDI 每增加 1%时，我国制造业中高技术密集度内资企业的制造业工业增加值将增长 0.39%，我国制造业高技术密集度内资企业的制造业工业增加值将增长 0.35%，我国制造业中低技术密集度内资企业的制造业工业增加值将增长 0.13%，我国制造业低技术密集度内资企业的制造业工业增加值将增长 0.09%。产生这种结果的原因主要有：市场寻求型 FDI 与我国中高技术密集度产业的技术差距比较有利于市场寻求型 FDI 的技术溢出。我国中高技术密集型产业与国外同类产业存在一定的技术差距，且这种差距相较于我国高技术密集型产业与国外同类产业的技术差距而言，更有利于技术的溢出和吸收转化；中低技术密集度产业和低技术密集度产业通常是劳动密集型，且在我国生产的产品和生产环节中通常位于 GVC 底端，附加值相对较低，对生产过程的技术水平要求也较低，相关厂商往往通过成本优势在市场竞争中胜出。也就是说，其更加关注的是产品的低价，因此相关产业 FDI 并没有对东道国市场的迫切需求，对市场寻求型 FDI 的需要也相对较低。

效率寻求型 FDI 对中低技术密集度产业和低技术密集度产业有负的技术溢出效应，在高技术密集度和中高技术密集度产业的技术溢出效应相对较低。产生这种结果的原因主要有：效率寻求型 FDI 的目标市场多为国外市场，当其向世界市场出口时，会对东道国相关企业的出口形成挤压，甚至阻挡东道国相关企业规模效益的形成，进而导致了负的技术溢出效应。

资源寻求型 FDI 对中低技术密集度产业和低技术密集度产业同样有负的技术溢出效应，在高技术密集度和中高技术密集度产业的技术溢出效应亦相对较低。产生这种结果的原因主要有：资源寻求型 FDI 在东道国投资的主要动机是东道国廉价的劳动力，其比较优势主要在于较低的成本，对于技术的研发创新和新技术向东道国引进动力均较小，在东道国生产过程中使用的技术多为生命周期中已经成熟的技术，甚至是在国际先进经济体中已经淘汰掉的技术，因此对东道国制造业企业的技术溢出效应较小。

战略资产寻求型 FDI 对四类制造业产业都有正的技术溢出效应，弹性系数都为正且显著。其中，战略资产寻求型 FDI 对高技术密集度产业的技术溢出效应最大，对中高技术密集度产业的技术溢出效应次之，对中低技术密集度产业的技术溢出效应较小，对低技术密集度产业的技术溢出效应最小。具体而言，当战略资产寻求型 FDI 每增加 1%时，我国制造业高技术密集度内资企业的制造业工业增加值将增长 0. 40%，我国制造业中高技术密集度内资企业的制造业工业增加值将增长 0. 36%，我国制造业中低技术密集度内资企业的制造业工业增加值将增长 0. 13%，我国制造业低技术密集度内资企业的制造业工业增加值将增长 0. 10%。产生这种结果的原因主要有：高技术密集度产业的竞争力主要来自先进的技术和高质量的产品，因此战略资产寻求型 FDI 为保持自身优势地位将争取更大的东道国市场份额，更有动力加大对先进技术的研发和引进力度，也更有动力在东道国实施先进的管理技术和科学的管理流程，以控制产品的质量，这些活动的示范效应、竞争效应、人员流动效应对东道国企业都有较大的技术溢出效应。

第三节 本章小结

劳动者是社会经济的最基本组成单位，一个国家一个产业的技术水平高低与单个劳动力的技术水平息息相关。发展中国家与发达国家不仅在产业层面存在技术的差距，而且劳动者的生产水平和技术水平也同样有差别。一个国家的技术进步可以由劳动者整体素质和技术水平的提高给予很大程度的解释，因此适当提高劳动者的教育水平和技能培训，同时为劳动者提供更有利的工作待遇和条件，以及相关的医疗、培训等社会保障，对于吸引更优秀的劳动力和促进劳动力质量提升有一定的帮助。除此之外，企业对于自身技术水平的提升要有意识和主动性，对于自身优势地位的维护和新的比较优势的形成，都需要先进的技术作为保障。

通过本章的研究发现，战略资产寻求型 FDI 和市场寻求型 FDI 对我国制造业企业的技术溢出效应水平，要大幅度高于效率寻求型 FDI 和资源寻求型 FDI。但是在生产实践中，战略资产寻求型 FDI 和市场寻求型 FDI 对自身的知识产权保护意识和手段都在加强，为维护其自身的先进技术优势地位，都对向东道国制造业企业的技术溢出设置了一系列的防范措施。同时，相关产业的东道国制造业企业能否实现技术的吸收和再创新，对于东道国制造业企业的技术进步和产业升级的影响将更为长远。

第五章　FDI 技术溢出对中国制造业全球价值链升级的影响

本章在之前章节研究结论的基础上进一步探索了 FDI 技术溢出对中国制造业全球价值链升级的具体影响。提出 FDI 对中国制造业全球价值链升级有正向的促进作用、FDI 技术溢出对中国制造业的技术进步存在溢出效应、FDI 通过技术溢出效应对中国制造业全球价值链分工地位能够起到提升作用的三个假设。通过模型对三个假设逐步进行验证分析发现：FDI 对我国制造业全球价值链升级确实存在正向的促进作用，FDI 技术溢出对我国制造业的技术进步确实存在水平技术溢出效应、前向关联技术溢出效应及后向关联技术溢出效应；FDI 通过前向技术溢出效应实现了对我国制造业全球价值链分工地位提升的作用。并且分析发现，相较于被动地获取技术溢出效应，积极主动地获取技术溢出效应对于我国制造业企业实现全球价值链升级的目标具有重大作用。

第一节　FDI 技术溢出推动中国制造业全球价值链升级的研究假设

FDI 技术溢出效应是指外资企业在东道国进行投资生产的过程中，推动东道国技术水平、管理效率的进一步提升，东道国企业通过复制或学习其先进技术和经验提升自身产品、服务生产能力以获取相关收益；外资企业虽然实施了技术转移，却并未从这种技术的转让活动中获取相应收益，而是给东道国带来了经济外部效应（Blomstrm 和 Kokko，1998）。简单而言，技术溢出的本质是外资企业凭借其先进技术对东道国社会施加外部经济效应。FDI 的技术溢出受多种因素的影响，本章为更好地衡量 FDI 对中国制造业全球价值链升级的推动作用，特别区分不同投资目的的 FDI 对推动我国制造业技术进步的不同效果，并通过将技术进步作为对产业升级的衡量指标来分析不同目的 FDI 对中国制造业全球价值链升级的影响。

一、FDI 与中国制造业全球价值链升级

改革开放 40 年来，我国逐渐摆脱了封闭自守与世界分工体系脱离的状态，通过吸收外商直接投资的方式积极参与国际分工。大量的来料加工、来样加工、来件装配和补偿贸易使中国参与到制造业全球价值链体系中，并在这种基于各国资源禀赋和比较优势的新型世界分工合作的生产体系中深刻嵌入。《世界贸易报告（2017）》（World Trade Report 2017）显示中国全球价值链参与程度已接近 50%，这同时意味着在现有全球价值链参与机制下，中国制造业企业的全球价值链地位提升的重要性，以及与中国制造业转型升级和技术创新之间的密切关系。FDI 既是各国参与国际分工的重要载体，也是跨国公司全球化进程的主要方式，对于东道国的国内就业、国际贸易以及资本存量提升和产业结构调整的积极作用，在学术界和政策制定者中得到的认识较为普遍。

Borensztein E 等（1998）对在 1975—1994 年 20 年间的发达国家向 69 个发展中国家流入的 FDI 数据进行测试，评估 FDI 对经济增长的影响。研究表明，FDI 是技术转让的重要手段，对母国国内投资的增长贡献相对较大，但是只有当东道国人力资本存量超过最低门槛时，FDI 的较高生产率才会发挥作用。因此，东道国在 FDI 作用下能否有效促进经济增长与其经济中是否有足够的先进技术吸收能力密切相关。徐涛（2003）认为吸收 FDI 不仅可以解决国家的资金缺口，还可以提升东道国技术水平，相比等量投资的内资而言，其产出效率存在非同质性。通过内生增长模型对 FDI 与我国技术的进步关系

进行经验检验，表明 FDI 对我国技术进步有显著促进作用。Nair-Reichert U 和 Weinhold D（2001）使用固定和随机混合效应模型对 10 年流入发展中国家的面板数据进行估计，允许 FDI 与整体经济增长之间存在因果关系的跨国异质性，并假设各国之间存在同质性的估算方法会产生误导性结果，与传统方法的结果进行对比后发现，发展中国家 FDI 和国内投资与经济增长之间的关系是高度异质的，FDI 在提高东道国未来经济增长率方面的效力存在差异，在更开放的经济体中促进效果更明显。江小涓（2002）认为外资经济已成为中国经济重要组成部分，对中国经济发展有重要贡献，体现在 GDP 增长、产业结构升级、技术进步、出口扩大、出口商品结构提升、研究与发展能力增强等重要方面，结论是 FDI 推动中国经济持续增长，改变了中国经济增长方式，提高了中国经济增长质量。魏后凯（2002）认为中国区域经济发展二元结构的形成与我国 FDI 地区分布不平衡关系密切，通过对我国 1985—1999 年时间序列数据和横断面数据进行实证分析，发现改革开放以来 FDI 对中国区域经济发展有影响。具体而言，FDI 对东部发达地区和西部落后地区 GDP 增长率的差异贡献约为 90%。Alfaro L 等（2004）通过对 1975—1995 年跨国数据进行实证分析，认为 FDI 在金融体系健全程度不同的国家间发挥作用存在差异，金融市场发达、配套设施完善的国家从 FDI 中获益更多，促进其经济增长的效果更明显。李青原等（2010）使用资本配置效率模型（Wurgler，2000）对我国工业行业金融发展程度进行估算，认为 FDI 对资本配置效率发挥了改善作用，对金融系统的条件有替代作用，即 FDI 确实可以对地区资本等要素的配置效率起到调节作用，对经济增长方式由粗放型向集约型的过渡转型升级有促进作用。唐未兵等（2014）为排除技术差距对先进技术消化吸收能力差异等因素的影响，清晰描述了技术引进、技术创新对我国经济增长方式转变的具体作用和路径，运用动态面板广义矩对中国 1996—2011 年 28 个省区数据进行估计，认为我国技术创新与经济增长集约化程度呈负相关关系，而 FDI 技术溢出效应和模仿效应对经济增长集约化水平提升有帮助。因此，要坚持利用 FDI 引进先进技术的战略，同时要注重对引进技术的吸收转化。

FDI 对东道国经济增长、技术进步、地区发展、产业升级的贡献受到学术界和政策制定者的广泛认可，FDI 作为一国国内投资的有效补充，通过溢出效应、示范效应、竞争效应等刺激东道国经济活动，对东道国经济发展有重要贡献，在提高资源配置效率、提高东道国产业竞争力、发挥规模经济效应、转变生产模式等方面影响深刻，促进东道国在全球价值链地位的提升。

基于以上分析提出假设 1：FDI 对中国制造业全球价值链升级有正向的促进作用。

二、FDI 技术溢出效应与中国制造业技术进步

新经济增长理论以内生技术进步与回报递增模型为主流，如报酬递增内生增长理论（Romer，1986，1990）、人力资本积累理论（Lucas，1988）、垄断竞争与 R&D 理论的横向创新模型（Grossman 和 Helpman，1991）和纵向创新模型（Aghion 和 Howitt，1992）。技术扩散经典模型认为对发达国家新技术的消化吸收，对发展中国家经济增长率有决定作用。贸易投资的技术外溢作用内生增长理论并未达成共识，Grossman 和 Helpman（1991）的模仿创新模型认为发达国家与发展中国家始终存在技术缺口。Stokey（1991）和 Young（1991）均认为自由贸易和投资对发展中国家经济增长有损害，会固化发展中国家落后的经济系统中已存在的比较优势（Matsuyama，1992）。而实证研究却表明，贸易投资自由化与经济增长正相关且显著，并对技术进步有刺激作用（Coe 和 Helpman，1995，1997）。技术扩散途径多样，从东道国经济发展角度来看，高水平可持续的内生性经济增长需要技术进步的支撑，衡量技术进步的一个重要指标是全要素生产率，其提高和跃升直接反映并衡量了一国的技术进步。全要素生产率计算的是除企业资本要素和劳动力要素贡献之外的增长部分，也就是索洛剩余（Solow R M，1957），由索洛增长速度方程证明和解释，说明经济增长当中无法用资本要素和劳动力要素的贡献解释的这部分余值是由技术进步带来的。当一国处于开放的经济环境时，其技术进步

的影响因素更为复杂，即全要素生产率增长的决定因素不仅来自国内行业的研发投入，还可能通过贸易和投资获取相关技术溢出，De Long 和 Summers（1991，1992，1993）证明 FDI 与东道国经济长期增长存在相关关系且显著，Jones（1994）和 Lee（1995）认为 FDI 对东道国经济增长率有正向刺激作用，且贸易投资是技术落后国向技术先进国学习的重要渠道。尤其对于发展中国家而言，FDI 对技术进步、研究创新和经济增长的带动作用显著，外资企业的先进技术与管理经验通过 FDI 转移给东道国企业，促进东道国企业的技术进步和产业升级。

学术界同时对 FDI 是否在向东道国企业技术溢出的过程中缺乏效率，以及对东道国自主技术研发创新存在一定的挤出效应存在担忧。王飞（2003）通过索洛增长速度方程和回归分析，计算 FDI 对我国工业企业全要素生产率的净影响，估算出从地区角度出发，FDI 对我国的工业企业技术进步的推动作用并不显著。这种争论的主要原因在于，担忧 FDI 会加深当前中国制造业企业依赖进口中间产品进行加工组装工作的现状，会进一步固化当前已高度嵌入的制造业全球价值链体系；担忧中国制造业企业当前所处的全球价值链低技术含量环节的现状会阻碍我国企业技术进步，即全要素生产率的提高。从我国吸收 FDI 的结构构成来看，FDI 集中领域主要是传统制造业，尤其是中低端技术产业部门和劳动密集型产业部门，现代服务业流入的 FDI 比例仍偏低，与发达国家吸收 FDI 的结构差异明显（胡祖六，2004）。而学者研究发现，在我国制造业企业研发投入方面，技术研究创新投入中的 58%是用于关键仪器设备的引进（Guan J，2002），并且这一行为对我国制造业企业自身的技术研发创新有负面影响，FDI 的流入可能导致东道国企业对引进技术的依赖，使自主技术研发创新能力受到压制（Guan J 等，2006）。外资企业的技术研发、战略投资、营销服务等全球价值链中高附加值的核心环节并未转移到中国，核心先进技术和知识在严密的知识产权保护等技术保护手段下，并未溢出到东道国企业，无法对其技术进步形成正向溢出效应（Perez T，2003）。同时，我国的制造业企业当前的研发能力普遍较弱、研发投入规模较小、技术创新能力较差、技术转化生产效率偏低、总体技术水平较为落后，无法通过对外资企业 FDI 溢出的技术和知识进行有效创新，因此 FDI 对东道国企业技术溢出效应的效率较低（Haddad M 和 Harrison A，1993）。虽然存在上述质疑和争论，但是众多学者通过分析对该现象提出了相应解释，其中对于东道国自身制度建设、发展阶段异质性导致的 FDI 技术溢出吸收能力和转化效率的解释得到众多学术成果的验证。

FDI 通过竞争效应、人员流动效应、示范效应等促进东道国制造业的效率提升进而促进制造业出口产品结构升级（Wang J Y 和 Blomström M，1992）。Liu Z（2002）利用我国深圳经济特区 1993—1998 年 29 个制造业行业数据检验 FDI 是否以技术转让的形式产生外部性。研究发现，FDI 的溢出效应巨大且显著，提高了当地制造业企业生产力水平和增长率，东道国国内部门是其主要受益者，但研究同时也发现，东道国国内部门受到 FDI 的外部性影响存在异质性，部分部门的收益更多，且结果对于许多替代模型规范是稳健的。Buckley P J 等（2002）利用 1995 年的横截面详细数据研究认为，FDI 给中国企业带来技术和国际市场准入溢出效益，而海外投资者在中国只能获得市场准入利益，中国当地企业从 FDI 获取的收益存在异质性。具体而言，国有企业并未从 FDI 中获取相应收益甚至受到了负面溢出效应，而集体所有制企业和其他所有制企业则从 FDI 中获得了积极的溢出效应，因此中国国有企业改革对提高国有企业的吸收能力有重要帮助。潘文卿（2003）对我国 1995—2000 年 FDI 对工业部门溢出效应进行了分析，通过面板数据模型方法分析指出，FDI 在 20 世纪 90 年代后半期对内资部门总体而言，在产出增长方面有积极促进作用，溢出效应虽为正，作用却并不大；分别对东、中、西部地区展开进一步研究发现，我国西部地区的经济发展水平较低，未跨越 FDI 能够起到积极促进作用的相应门槛，东部地区工业部门技术水平在 FDI 的带动下得到有效提升而使正向溢出效应有变小趋势，中部地区 FDI 正向溢出效应相对较大。Holger Görg 和 David Greenaway（2004）认为世界各国政府对吸引 FDI 提供了重要诱因的动机是预期溢出效益，可以有增加新投资、增加国民收入等主要好处。FDI 有几种可能的诱发溢出效应来源，通过评估发展中国家、发达国家和转型经济体的生产率，为工资和出口溢出效应提供经验证据，借以发现理论中所预言的一系列可能的溢出渠道，其为积极溢出效应强有力的实证支持是混合的。Beata Smarzynska Javorcik（2004）对各国希望通过吸引 FDI 将跨国公司带来的知识扩散到国内产业，并提高其生产力的预期进行了研究。论文基于立陶宛的企业层面数据，对 FDI 的行业内技术外溢和行业间技术外溢进行了分析，并侧重于跨行业的影响，发现外国子公司和上游部门当地供应商之间的联系与产生的 FDI 溢出效应一致，并通过数据表明，在东道国企业与母国公司拥有共享所有权的项目中技术溢出效应较为显著，而 FDI 独资项目中技术溢出效应并不明显。张海洋和刘海云（2004）以广东为例，运用平行数据模型方法分析 FDI 溢出效应和竞争效应对我国内资工业部门及不同所有制的工业部门的影响，发现 FDI 对不同所有制的工业部门溢出效应与竞争效应存在异质性，其中国有工业企业受到的冲击最大，私营企业、三资企业受益最大。王苍峰（2008）对我国制造业行业 FDI 行业内水平溢出及行业间纵向溢出（即前向关联和后向关联）进行了实证分析，认为对国内制造业企业而言，FDI 后向关联效应明显，是外资发挥技术溢出效应的重要渠道。陈琳和林珏（2009）对不同所有制结构企业分组检验了 FDI 对中国制造业企业的技术溢出效应，认为 FDI 竞争效应、示范效应对我国制造业企业影响较小，人员流动效应对我国国有企业、外资企业、合资企业正向溢出效应显著，而对私有企业和集体所有制企业影响较弱。Magnus Blomström 和 Fredrik Sjöholm（2009）考察跨国公司的外国分支机构所有权共享对技术转让和溢出效应的影响，使用印度尼西亚微观数据回答 FDI 溢出程度是否与投资主体所有权结构有关。研究结果表明，当母国企业的劳动生产率水平相当时，东道国国内企业也可以从溢出效应中获益，投资主体所有权结构既不影响母国企业的劳动生产率水平，也不影响溢出程度。王滨（2010）检验中国制造业 1999—2007 年 27 个行业面板数据，发现 FDI 对我国制造业全要素生产率的横向关联、前后向关联技术溢出效应为正且统计显著。吴敏洁等（2018）分地区考虑 FDI

对制造业的作用，通过计算2002—2016年中国制造业环境全要素生产率，分析比较了各区域环境全要素生产率增长，发现出口导向的FDI成为推动中西部地区环境全要素生产率增长的重要动力。

基于以上分析提出假设2：FDI技术溢出对于中国制造业技术进步存在溢出效应。

三、FDI技术溢出效应与制造业全球价值链升级

改革开放40年来，我国以市场换技术的外资战略是否真的通过吸引FDI得到了国外先进技术，促进了我国产业结构升级，这一点受到很多学者关注。陈望远和黄金波（2002）分析我国1999—2009年实际利用外资金额与行业增加值数据，建立面板随机系数模型对FDI与三次产业细分行业的发展关系及影响进行分析，总结FDI对中国产业结构升级的作用，其中第一产业受FDI影响增加值不显著，第二产业尤其是制造业受FDI影响增加值显著，第三产业中大部分行业受FDI影响增加值显著。由此可知，吸引FDI对我国产业结构的升级优化能够起到有效作用。

内生经济增长理论为本章FDI技术溢出效应促进制造业全球价值链升级，提供了研究的理论基础。内生经济增长理论认为，经济的可持续增长取决于生产性资源的累积、资源的使用效率以及技术进步，其中最重要的动力来源是技术进步。在劳动力要素中注入教育、培训等活动，促进对创新能力的培养和人力资本的形成，在物质资本积累的过程中涵盖了研发创新、学习、积累知识等活动，以促进技术进步的形成。Humphrey J和Schmitz H（2002）对于FDI促进产业集群，加强企业间和地方机构合作的促进作用予以肯定，并通过FDI带给东道国的全球买家和连锁治理使东道国产业集群可以不同的方式嵌入全球价值链，对于启动本地企业升级工作有重大影响。特别是发展中国家，应该注重FDI在对于产业集群促进和全球价值链升级方面的作用。Buckley P J和Ruane F（2006）通过对爱尔兰吸引外国直接投资的成功案例进

行研究发现，FDI对以企业为中心提供足够的选择维持，并升级产业集群有促进作用，新兴国家应通过提供激励措施积极寻求外商直接投资。Phillips R和Henderson J（2008）对马来西亚的案例进行分析发现：首先，通过FDI实现产业升级是分时期的，在早期成功的案例相对较少，中期、晚期成功的案例开始增加；其次，FDI实现产业升级更容易发生在大中型企业当中，而中小企业产业升级的成功案例相对较少。对产业升级成功的公司进行研究发现，内部创业者的创新意愿和与FDI跨国公司的密切合作，是很多从外包产业开始的企业最终实现产业升级的重要原因。Gereffi G（2008）对比中国和墨西哥这两个在全球经济中实行出口导向发展战略国家的发展和产业升级问题发现，墨西哥一直在致力于吸收外商直接投资，并在国内开展广泛私有化和开放与市场相关的新自由主义，即华盛顿共识的发展模式范例，但其国内产业与FDI之间没有形成良好的互动和技术溢出效应。因此在过去10年中，中国在争夺美国市场优势的过程中超越了墨西哥，并通过利用国家主义战略方法实现了创纪录的FDI流入和出口增长。中国成功的重要原因在于城市供应链的独特产业组织形式，使相关产业在利用FDI的同时帮助国内企业在全球价值链实现了规模经济和范围经济。文东伟等（2009）总结了1980年以来我国产业结构、进出口结构及出口竞争力情况及其演变趋势，分析FDI对我国产业结构升级和出口竞争力提升的作用，通过统计分析发现，我国产品生产和贸易部门的行业结构、产业结构及出口竞争力水平呈现高度一致的变化趋势，表现为由劳动密集型行业转型升级为资本密集型行业和技术密集型行业；通过经验检验分析发现，FDI确实对推动我国产业结构升级和提升出口竞争力的作用显著，起作用的路径是通过技术进步发生的。李佳（2014）立足于企业微观层面，对FDI技术溢出的不同路径对产业升级影响机制的关系进行了研究，对FDI促进产业内升级与产业间关联技术水平及附加价值的提升，从而推动产业升级进行了阐述。

通过利用发达国家大型跨国公司先进的技术和成熟的营销渠道进入世界市场，对于发展中国家通过对FDI的引进获取示范效应、竞争效应、人才流动效应，从而获取技术外溢，进而对领先技术进行吸收消化、转化、再创新，最终实现东道国产业技术水平提升并促进 GVC 升级，打破制造业产业价值链低端制造环节的锁定有着重要作用。

基于以上分析提出假设 3：FDI 通过技术溢出效应对中国制造业全球价值链地位能够起到提升作用。

第二节　FDI 技术溢出对中国制造业全球价值链升级的影响分析

一、模型设定

本章采用 Baron R M 和 Kenny D A（1986）及温忠麟等（2004，2005，2014）提供的中介效应模型，将我国《国民经济行业分类》（GB/T 4754—2017）与 WIOD（The World Input-Output Database）数据库中制造业行业分类进行对照，对相关产业进行调整合并，共选取 19 类制造业产业 2009—2016 年 8 年数据，对 FDI 通过技术溢出效应对我国制造业全球价值链升级产生的具体影响进行估测，模型具体表示为

$$RCA_{it} = a_0 + c_1 FDI_t + a_1 KL_{it} + a_2 Open_t + \mu_1 \tag{5.1}$$

$$RCA_{it} = a_0 + c_3 FDI_t + a_1 KL_{it} + a_2 Open_t + \mu_2 \tag{5.2}$$

$$RCA_{it} = a_0 + c_3 FDI_t + a_1 KL_{it} + a_2 Open_t + a_3 HR_t + \mu_3 \tag{5.3}$$

$$Hor_{it} = \beta_0 + a_1 FDI_t + \beta_1 HR_t + \varepsilon_1 \tag{5.4}$$

$$For_{it} = \beta_2 + a_2 FDI_t + \beta_3 HR_t + \varepsilon_2 \tag{5.5}$$

$$Back_{it} = \beta_4 + a_3 FDI_t + \beta_5 HR_t + \varepsilon_3 \tag{5.6}$$

$$RCA_{it} = \theta_0 + c' FDI_t + b_1 Hor_{it} + b_2 For_{it} + b_3 Back_{it} + \theta_1 KL_{it} + \theta_2 Open_{it} + \theta_3 HR_{it} + \mu^* \tag{5.7}$$

其中，RCA_{it} 为我国制造业行业 i 时期 t 的 RCA 指数；FDI_t 为我国时期 t 的外商直接投资；KL_{it} 为我国制造业行业 i 时期 t 的资本劳动比；$Open_t$ 为我国时期 t 的出口开放度；HR_t 为我国时期 t 的人力资本禀赋；a 、b 、c 、c' 为模型待估参数，具体而言，a 、b 是间接效应，c 是总效应，c' 是中介效应，满足关系：$c = ab + c'$ ；α 、β 、θ 是截距项，μ 、ε 是随机误差项；因为公式（5.7）是公式（5.1）－（5.6）的合并，因此 u^* 表示对 $\mu_1 - \mu_6$ 进行合并计算后的新的随机误差项。

本章运用 Sobel 法（1982，1988）进行逐步检验，分三步依次对 c、ab、c'进行显著性检验，即展开方程回归检验。第一步，展开解释变量 *FDI* 与被解释变量 *RCA* 指数之间是否存在影响对检验，假如待估参数 c 显著即通过检验，则证明中介效应成立可进行立论并展开后续分析；假如待估参数 c 不显著即未通过检验，则证明中介效应不成立，转为按照遮掩效应立论。本章在研究过程中通过增加控制变量数量的方法，使控制变量在普遍显著的前提下展开对解释变量 *FDI* 系数显著情况的观察，因此可以判断解释变量 *FDI* 与被解释变量 *RCA* 指数之间直接关系稳定，即待估参数 c 显著，可以依次展开后续分析步骤。第二步，各自展开解释变量 *FDI* 对中介效应变量 *Hor*、*For*、*Back* 作用效果的检验，进而结合解释变量 *FDI* 和中介效应变量 *Hor*、*For*、*Back* 对被解释变量 *RCA* 展开回归分析，对结果进行对比分析，以获取完整解释结果。假如待估参数 a、b 均显著即通过检验，就可以直接进入最后的分析步骤；若待估参数 a、b 中至少有一个不显著，即没有通过检验，则应该选择 Sobel 法进行检验，以进一步确认。Sobel 法是将估计值 $\hat{a}$、$\hat{b}$ 和标准误 S_a、S_b 建立 Z 检验量：$Z = \hat{a}\hat{b}/S_{ab}$，$S_{ab} = \sqrt{(\hat{a}S_b)^2 + (\hat{b}S_a)^2}$，并根据估计结果中所得 Z 值与标准正态分布临界值的比较结果进行判断，若所得 Z 值大于标准正态分布临界 Z 值，则证明中介效应存在，可进行最后的分析步骤；若所得 Z 值小于标准正态分布临界 Z 值，则证明中介效应并不显著，即间接效应不明显。第三步，检验联合方程待估参数 c'，若系数 c'显著则证明中介效应部分存在，即同时存在直接效应与中介效应；若系数 c' 不显著则证明仅存在中介效应，且中介效应为 $c-c'$。

二、变量选取与数据来源

本章为了与本书第四章保持数据一致性，剔除《国民经济行业分类》中16烟草制品业，41其他制造业，42废弃资源综合利用业和43金属制品、机械和设备修理业等4个外商直接投资进入较少的产业，并通过将我国《国民经济行业分类》（2017）与WIOD数据库中制造业行业分类进行对照，对相关产业进行调整合并，共选取19类制造业产业2009—2016年8年数据。依据OECD划分方法对产业技术密集度进行分类，其中低技术密集度产业、中低技术密集度产业多为劳动密集型产业，中高技术密集度产业多为资本密集型产业，高技术密集度产业多为技术密集型产业。具体整理对比划分内容见附录B（表B-2　WIOD行业分类与《国民经济行业分类》制造业产业技术密集度划分对照）。

根据温忠麟等（2004，2005，2014）的研究，若变量 X 通过影响变量 M 进而影响变量 Y，则称 Y 为“被解释变量”，X 为“解释变量”，M 为“中介变量”。

1. 被解释变量

Balassa B（1965）使用显示性比较优势指数（Revealed Comparative Advantage Index，RCA）对国际贸易比较优势进行测算时，采用反映一个国家或地区特定产业的贸易比较优势使用的方法。RCA指数用特定产业出口值占该国出口总额的份额与该特定产业的世界贸易额占世界贸易总额的份额的比值，可以消除国家贸易总量波动和世界贸易总量波动产生的影响。因此，采用一国某特定产业出口对于世界出口平均水平的情况，可以反映出该国该特定产业的相对优势，即该国该特定产业的全球贸易竞争力。具体表达式为

$$RCA_{mi} = \frac{X_{mi} / \sum_{i=1}^{n} X_{mi}}{X_{wi} / \sum_{i=1}^{n} X_{wi}} \tag{5.8}$$

其中，RCA_{mi} 为 m 国行业 i 的 RCA 指数；X_{mi} 为 m 国行业 i 对世界市场的出口额；$\sum_{i=1}^{n} X_{mi}$ 为 m 国对世界市场的出口总额；X_{wi} 为世界市场行业 i 的贸易总额；$\sum_{i=1}^{n} X_{wi}$ 为世界市场贸易总额。本章使用 RCA 指数对我国制造业相关产业 GVC 地位予以评价，反映某特定产业的国际竞争力。当某产业 RCA 测算数值越大时，说明其在 GVC 中分工地位越高端，国际竞争力越强；当某产业 RCA 测算数值越小时，说明其在 GVC 中分工地位越低端，国际竞争力越弱。

2. 解释变量

本章意图说明我国的外商直接投资的技术溢出效应对我国制造业全球价值链升级的影响。FDI 是我国国际直接投资的重要形式，是母国投资者通过资金等有形资产或知识、技术、专利等无形资产对东道国进行投资，以谋求在东道国获得比较优势实现利润最大化的经济行为。FDI_t 是我国在时期 t 的外商直接投资，用我国在时期 t 实际利用外资金额予以衡量。

3. 中介效应变量

由于外商直接投资通过技术溢出效应作用于我国制造业全球价值链升级，因此本章的中介效应变量为技术溢出。对于技术溢出效应的度量，目前主流做法有三类：使用相应外资企业的产品本地化程度度量 FDI 对东道国内资企业的技术转移扩散效应；使用外资企业参与东道国市场程度度量 FDI 对东道国内资企业的竞争效应；使用具体分解为前向关联技术溢出、后向关联技术溢出、水平技术溢出的技术溢出效应对 FDI 对东道国内资企业的技术溢出进行度量。由于前两类做法对于 FDI 对东道国的学习效应和部分前后向关联效应可以进行测算，但是对于技术溢出效应的测算则无法涵盖，因此本章选择采用第三类做法，分别对我国制造业产业的水平技术溢出效应、前向关联技术溢出效应、后向关联技术溢出效应进行测算。本章借鉴 Blalock G 和 Gertler P J（2008）及王滨（2010）的方法，使用外商投资和港澳台商投资工业企业占产业总产出份额表征水平技术溢出效应。For_{it} 为 FDI 于时期 t 通过给关联的东道国下游产业 i 提供中间品或者服务而发生的前向关联技术溢出效应，测算公式为

$$For_{it} = \sum_{k(k \neq i)}^{n} \beta_{ik} Hor_{kt} \tag{5.9}$$

其中，β_{ik} 表示产业 i 消耗产业 k 提供的中间品或服务所占产业 i 总产出的比重；Hor_{kt} 为时期 t 产业 k 的 FDI 对东道国内资企业的水平溢出效应；$Back_{it}$ 为 FDI 于时期 t 通过购买关联的东道国上游产业 i 所提供中间品或者服务而发生的后向关联技术溢出效应，测算公式为

$$Back_{it} = \sum_{j(j \neq i)}^{n} \alpha_{ij} Hor_{jt} \tag{5.10}$$

其中，α_{ij} 表示产业 i 向产业 j 提供的中间品或服务所占产业 i 总产出的比重；Hor_{jt} 为时期 t 产业 j 的 FDI 对东道国内资企业的水平溢出效应。其中，α 、β 可通过查询《中国工业经济统计年鉴》中投入产出表的直接消耗系数予以表征。

4. 控制变量

本章为研究外商直接投资通过技术溢出效应对我国制造业全球价值链升级产生的影响，其中涉及的控制变量有资本劳动比（*KL*）、对外贸易开放度（*Open*）、人力资本禀赋（*HR*）。在具体的模型计算和数据搜集整理过程中，*KL* 可用特定年份相关产业固定资产净值与全部从业人员年平均人数的比值予以表征；*Open* 可用特定年份进出口总额与国民生产总值的比值予以表征；*HR* 可用特定年份科技活动从业人员人数与全部从业人员年平均人数的比值予以表征。相关数据可以通过《中国统计年鉴》《中国工业经济统计年鉴》《中国科技统计年鉴》查询得到。对本章涉及变量的具体内容及数据来源进行整理后见表 5 - 1。

表 5-1　模型变量信息

变量	内涵	类型	计算方法	数据来源
RCA	显示性比较优势指数	被解释变量	$RCA_{mi}=\frac{X_{mi}/\sum_{i=1}^{n}X_{mi}}{X_{wi}/\sum_{i=1}^{n}X_{wi}}$	WIOD 数据库
FDI	外商直接投资	解释变量	直接查询	《中国外资统计》
Hor	水平技术溢出效应	中介效应变量	外资企业产出/产业总产出	《中国工业经济统计年鉴》
For	前向关联技术溢出效应		$For_{it}=\sum_{k(k\neq i)}^{n}\beta_{ik}Hor_{kt}$	
Back	后向关联技术溢出效应		$Back_{it}=\sum_{j(j\neq i)}^{n}\alpha_{ij}Hor_{jt}$	
KL	资本劳动比	控制变量	固定资产净值/全部从业人员数	《中国工业经济统计年鉴》《中国统计年鉴》《中国科技统计年鉴》
Open	对外贸易开放度		进出口总额/国民生产总值	
HR	人力资本禀赋		科技活动从业人员数/全部从业人员年平均人数	

资料来源：通过变量信息及来源整理。

三、模型结果与分析

本章使用面板数据，选择固定效应模型进行回归分析，由 EViews 9.0 软件运行所构建模型的广义最小二乘回归。面板数据同时涵盖时间与空间信息，从不同维度提供信息，同时囊括时间序列数据与横截面数据，对于减少共线性问题、回避有偏估计、增加自由度效果明显。在对经济变量经济问题的动态分析研究调整过程中，可以根据数量更多、信息更完备的数据，有效识别测算间序列数据或横截面数据无法涵盖或不能识别的效应。由于本章是对我国制造业产业是否通过 FDI 技术溢出效应获取全球价值链产业升级的相关影响进行分析，涉及制造业产业数量较多，同时覆盖低技术密集度产业和高技术密集度产业，行业特点差异较大，因此本章选择使用固定效应模型。中介效应模型可以开展后续分析的第一步，需要对解释变量和被解释变量之间关系进行检验，如显著即通过检验，即可按照中介效应立论并展开后续分析，如不显著即未通过检验，需转为按照遮掩效应立论。为研究 FDI 对我国制造业全球价值链升级的相关影响和作用，检验中加入控制变量，由 EViews 9.0 软件进行解释变量 *FDI* 与被解释变量 *RCA* 指数之间是否影响显著判别，结果见表 5-2。

表 5-2　外商直接投资与我国制造业 GVC 升级关系检验结果

变量	*RCA*		
	公式（5.1）	公式（5.2）	公式（5.3）
FDI	0.00126 *** (9.48)	0.001181 *** (10.32)	0.001765 *** (10.58)
KL	-0.011902 *** (-40.44)	-0.011797 *** (-40.19)	-0.011767 *** (-39.95)
Open		0.035894 *** (8.45)	0.131629 *** (2.65)
HR			0.237191 *** (4.27)
C	1.1728 *** (62.99)	1.029417 *** (42.44)	0.870431 *** (20.88)
R^2	0.927	0.935	0.936
F	800.1148	602.3416	452.3429

注：括号中为各系数对应的 t 值；*、**、*** 分别表示在 10%、5%、1%的水平上显著。

对表 5-2 检验结果分析如下：公式（5.1）、公式（5.2）、公式（5.3）分别对外商直接投资与制造业 GVC 升级之间的关系是否显著予以检验。由表 5-2 实证结果可知，FDI 对我国制造业 RCA 系数为正且基本稳定，同时经值数值转换算得相应值小于 0.01，即在 1%水平上显著。三个公式中的变量都在 1%显著性水平上通过检验且拟合优度 R^2、F 统计量等各项指标比较理想，说明本章模型整体的回归拟合较成功。通过加入控制变量，FDI 影响系数出现波动，由公式（5.1）中 0.126%下降为公式（5.2）中 0.118%后，提高至公式（5.3）中 0.177%。但整体而言，波动较小且总体稳定，平均水平为 0.140%。由外商直接投资对我国制造业显示性比较优势指数总体效应的平均影响系数

0.140%可知，当我国实际利用外资金额每增加 1 亿美元时，就我国制造业 RCA 指数平均而言，会得到 0.140%的提升。

考虑到在具体实践中各制造业行业的自身特点及 RCA 大小，可以判断 FDI 对我国制造业全球价值链整体提升效果并非十分强烈，主要原因可能在于我国制造业整体技术水平与世界先进水平之间差距有所缩小，技术溢出效应减小，且我国制造业相关产业对外资的消化、利用、吸收、再创新的效果、水平需要进一步提升，对外资技术溢出的吸收、获取、转化意识和渠道需进一步完善优化。开放度 *Open*、人力禀赋 *HR* 两个控制变量系数为正且显著，符合模型预期，得到现有大部分文献的判断和理论支持。资本劳动比 *KL* 控制变量系数为负且显著，不符合模型预期，意味着我国的资本劳动比与我国制造业全球价值链升级之间为负向相关关系，其增长不但没有推进我国制造业 GVC 升级，而且相反地起到了一定的阻碍作用。其原因可能在于我国的劳动力要素素质整体不高，尚未形成人力资本，高技能技术工人和人才相对匮乏；我国资本要素的结构仍需要进一步调整优化，需要提升资本要素的使用效率。

由于受数据可得性的限制，无法将 FDI 对制造业各产业的促进作用进行测算，但基于各产业特点及我国相应产业与国际先进技术水准之间技术差异的大小，可判断 FDI 对高技术密集度产业及中高技术密集度产业的提升促进作用较大，对中低技术密集度产业及低技术密集度产业的促进作用较小，整体均值对于高技术密集度产业和中高技术密集度产业而言，估值偏低。

分析得知，流入我国的外商直接投资确实对我国制造业全球价值链升级有正向推动，因此可以对假设 1 的内容予以验证，即 FDI 对中国制造业全球价值链升级有正向的促进作用。

由以上分析可知，模型待估参数 c 显著，即已通过第一步检验，确定选择中介效应立论。现开展第二步检验，对解释变量 *FDI* 和中介效应变量三个细分指标 *Hor*、*For*、*Back* 进行分析，以具体考察外商直接投资对水平溢出、前向关联溢出、后向关联溢出等不同溢出效应的各自影响，经 EViews 9.0 软件运行回归分析得出检验结果，见表 5-3。

表 5-3 外商直接投资中介效应检验结果

	Hor	*For*	*Back*
FDI	0.000496 *** (7.24)	0.000193 *** (5.49)	0.00026 *** (7.91)
HR	0.1232 *** (6.18)	0.039286 *** (3.91)	0.05238 *** (5.65)
C	0.1039 *** (4.97)	-0.002706 (-0.26)	-0.0137 (-1.38)
R^2	0.993	0.981	0.965
F	1771.063	562.1907	340.1834
D. W.	1.68	1.50	1.64

注：括号中为各系数对应的 t 值；*、**、*** 分别表示在 10%、5%、1%的水平上显著。

对表 5-3 检验结果分析如下：公式（5.4）、公式（5.5）、公式（5.6）分别对外商直接投资与水平溢出、前向关联溢出、后向关联溢出三种溢出效应的影响予以检验，由表 5-3 实证结果可以得知，*FDI* 对 *Hor*、*For*、*Back* 拟合优度高，F 值顺利通过显著性检验，说明本章模型整体的回归拟合较成功。而且 *FDI* 对 *Hor*、*For*、*Back* 三种溢出效应的系数都为正且在 1%显著性水平上通过检验，说明我国的外商直接投资对我国制造业技术进步确实存在溢出效应。

但在经营实践中容易发现，市场寻求型 FDI 基于对本土市场的关注和对本地消费者需求满足的重视，有较大动力通过加强与上下游相关企业的合作，以及对相关产业企业的主动扶持和培训投入及相关基础设施的投资，以更好地融入本地市场、更好地在本地开展生产经营活动、更好地满足本土消费者需求，因此其前后向关联技术溢出效应较强；战略资产寻求型 FDI 的自身比较优势主要来自先进的技术，因此具有较大动力强化在东道国的技术研发投入和管理创新，以维护其市场领先地位及其市场份额，所以有较强的水平技术溢出效应。但是，跨国公司在东道国经营时，越发重视对其行业尖端技术和核心知识的保护，对于技术溢出现象采取消极和制止的态度，相关知识产权保护手段和措施也较为丰富，在一定程度上削弱了尖端技术的溢出。资源寻求型 FDI 和效率寻求型 FDI 本身所处的产业技术密集度较低，且其主要目标多为国际市场，对于东道国本土市场并不十分重视，维护其自身比较优势和行业竞争力的主要来源是低廉的成本，因此有较小动力在东道国进行技术研发创新和劳动者技能培训以及相关基础设施建设，所以水平技术溢出效应及前后向关联技术溢出效应都较小，且相关产业在东道国所使用的技术多为已经十分成熟或位于产品生命周期的成熟期，或已经在国际市场被淘汰的技术，因此技术溢出的动力本身不足。

用梯子理论对这一现象进行比较形象的阐述：发达国家处于技术水平梯子的高端上层，牢牢占据和把握相关产业核心科技，而发展中国家处于技术水平梯子的低端下层，努力谋求在技术水平上通过经济发展、产业转型升级、技术发展、创新能力培养等手段追赶并超越位于技术水平梯子上层的发达国家。发达国家为维护自身优势地位避免被发展中国家超越，便在发展中国家攀登梯子的过程中，通过专利技术知识产权保护等手段把梯子的蹬板破坏掉，阻断发展中国家上升的路径。可以看到的是，发达国家 FDI 在东道国进行经营生产过程中，有意识地主动采取知识产权保护策略和专利丛林策略，因此技术溢出效应受到一定的影响和限制有其事实原因。

但是不可否认的是，FDI 技术溢出效应虽然比东道国期望的相对较小，尤其位于相关产业 GVC 高端拥有核心技术的外资企业，通过主动控制技术溢出在很大程度上削弱了 FDI 的技术溢出效应，但是其存在却是客观事实，并不因为低于预期而彻底否认或放弃利用这种重要且成本相对较低、吸收利用转化周期相对较短的技术溢出和制造业转型升级方式。同时，人力禀赋 *HR* 系数为正且显著，意味着 FDI 技术溢出效应可以通过优化东道国人力禀赋的形式得以彰显。

在生产实践中，这种关系比较容易理解，东道国的劳动力是实际参与到生产经营活动中的重要因素，其技术水平和素质的提高在一定程度上说明了东道国技术水平的进步，因此提升东道国人力禀赋对于 FDI 先进技术的吸收能力有着十分显著的促进。当这些在拥有先进技术的外资公司工作并掌握了一定核心技术的人力资本流动到内资企业时，便有较强的技术溢出效应。同时，素质较高的专业技术人才对于东道国内资企业更好地发挥干中学效应、有效降低组织成本、推动专业技术培训和技术研发创新有极大帮助，对于先进技术的消化吸收、落实再创新，完成技术和实际产品及真实收益之间的跨越有极大帮助。基于上述分析，可以对假设 2 的内容予以验证，即 FDI 技术溢出对于中国制造业技术进步存在溢出效应。

完成第一步、第二步检验并通过后，现开展第三步检验，同时将 FDI、水平及前后向关联技术溢出效应面向制造业产业显示性比较优势指数 RCA 进行联合回归，经 EViews 9.0 软件运行回归分析得出检验结果，见表 5-4。

表 5-4　外商直接投资技术溢出效应与我国制造业 GVC 升级关系检验结果

FDI	*Hor*	*For*	*Back*
0.000243 (0.02)	−0.832*** (−3.71)	8.03*** (6.93)	−5.64*** (−11.38)
KL	*open*	*HR*	*C*
0.00524*** (0.49)	0.2805 (0.84)	0.172 (0.48)	0.683** (2.59)

注：括号中为各系数对应的 t 值；*、**、*** 分别表示在 10%、5%、1%的水平上显著。

对表 5-4 检验结果分析如下：检验结果说明在 FDI、水平及前后向关联技术溢出效应对制造业产业显示性比较优势指数 RCA 联合回归中，水平技术溢出效应和后向关联溢出效应在 1%水平上通过显著性检验，前向关联技术溢出效应在 10%水平上通过显著性检验，而 FDI 并不显著，即在本章构建中介效应模型中 FDI 的直接效应并不显著，只存在中介效应。其中，水平技术溢出效应与后向关联技术溢出效应对制造业显示性比较优势指数 RCA 的影响系数为负，即水平技术溢出效应与后向关联技术溢出效应在当前的市场环境中，对相关产业存在一定的抑制性和挤出性，说明当前制造业相关产业的技术溢出传导机制效率较低，甚至抑制技术进步，市场机制需要进一步完善优化。

而对我国制造业全球价值链产业升级起到直接推动作用的，则是由 FDI 对我国制造业企业产生的前向关联技术溢出效应实现的。在经营实践中，我国当前的制造业产业市场机制及相关政策制度还需进一步完善。我国当前的制造业现状比较有利于市场寻求型 FDI 及资源寻求型 FDI，这两类进口替代型 FDI 在我国通过前向关联技术溢出推动我国制造业全球价值链升级。因此，我国在相关政策制定及对 FDI 的引进过程中，应有所侧重。首先，我国市场机制及开放程度应进一步加深，以促进资源的有效配置，降低资源的空间、行业流动障碍，完善我国一体化市场。其次，给市场寻求型 FDI 和资源寻求型 FDI 提供更有利的经营环境和市场空间，有效吸引相关类型 FDI 的流入，帮助其实现在我国的生产布局和落地经营，以有效促进我国制造业通过 FDI 技术溢出效应实现全球价值链的地位攀升，实现升级目标。

水平技术溢出效应的具体实现路径为，通过外资企业在东道国的生产经营活动产生示范效应，由东道国本土企业通过学习作用进行消化吸收及扩散，实现对相关产业整体技术水平的提升。目前，我国相关企业的学习意识和学习能力还需要进一步提高，相关外资企业为维护自身比较优势十分重视对水平技术溢出效应产生的防范，甚至在我国为招募到足够数量的能满足其较高生产要求及技术水准的高质量劳动力，为本就相对稀缺的高素质人才提供十分有吸引力的工资待遇、工作环境、社会地位、福利保障等，造成我国内资企业人才相对缺乏现象，并进一步阻碍了相关产业的发展，因此这种技术溢出渠道作用并不显著，甚至有负向抑制作用。

后向关联技术溢出效应的具体实现路径为，通过外资企业在东道国的生产经营活动过程，对其上游相关内资企业及生产商在为外资企业提供中间产品的生产过程中提供技术指导或培训。目前，在我国经营的资源寻求型 FDI 及效率寻求型 FDI 为满足国际市场消费者需要，对中间产品的质量要求和技术标准较高，但由于相关外资企业并无在我国进一步融入市场的需求和动力，为了更高效率地获取我国的廉价资源、原材料和劳动力，它们往往选择直接进口符合相关标准及要求的零部件，因此后向关联技术溢出效应十分有限，甚至由于相关外资企业对中间品的进口而挤压了我国制造业产业同类产品的生产及出口，所以产生负向挤压作用。

前向关联技术溢出效应的具体实现路径为，外资企业在东道国的生产经营过程中产出的产品或中间品、半成品作为生产组件，由其相关下游内资企业运用于进一步的加工生产中，由此实现相关东道国内资企业产品的技术含量和产品质量的提升。这种形式的技术溢出效应存在其实际可操作性，相关内资企业通过与 FDI 外资企业直接且密切的生产经营合作及沟通，对外资企业的先进技术和产品有十分直观的接触和了解，有利于其产品中蕴含的先进技术被内资企业了解、效仿、掌握、转化再创造，这种技术溢出效应的实现方式与前两种的最重要区别在于其主动性，而前两种技术溢出效应的本质都为被动的技术溢出，其被动属性确定了该技术溢出效应的效果并不理想，程度无法掌控。具有主动属性的前向关联技术溢出效应对相关产业内资企业的技术提升意识有严格要求，在相关产业中无法实现主动有效地获取技术溢出效应，或无法有效提升自身技术水平的企业要想在激烈的市场竞争中立足甚难；对相关产业的主动获取技术溢出效应，或自发进行研发投入以获取技术创新和技术进步有极大的推动作用；对产业的技术发展可形成积极的良性循环。因此，这类技术溢出效应的效果较为理想，在一定程度上可以有效地主动追求和控制。所以可知，我国制造业全球价值链升级过程中，积极地追求技术进步，自发寻求研发能力的提升和竞争实力的增加，主动获取技术溢出效应，更大程度发挥前向关联技术溢出效应对我国制造业全球价值链升级的促进作用，其影响是实质且长远的。只有主动地学习和进步，才能真正实现制造业全球价值链升级的目标。基于上述分析，可以对假设 3 的内容予以验证，即 FDI 通过技术溢出效应（具体为前向关联技术溢出效应）对中国制造业全球价值链地位能够起到提升作用。

第三节 本章小结

本章采用制造业行业面板数据，展开对我国外商直接投资的技术溢出效应和对制造业显示性比较优势指数 RCA 的关系检验。为实现研究目标构建了中介效应模型，模型研究结果符合预期，对极个别不符合预期的变量影响进行了解释。研究发现，外商直接投资对我国制造业全球价值链升级的推动作用是肯定的，并且这种作用是通过技术溢出效应这一中介效应发挥影响的。因此，我国对待外资的积极态度应该得到肯定，外资工作的开展也应得到更大力度的支持，我国外资工作中以市场换技术的战略思路是有成效的。但在经营实践过程中，受限于我国制造业企业的自身发展意识和劳动力素质水平，以及外资企业有意识地控制和限制技术溢出，在双重作用下使 FDI 对我国制造业的技术溢出程度低于预期程度，这种现象应该引起我们的反思。在未来的外资工作中，应就 FDI 技术溢出效应较弱的问题提出有针对性的解决方案和工作思路。对于外资的类型和外资的质量需要进一步关注，在吸引外资的过程中应有意识地向市场寻求型 FDI、战略资产寻求型 FDI 倾斜，对资源寻求型 FDI 和效率寻求型 FDI 应有意识地予以调整，对我国的 FDI 结构和质量都要进一步调整。同时，应进一步完善我国的市场制度，积极推进我国统一的大市场的形成，以对相关 FDI 形成有效吸引力和竞争力，引导 FDI 主动调整。对于我国制造业企业要积极引导，对先进技术形成的比较优势和竞争力要有深刻认识，积极主动地获取技术溢出效应以实现技术升级，才是中国制造业企业实现全球价值链升级的真正成功之路。

第六章　FDI 推动制造业升级的福利分析

外商直接投资对于一国经济发展的作用巨大，学者和政策制定者对 FDI 的巨大潜力十分看重，将其视为可通过政策制定推动经济繁荣的主要驱动力。基于此逻辑，推动贸易投资的自由化、便利化于近年来备受推崇，如在自贸协议政策方面，欧盟分析家希望通过签订“跨大西洋贸易与投资伙伴协议”（31 号）（Transatlantic Trade and Investment Partnership，TTIP）借以“放开欧盟与美国之间的贸易和投资”，从而“必将带来更多的就业机会和增长”。FDI 在其中扮演着重要角色，越来越多的国家十分重视吸引招募来自全球的商业投资。尤其需要注意的是，当前国际上很多政策制定和自贸协议都对传统实物资本形式转移以外的 FDI，即技术、知识、品牌、专利等无形资产形式转移的 FDI 格外关注。这是由于 FDI 对东道国的部门产出、就业、资本回报等影响有明显的局部均衡的作用，但是当前的研究相对缺乏 FDI 对东道国相关产业及整体经济的知识转移及产业转型升级的结构性证据。基于本书第四章、第五章对 FDI 对制造业技术溢出效应及对我国制造业 GVC 升级的推动作用的分析，本章试图更进一步对 FDI 推动制造业转型升级的福利效果进行分析。试图通过反事实模拟国际贸易和投资基于多国的动态一般均衡模型，通过比较一国在存在和不存在 FDI 两种情况下贸易和福利的变化情况，证明 FDI 对于一国产业结构升级的推动与国家整体福利提升的重要性。

第一节 模型设定

模型追踪了国际贸易、实物资本积累形式的国内投资和技术资本形式的FDI之间的关系。在贸易方面，在 Arkolakis 等（2012）构建的定量一般均衡贸易模型的基础上，为解释本章试图说明的 FDI 对生产要素的供给进行了改进，尤其是非竞争性技术资本形式的 FDI 对一国产业结构升级及国家整体福利提升的影响，故设定模型中的生产要素为非竞争性技术资本形式的 FDI、劳动及国内有形物质资本。在此设定下，各国可以在所有潜在东道国使用其技术资本，同时本国也可以使用来自所有潜在母国的技术资本。

模型采用直观结构性 FDI 引力系统，与当前国际贸易文献研究中的传统引力系统类似。第一，FDI 存量的价值与母国的支出规模成正比，并因此得知母国的支出规模与技术资本的边际产品价值成正比。第二，双边 FDI 存量的价值与东道国的支出规模成正比，因此东道国的名义产出与对 FDI 的回报成正比。第三，FDI 存量的价值与 FDI 壁垒成反比。第四，双边 FDI 存量的价值通过一国资本多边流入阻力（Inward Multilateral Resistance，IMR）与贸易直接相关，即母国较高的 IMR 会导致较少的 FDI，也由此可知更高的 IMR 意味着投资技术资本的直接成本和机会成本更高。国际贸易与投资的现有研究成果尚未明确表明贸易与 FDI 之间的关系，因此本模型中国际贸易与 FDI 之间的结构性相互依赖是在此基础上的进步。第五，FDI 存量的价值与其母国技术资本的数量成反比，反映了技术资本的边际投资收益递减规律。

外商直接投资的自由化增加了 FDI，对国际贸易、母国及东道国的收入和支出都产生了一定影响。双边 FDI 的增加直接导致自由化国家收入和支出的增加。较高的支出会导致技术资本的更多积累，两国之间的 FDI 自由化也将对第三国的产出和支出产生积极的溢出效应。通过对产出和支出的影响，FDI 的增加也将转化为贸易流量的增加。FDI 的变化将通过产出和支出对多边抵制造成的影响而间接影响贸易。由于多边抵制是一般均衡指数，即任何两个国家之间的贸易自由化都会对模型中任何其他国家的消费者和生产者价格施加影响，从而将 FDI 的变化在全世界传播。反事实比较静态模型稳态的结果表明，FDI 的净出口在一定程度上替代了出口贸易。这一结果在直观上可以运用模型的模块化结构进行解释。在收入保持不变的局部均衡分析中，FDI 净流入国为其对外国技术的平衡使用给予了支付，以此消除 FDI 顺差，将支出提高到收入水平。由于母国产品消费的收入份额上升，因此出口必须下降，FDI 的净流出国失去了外国用户的净支付来消除 FDI 逆差，将支出降低到不变的收入水平。由于母国产品消费的收入份额下降，因此出口必须增加，一般均衡模型促使绝对值为净 FDI 头寸的国家修正其局部均衡。FDI 的净流出国中来自 FDI 的收入减少，归因于技术资本出口减少带来的累计损失；FDI 的净流入国的收入增加，由于本国技术资本相对缺乏，因此来自外国的技术资本累计促进了其技术进步。这种作用力会减弱部分技术溢出效应，但不能使其消除。

在模型中设定影响 FDI 的两个渠道是国际贸易和贸易自由化。首先，贸易成本的变化会导致支出的变化，从而改变 FDI 的边际产品价值，进而直接作用于对技术资本的投资。其次，贸易自由化会对国际市场价格产生影响，进而作用于国际贸易和 FDI，即 FDI 与母国消费品和投资品价格呈负相关关系，因为这是技术资本投资的直接成本和机会成本的一部分。如果贸易自由化导致支出增加并降低了消费和投资品价格，则模型预测较低的贸易成本将刺激自由化国家的技术资本积累。最后，由于模型设定 FDI 的技术资本为非竞争性的，所以自由化国家技术资本存量的增加，将对其他国家产生积极的溢出效应。为通过设定 FDI 新范式下的重要性的经验检验，模型通过反事实实验设定一个没有 FDI 的假设世界。经过分析得出以下三个结论：第一，FDI 是现代世界经济体系的重要组成部分。对于估计显示平均而言，2016 年 FDI 带来的收益对世界福利的贡献约 9%，对世界贸易的贡献约 11%。第二，不同国家 FDI 的影响差距巨大，虽然大部分国家可以从 FDI 中受益，但少数国家因 FDI 而遭受损失。第三，FDI 影响差异的巨大幅度与其广泛的非均衡性相结合，说明 FDI 对跨国收入不平等变化的影响。例如，FDI 使一些最贫穷经济体的实际国内生产总值和福利显著增加。因此，对于区域经济平衡发展的决定因素应深入了解，将有助于区域政策有效性的提升。

第二节　理论基础

构建国际贸易、国内物质资本积累和竞争性技术资本 FDI 的动态模型。世界由 N 个国家组成，每个国家都生产一种可交易商品，并按原产地区分。每个国家都从所有来源渠道购买商品，这些商品被用于最终消费或者通过 FDI 以技术转让许可，对其他国家进行实物和非竞争技术资本的国内投资，相当于导致跨境支付进行技术使用。为更清晰表明影响路径，将实物资本形式生产资料从 FDI 中抽象出来。

一、变量选取

（一）生产

国家 j 在时间 t 的名义产出 $Y_{j,t}$ 是按照不变规模报酬生产（Constant Returns to Scale，CRS）的 Cobb-Douglas 生产函数：

$$Y_{j,t} = p_{j,t}A_{j,t}(L_{j,t}^{1-\alpha}K_{j,t}^{\alpha})^{1-\phi}M_{j,t}^{\phi},\ \alpha,\ \phi \in (0,\ 1) \tag{6.1}$$

其中，$P_{j,t}$ 表示商品 j 在时间 t 的工厂门价。在时间 t 国家 j 的生产依赖于当地技术 $A_{j,t}$，在当地应用的全球技术库存 $M_{j,t}$，以及在一定时期内不发生变动的国家资源，包括劳动力禀赋 $L_{j,t}$ 和实物资本存量 $K_{j,t}$。

技术资本是非竞争性的，即国家 i 可以在国内或任何其他国家使用其技术资本 $M_{i,t}$。这里的非竞争性技术资本包括专利、设计蓝图、管理技巧、实践技能等。生产函数（6.1）中正式应用的全球技术资本定义为

$$M_{j,t} \equiv \left(\prod_{i=1}^{N}(\max\{1,\ \omega_{ij,t}M_{i,t}\})^{\eta i}\right) \tag{6.2}$$

包括国内技术资本 $M_{j,t}$ 和非竞争性技术转移的 FDI：

$$FDI_{ij,t} \equiv \omega_{ij,t} M_{it} \tag{6.3}$$

其中，$M_{j,t}$ 是国家 i 在时间 t 的技术资本存量；$\omega_{ij,t}$ 是衡量国家 i 在时间 t 对国家 j 技术的开放程度，涵盖国家 i 与国家 j 之间所有可能的双边 FDI 摩擦。如果 $\omega_{ij,t}=0$，则在时间 t 国家 i 内不能使用来自国家 j 的技术。如果 $\omega_{ij,t}>0$，则在时间 t 来自国家 i 的每一单位技术都可以在国家 i 使用，并且由 $\sum_{i=1}^{N}\eta_i=1$ 可知规模报酬不变。在 max-函数中引入 FDI 作为国家生产要素组成部分，实现了所有国家都可以免费获得一些世界知识的技术资本并将其标准化的观念。世界知识的存量在 max-函数的第二个参数中被规范化。max-函数的技术优势在于确保在数据定期观察中能够捕获国家之间双边 FDI 的零流量，这有助于解释 FDI 摩擦成本。每个国家的物质资本根据标准线性过渡函数累计：

$$K_{j,t+1}=(1-\delta_K)K_{j,t}+\Omega_{j,t} \tag{6.4}$$

其中，δ_K 为物质资本调整成本；$\Omega_{j,t}$ 表示国家 j 在时间 t 的实物资本投资总流量；$I_{ij,t}^{K}$ 为 CES 函数中包括国家 j 在内的世界所有可能国家在时间 t 投资商品的聚合 。

$$\Omega_{j,t}=\left(\sum_{i=1}^{N}\gamma_i^{\frac{1-\sigma}{\sigma}}(I_{ij,t}^{K})^{\frac{\sigma-1}{\sigma}}\right)^{\frac{\sigma}{\sigma-1}} \tag{6.5}$$

其中，γ_i 为一个正态分布参数；$\sigma>1$ 为来自不同国家产品的替代弹性。每个国家的技术资本积累是与物质资本类似的线性过渡函数：

$$M_{j,t+1}=(1-\delta_M)M_{j,t}+\chi_{j,t} \tag{6.6}$$

其中，δ_M 为技术资本调整成本；$\chi_{j,t}$ 表示 CES 函数中包括国家 j 在内的世界所有可能国家在时间 t 技术资本投资流量 $I_{ij,t}^{M}$ 的聚合 ：

$$\chi_{j,t}=\left(\sum_{i=1}^{N}\gamma_i^{\frac{1-\sigma}{\sigma}}(I_{ij,t}^{M})^{\frac{\sigma-1}{\sigma}}\right)^{\frac{\sigma}{\sigma-1}} \tag{6.7}$$

为了便于分析，使用公式（6.1）中的名义输出来定义获得国内技术资本的边际产量价值和 $M_{j,t}$ 的外国边际产品价值：

$$\frac{\partial Y_{j,t}}{\partial M_{j,t}}=\begin{cases}\dfrac{\phi\eta_j Y_{j,t}}{M_{j,t}} & if \quad \omega_{jj,t}M_{j,t}>1\\[2ex] 0 & if \quad \omega_{jj,t}M_{j,t}\leqslant 1\end{cases} \tag{6.8}$$

$$\frac{\partial Y_{i,t}}{\partial M_{j,t}} = \begin{cases} \frac{\phi \eta_j Y_{i,t}}{M_{j,t}} & if \quad \omega_{ji,t} M_{j,t} > 1 \\ 0 & if \quad \omega_{ji,t} M_{j,t} \leq 1 \end{cases} \tag{6.9}$$

（二）消费

假设各国之间消费者偏好相同，由对数效用函数进行表示，主观折扣因子$\beta < 1$：

$$U_{j,t} = \sum_{t=0}^{\infty} \beta^t \ln(C_{j,t}) \tag{6.10}$$

其中，$C_{ij,t}$为来自世界包括国家j在内的所有可能国家的外国商品；$C_{j,t}$为包含国内商品的总消费，受制于：

$$C_{j,t} = \left(\sum_{i=1}^{N} \gamma_i^{\frac{1-\sigma}{\sigma}} (C_{ij,t}^{\gamma_i})^{\frac{\sigma-1}{\sigma}} \right)^{\frac{\sigma}{\sigma-1}} \tag{6.11}$$

假设消费和投资均为同一世界所有商品品种的 CES 聚合，则可以使分析更加方便。允许消费品和投资品之间与之内因偏好或价格的异质性而为贸易、FDI 和国内投资之间的相互作用开辟更多渠道。受限于本书的研究重点，对需引入额外部门维度的处理不再做深入分析。

（三）代理问题

每个国家的代表人员都进行工作、投资和消费。在每个时间点，国家j的消费者选择总消费$C_{j,t}$，总投资由物质资本$\Omega_{j,t}$和技术资本$\chi_{j,t}$在一系列约束条件下，最大化生命周期效用的贴现值。为了方便起见，定义以下一组约束：

$$\max_{\{C_{j,t},\ \Omega_{j,t},\ \chi_{j,t}\}} \sum_{t=0}^{\infty} \beta^t ln(C_{j,t}) \tag{6.12}$$

$$K_{j,t+1} = (1 - \delta_K) K_{j,t} + \Omega_{j,t} \quad for\ all \quad t \tag{6.13}$$

$$(1 - \delta_K) K_{j,t} + \Omega_{j,t} \quad for\ all \quad t \tag{6.14}$$

$$Y_{j,t} = p_{j,t} A_{j,t} (L_{j,t}^{1-\alpha} K_{j,t}^{\alpha})^{1-\phi} \left(\prod_{i=1}^{N} (\max\{1,\ \omega_{ij,t} M_{i,t}\})^{\eta_i} \right)^{\phi} \quad for\ all \quad t \tag{6.15}$$

$$E_{j,t} = P_{j,t}C_{j,t} + P_{j,t}\Omega_{j,t} + P_{j,t}\chi_{j,t} \quad for\ all \quad t \tag{6.16}$$

$$E_{j,t} = Y_{j,t} + \phi\eta_j \sum_{i \in \mathbb{N}_{ji,t}} Y_{i,t} - \phi Y_{j,t} \sum_{i \in \mathbb{N}_{ji,t}} \eta_i \quad for\ all \quad t \tag{6.17}$$

$$K_{j,0} = \overline{K_{j,0}},\ M_{j,0} = \overline{M_{j,0}} \tag{6.18}$$

其中，$\overline{K_{j,0}}$，$\overline{M_{j,0}}$ 为给定条件，即为常数。

公式（6.12）是代表性代理人的跨期效用函数。公式（6.13）、公式（6.14）和公式（6.15）分别定义了实物资本存量的运动定律，技术资本存量的运动定律和生产价值。公式（6.16）给出国家 j 在时间 t 的总支出，$E_{j,t}$ 为消费支出 $P_{j,t}C_{j,t}$ 实物资本投资支出 $P_{j,t}\Omega_{j,t}$ 和技术资本投资支出 $P_{j,t}\chi_{j,t}$ 的总和。公式（6.17）将可支配收入定义为总名义产出 $Y_{j,t}$ 加由公式(6.8) 定义的外国投资的租金 $\phi\eta_j \sum_{i \in \mathbb{N}_{ji,t}} Y_{i,t} = \sum_{i \in \mathbb{N}_{ji,t}} M_{j,t} \times \frac{\partial Y_{i,t}}{\partial M_{j,t}}$，减去由公式(6.8) 定义的对外国投资支付的租金 $\phi Y_{j,t} \sum_{i \in \mathbb{N}_{ji,t}} \eta_i = \sum_{i \in \mathbb{N}_{ji,t}} M_{i,t} \times \frac{\partial Y_{j,t}}{\partial M_{i,t}}$。

二、国际贸易与 FDI 模型

解决代理人的问题提供了一个描述国际贸易、国内投资和 FDI 之间关系的结构体系。分两步解决代理的优化问题：首先，通过给定聚合变量 $C_{ij,t}$、$I^K_{ij,t}$、$I^M_{ij,t}$ 解决其最优需求，并将该阶段标记为“较低级别”（Anderson 等，2015）；其次，解决 $C_{j,t}$、$\Omega_{j,t}$、$\chi_{j,t}$ 的动态最优化问题，并将该阶段标记为“较高级别”。

（一）“较低级别”均衡

$p_{ij,t} = p_{i,t}t_{ij,t}$。设表示国家 i 产品对国家 j 消费者的交付价格 $t_{ij,t}$ 在时间 t 从国家 i 到国家 j 货物的可变双边贸易成本因子。设 $X_{ij,t} = p_{ij,t}(c_{ij,t} + I^K_{ij,t} + I^M_{ij,t})$ 为国家 j 在时间 t 用于国家 i 产品的名义总支出。解决代表性代理人对公式（6.5）、公式（6.7）和公式（6.11）的最优化问题，在服从公式（6.16）

的条件下考虑给出所有 j 的 $C_{j,t}$、$\Omega_{j,t}$ 和 $\chi_{j,t}$，给出结构系统（Anderson 和 van Wincoop，2003）。引入 FDI 意味着 $Y_{i,t} \neq E_{i,t}$，同时也意味着在框架内贸易和价格对 FDI 的变化做出内生反应。在模型求解“较高级别”均衡时需明确这一点。

$$X_{ij,t} = \frac{Y_{i,t}E_{j,t}}{Y_t}\left(\frac{t_{ij,t}}{\Pi_{i,t}P_{j,t}}\right)^{1-\sigma} \tag{6.19}$$

$$P_{j,t}^{1-\sigma} = \sum_{i=1}^{N}\left(\frac{t_{ij,t}}{\Pi_{i,t}}\right)^{1-\sigma}\frac{Y_{i,t}}{Y_t} \tag{6.20}$$

$$\Pi_{i,t}^{1-\sigma} = \sum_{j=1}^{N}\left(\frac{t_{ij,t}}{P_{j,t}}\right)^{1-\sigma}\frac{E_{j,t}}{Y_t} \tag{6.21}$$

（二）“较高级别”均衡

在本贸易模型中，国内物质资本积累与 FDI 不具备分析解决物质资本和非竞争性技术资本转型的功能和方案。因此在进行稳态分析时，可以聚焦框架中的关键结构关系与运行机制展开清晰的讨论。

首先重新说明生产函数：

$$Y_{j,t} = p_{j,t}A_{j,t}(L_{j,t}^{1-\alpha}K_{j,t}^{\alpha})^{1-\phi}\left(\prod_{i=1}^{N}(\max\{1,\ \omega_{ij,t}M_{i,t}\})^{\eta i}\right)^{\phi},\ \alpha,\ \phi \in (0,\ 1) \tag{6.22}$$

可以表示为

$$\max\{1,\ \omega_{ij,t}M_{i,t}\} = (1 + \omega_{ij,t}M_{i,t} + |1 - \omega_{ij,t}M_{i,t}|)/2 =$$

$$\left(1 + \omega_{ij,t}M_{i,t} + [(1 - \omega_{ij,t}M_{i,t})^2]^{\frac{1}{2}}\right)/2$$

关于 $M_{i,t}$ 的导数 $\max\{1,\ \omega_{ij,t}M_{i,t}\}$ 由下式给出：

$$\left(\omega_{ij,t} - \frac{(1 - \omega_{ij,t}M_{i,t})}{[(1 - \omega_{ij,t}M_{i,t})^2]^{\frac{1}{2}}}\omega_{ij,t}\right)/2 = \left(1 - \frac{(1 - \omega_{ij,t}M_{i,t})}{|1 - \omega_{ij,t}M_{i,t}|}\right)\omega_{ij,t}/2 \tag{6.23}$$

基于名义产出的定义，国内技术资本边际产量的价值由下式给出：

$$\frac{\partial Y_{j,t}}{\partial M_{j,t}}=\frac{\phi\eta_j Y_{j,t}}{\max\{1,\ \omega_{ij,t}M_{i,t}\}}\left(1-\frac{(1-\omega_{ij,t}M_{i,t})}{|1-\omega_{ij,t}M_{i,t}|}\right)\omega_{ij,t}/2 \qquad (6.24)$$

$M_{j,t}$ 的边际产品价值：

$$\frac{\partial Y_{i,t}}{\partial M_{j,t}}=\frac{\phi\eta_j Y_{i,t}}{\max\{1,\ \omega_{ji,t}M_{j,t}\}}\left(1-\frac{(1-\omega_{ji,t}M_{j,t})}{|1-\omega_{ji,t}M_{j,t}|}\right)\omega_{ji,t}/2 \qquad (6.25)$$

或者将这两个条件写为

$$\frac{\partial Y_{j,t}}{\partial M_{j,t}}=\begin{cases}\dfrac{\phi\eta_j Y_{j,t}}{M_{j,t}}\ if\quad \omega_{jj,t}M_{j,t}>1\\ 0\qquad if\quad \omega_{jj,t}M_{j,t}\leqslant 1\end{cases}$$

$$\frac{\partial Y_{i,t}}{\partial M_{i,t}}=\begin{cases}\dfrac{\phi\eta_j Y_{i,t}}{M_{j,t}}\ if\quad \omega_{ji,t}M_{j,t}>1\\ 0\qquad if\quad \omega_{ji,t}M_{j,t}\leqslant 1\end{cases}$$

基于以上边际产品价值的表达式，可支配收入可以表示为

$$E_{j,t}=Y_{j,t}+\phi\eta_j M_{j,t}\sum_{i\neq j}\frac{Y_{i,t}}{\max\{1,\ \omega_{ji,t}M_{j,t}\}}\left(1-\frac{(1-\omega_{ji,t}M_{j,t})}{|1-\omega_{ji,t}M_{j,t}|}\right)\omega_{ji,t}/2-$$
$$\phi Y_{j,t}\sum_{i\neq j}\frac{\eta_i M_{i,t}}{\max\{1,\ \omega_{ij,t}M_{i,t}\}}\left(1-\frac{(1-\omega_{ij,t}M_{i,t})}{|1-\omega_{ij,t}M_{i,t}|}\right)\omega_{ij,t}/2$$

(6.26)

用总名义产出 $Y_{j,t}$ 描述支出，加上外国投资的租金 $\sum_{i\neq j}M_{j,t}\times\frac{\partial Y_{i,t}}{\partial M_{j,t}}$，减去外国投资产生的租金 $\sum_{i\neq j}M_{i,t}\times\frac{\partial Y_{j,t}}{\partial M_{i,t}}$，这是名义产出的一部分。进一步重写得到：

$$E_{j,t}=Y_{j,t}+\phi\eta_j\sum_{\substack{i\neq j\\ \omega_{ji,t}M_{j,t}>1}}Y_{i,t}-\phi Y_{j,t}\sum_{\substack{i\neq j\\ \omega_{ji,t}M_{j,t}>1}}\eta_i \qquad (6.27)$$

接下来，推导动态问题的解决方案，随后对系统稳态进行陈述。

假设一个对数跨期效用函数：

$$U_{j,t}=\sum_{t=0}^{\infty}\beta^{t}\ln(C_{j,t}) \tag{6.28}$$

将公式（6.16）给出的预算约束与公式（6.27）给出的支出函数相结合：

$$P_{j,t}C_{j,t}+P_{j,t}\Omega_{j,t}+P_{j,t}\chi_{j,t}=Y_{j,t}+\varphi\eta_{j}\sum_{\substack{i\neq j\\ \omega_{ji,t}M_{j,t}>1}}Y_{i,t}-\phi Y_{j,t}\sum_{\substack{i\neq j\\ \omega_{ji,t}M_{j,t}>1}}\eta_{i} \tag{6.29}$$

进一步用公式（6.22）中规定的生产函数代替 $Y_{j,t}$ 可得

$$P_{j,t}C_{j,t}+P_{j,t}\Omega_{j,t}+P_{j,t}\chi_{j,t}=$$

$$\left(1-\phi\sum_{\substack{i\neq j\\ w_{ij,t}M_{i,t}>1}}\eta_{i}\right)p_{j,t}A_{j,t}(L_{j,t}^{1-\alpha}K_{j,t}^{\alpha})^{1-\phi}\left(\prod_{i=1}^{N}(max\{1,\omega_{ji,t}M_{j,t}\})^{\eta_{i}}\right)^{\phi}$$

$$+\phi\eta_{j}\sum_{\substack{i\neq j\\ \omega_{ji,t}M_{j,t}>1}}p_{i,t}A_{i,t}(L_{i,t}^{1-\alpha}K_{i,t}^{\alpha})^{1-\phi}\left(\prod_{k=1}^{N}(\max\{1,\omega_{ki,t}M_{k,t}\})^{\eta_{k}}\right)^{\phi} \tag{6.30}$$

为了进一步简化，最终得到只有一个约束，将 $\Omega_{j,t}$ 和 $\chi_{j,t}$ 用下式替换后使用：

$$\Omega_{j,t}=K_{j,t+1}-(1-\delta_{K})K_{j,t}$$

$$\chi_{j,t}=M_{j,t+1}-(1-\delta_{M})M_{j,t}$$

得以下预算约束：

$$P_{j,t}C_{j,t}+P_{j,t}\left(K_{j,t+1}-(1-\delta_{K})K_{j,t}\right)+P_{j,t}\left(M_{j,t+1}-(1-\delta_{M})M_{j,t}\right)=$$

$$\left(1-\phi\sum_{\substack{i\neq j\\ w_{ij,t}M_{i,t}>1}}\eta_{i}\right)p_{j,t}A_{j,t}(L_{j,t}^{1-\alpha}K_{j,t}^{\alpha})^{1-\phi}\left(\prod_{i=1}^{N}(\max\{1,\omega_{ji,t}M_{j,t}\})^{\eta_{i}}\right)^{\phi}+$$

$$\phi\eta_{j}\sum_{\substack{i\neq j\\ \omega_{ji,t}M_{j,t}>1}}p_{i,t}A_{i,t}(L_{i,t}^{1-\alpha}K_{i,t}^{\alpha})^{1-\phi}\left(\prod_{k=1}^{N}(\max\{1,\omega_{ki,t}M_{k,t}\})^{\eta_{k}}\right)^{\phi} \tag{6.31}$$

对应的拉格朗日表达式是：

$$\zeta_{j}=\sum_{t=0}^{\infty}\beta^{t}\Big\{\ln(C_{j,t})+\lambda_{j,t}[p_{j,t}A_{j,t}(L_{j,t}{}^{1-\alpha}K_{j,t}{}^{\alpha})^{1-\phi}\left(\sum_{i=1}^{N}\omega_{i,t}M_{i,t}\right)^{\phi}\times$$

$$\left(1-\frac{\phi}{\sum_{k=1}^{N}\omega_{ki,t}M_{k,t}}\sum_{i\neq j}\omega_{ij,t}M_{i,t}\right)+$$

$$\phi M_{j,t}\sum_{i\neq j}\left(\frac{\omega_{ji,t}p_{i,t}A_{i,t}\left(L_{i,t}{}^{1-\alpha}K_{i,t}{}^{\alpha}\right)^{1-\phi}\left(\sum_{i=1}^{N}\omega_{ij,t}M_{i,t}\right)^{\phi}}{\sum_{k=1}^{N}\omega_{ki,t}M_{k,t}}\right)-P_{j,t}C_{j,t}-$$

$$P_{j,t}\left(K_{j,t+1}-(1-\delta_K)K_{j,t}\right)-P_{j,t}\left(M_{j,t+1}-(1-\delta_M)M_{j,t}\right)]\Big\} \tag{6.32}$$

获取 $C_{j,t}$、$K_{j,t+1}$、$M_{j,t+1}$ 和 $\lambda_{j,t}$ 的导数，获得以下一组条件：

$$\frac{\partial\mathcal{L}_j}{\partial C_{j,t}}=\frac{\beta^t}{C_{j,t}}-\beta^t\lambda_{j,t}P_{j,t}\overset{!}{=}0\quad for\quad all\quad j\quad and\quad t \tag{6.33}$$

$$\frac{\partial\mathcal{L}_j}{\partial K_{j,t+1}}=\beta^{t+1}\lambda_{j,t+1}\left(1-\phi\sum_{\substack{i\neq j\\ \omega_{ij,t}M_{i,t}>1}}\eta_i\right)(1-\varphi)\,a\,\frac{Y_{j,t+1}}{K_{j,t+1}}-\beta^t\lambda_{j,t}P_{j,t}+$$

$$\beta^{t+1}\lambda_{j,t+1}P_{j,t+1}(1-\delta_k)\overset{!}{=}0\quad for\quad all\quad j\quad and\quad t \tag{6.34}$$

$$\frac{\partial\mathcal{L}_j}{\partial M_{j,t+1}}=\beta^{t+1}\lambda_{j,t+1}\left(1-\phi\sum_{\substack{i\neq j\\ \omega_{ij,t}M_{i,t}>1}}\eta_i\right)\frac{\phi\eta_jY_{j,t+1}}{\max\{1,\ \omega_{jj,t+1}M_{j,t+1}\}}\times$$

$$\left(1-\frac{(1-\omega_{jj,t+1}M_{j,t+1})}{|1-\omega_{jj,t+1}M_{j,t+1}|}\right)\frac{\omega_{jj,t+1}}{2}+\beta^{t+1}\lambda_{j,t+1}\phi\sum_{\substack{i\neq j\\ w_{ji,t+1}M_{j,t+1}>1}}\eta_j\sum_{\substack{i\neq j\\ w_{ji,t+1}M_{j,t+1}>1}}\frac{\varphi\eta_jY_{i,t+1}}{max\{1,\ \omega_{ji,t+1}M_{j,t+1}\}}$$

$$\frac{\omega_{ji,t+1}}{2}\left(1-\frac{(1-\omega_{ji,t+1}M_{j,t+1})}{|1-\omega_{ji,t+1}M_{j,t+1}|}\right)-\beta^t\lambda_{j,t}P_{j,t}+$$

$$\beta^{t+1}\lambda_{j,t+1}P_{j,t+1}(1-\delta_M)\overset{!}{=}0\quad for\quad all\quad j\quad and\quad t \tag{6.35}$$

$$\frac{\partial\ \zeta_j}{\partial\ \lambda_{j,t+1}}=(1-\phi\sum_{\substack{i\neq j\\ \omega_{ji,t}M_{j,t}>1}}\eta_i)\left(p_{j,t}A_{j,t}\left(L_{j,t}{}^{1-\alpha}K_{j,t}{}^{\alpha}\right)^{1-\phi}\right.$$

$$\left(\prod_{i=1}^{N}max\{1,\ \omega_{i,t}M_{i,t}\}\right)^{\phi}+$$

$$\phi\sum_{\substack{i\neq j\\ \omega_{ji,t}M_{j,t}>1}}\eta_ip_{i,t}A_{i,t}\left(L_{i,t}{}^{1-\alpha}K_{i,t}{}^{\alpha}\right)^{1-\phi}\left(\prod_{i=1}^{N}\max\{1,\ \omega_{i,t}M_{i,t}\}\right)^{\phi}-$$

$$P_{j,t}C_{j,t}-P_{j,t}\left(K_{j,t+1}-(1-\delta_K)K_{j,t}\right)-$$

$$P_{j,t}\left(M_{j,t+1}-(1-\delta_M)M_{j,t}\right)\overset{!}{=}0 \quad for \quad all \quad j \quad and \quad t \qquad (6.36)$$

使用消费的一阶条件将 $\lambda_{j,t}$ 表示为

$$\lambda_{j,t}=\frac{1}{C_{j,t}P_{j,t}} \qquad (6.37)$$

在物质资本的一阶条件中将其替换：

$$\frac{\partial \mathcal{L}_j}{\partial K_{j,t+1}}=\beta^{t+1}\frac{1}{C_{j,t+1}P_{j,t+1}}\left(1-\phi\sum_{\substack{i\neq j\\ \omega_{ij,t}M_{i,t}>1}}\eta_i\right)(1-\phi)\,a\,\frac{Y_{j,t+1}}{K_{j,t+1}}-\beta^t\frac{1}{C_{j,t}P_{j,t}}P_{j,t}+$$

$$\beta^{t+1}\frac{1}{C_{j,t+1}P_{j,t+1}}P_{j,t+1}(1-\delta_k)\overset{!}{=}0 \quad for \quad all \quad j \quad and \quad t \qquad (6.38)$$

化简后重新整理可得

$$\beta\left(1-\phi\sum_{\substack{i\neq j\\ \omega_{ij,t}M_{i,t}>1}}\eta_i\right)\alpha(1-\phi)\frac{Y_{j,t+1}}{K_{j,t+1}}-\frac{C_{j,t+1}P_{j,t+1}}{C_{j,t}}=-\beta(1-\delta_K)P_{j,t+1}$$

$$for \quad all \quad j \quad and \quad t \qquad (6.39)$$

现在将 λ_j 用公式（6.37）中给出的消费的一阶条件表达式在公式（6.35）给出的技术资本的一阶条件中替换：

$$\frac{\partial \zeta_j}{\partial M_{j,t+1}}=\beta^{t+1}\frac{1}{C_{j,t}P_{j,t}}\Big(1-\phi\sum_{\substack{i\neq j\\ \omega_{ji,t}M_{j,t}>1}}\eta_i\Big)\frac{\phi Y_{j,t+1}}{\max\{1,\ \omega_{jj,t+1}M_{j,t+1}\}}\times$$

$$\left(1-\frac{1-\omega_{jj,t+1}M_{j,t+1}}{|1-\omega_{jj,t+1}M_{j,t+1}|}\right)\frac{\omega_{jj,t+1}}{2}+\beta^{t+1}\frac{1}{C_{j,t+1}P_{j,t+1}}\phi\sum_{\substack{i\neq j\\ \omega_{ji,t}M_{j,t}>1}}\eta_i\times$$

$$\sum_{\substack{i\neq j\\ \omega_{ji,t}M_{j,t}>1}}\frac{\phi\eta_i Y_{i,t+1}}{\max\{1,\ \omega_{jj,t+1}M_{j,t+1}\}}\frac{\omega_{ji,t+1}}{2}\left(1-\frac{1-\omega_{ji,t+1}M_{j,t+1}}{|1-\omega_{ji,t+1}M_{j,t+1}|}\right)-\beta^t/C_{j,t}+$$

$$\frac{\beta^{t+1}}{C_{j,t+1}}(1-\delta_M)\overset{!}{=}0 \quad for \quad all \quad j \quad and \quad t \qquad (6.40)$$

化简并重新整理可得：

$$\beta\left(1-\phi\sum_{\substack{i\neq j\\ \omega_{ji,\,t}M_{j,\,t}>1}}\eta_i\right)\frac{\phi\eta_j Y_{j,\,t+1}}{\max\{1,\ \omega_{jj,\,t+1}M_{j,\,t+1}\}}\times\left(1-\frac{1-\omega_{jj,\,t+1}M_{j,\,t+1}}{|1-\omega_{jj,\,t+1}M_{j,\,t+1}|}\right)$$

$$\frac{\omega_{jj,\,t+1}}{2}\left(1-\frac{1-\omega_{jj,\,t+1}M_{j,\,t+1}}{|1-\omega_{jj,\,t+1}M_{j,\,t+1}|}\right)+\beta\phi\eta_j\sum_{\substack{i\neq j\\ \omega_{ji,\,t}M_{j,\,t}>1}}\eta_i\times$$

$$\sum_{\substack{i\neq j\\ \omega_{ji,\,t}M_{j,\,t}>1}}\frac{\phi\eta_i Y_{i,\,t+1}}{\max\{1,\ \omega_{jj,\,t+1}M_{j,\,t+1}\}}\frac{\omega_{ji,\,t+1}}{2}\left(1-\frac{1-\omega_{ji,\,t+1}M_{j,\,t+1}}{|1-\omega_{ji,\,t+1}M_{j,\,t+1}|}\right)-$$

$$\frac{C_{j,\,t+1}P_{j,\,t+1}}{C_{j,\,t}}=\beta P_{j,\,t+1}(1-\delta_M)\quad for\quad all\quad j\quad and\quad t \tag{6.41}$$

假设 $\omega_{jj,\,t}M_{j,\,t}>1$，即国内的技术资本库存为正且摩擦力很小，可以作出如下化简：

$$\beta\left(1-\varphi\sum_{\substack{i\neq j\\ \omega_{ji,\,t}M_{j,\,t}>1}}\eta_i\right)\frac{\phi\eta_j Y_{j,\,t+1}}{M_{j,\,t+1}}+\beta\phi\eta_j\sum_{\substack{i\neq j\\ \omega_{ji,\,t}M_{j,\,t}>1}}\eta_i\frac{\phi\eta_j Y_{i,\,t+1}}{M_{j,\,t+1}}-$$

$$\frac{C_{j,\,t+1}P_{j,\,t+1}}{C_{j,\,t}}=\beta(1-\delta_M)P_{j,\,t+1}\quad for\quad all\quad j\quad and\quad t \tag{6.42}$$

结合公式（6.22）给出的生产函数、公式（6.16）给出的预算约束、公式（6.27）中给出的 $E_{j,\,t}$ 表达式、公式（6.29）中 $P_{j,\,t}$ 在每个 t 的表达式，以及交易 MRTs$P_{j,\,t}$ 和 $\Pi_{i,\,t}$ 的等式分别由公式（6.20）和公式（6.21）给出，分别由公式（6.39）和公式（6.41）给出的 $K_{j,\,t+1}$ 和 $M_{j,\,t+1}$ 的两个一阶条件，最终得到以下系统：

$$Y_{j,\,t}=p_{j,\,t}A_{j,\,t}(L_{j,\,t}^{1-\alpha}K_{j,\,t}^{\alpha})^{1-\phi}\left(\prod_{i=1}^{N}(\max\{1,\ \omega_{ji,\,t}M_{j,\,t}\})^{\eta_i}\right)^{\phi}\quad for\quad all\quad j\quad and\quad t \tag{6.43}$$

$$E_{j,\,t}=P_{j,\,t}C_{j,\,t}+P_{j,\,t}\left(K_{j,\,t+1}-(1-\delta_K)K_{j,\,t}\right)+P_{j,\,t}\left(M_{j,\,t+1}-(1-\delta_M)M_{j,\,t}\right)\quad for\quad all\quad j\quad and\quad t \tag{6.44}$$

$$E_{j,t} = Y_{j,t} + \phi\eta_j \sum_{\substack{i \neq j \\ \omega_{ji,t+1}M_{j,t+1} > 1}} Y_{i,t} + \phi Y_{j,t} \sum_{\substack{i \neq j \\ \omega_{ij,t+1}M_{i,t+1} > 1}} \eta_i \quad for \quad all \quad j \quad and \quad t \tag{6.45}$$

$$P_{j,t} = \frac{(Y_{j,t}/Y_t)^{\frac{1}{1-\sigma}}}{\gamma_j \Pi_{j,t}} \quad for \quad all \quad j \quad and \quad t \tag{6.46}$$

$$Y_t = \sum_{j=1}^{N} Y_{j,t} \quad for \quad all \quad t \tag{6.47}$$

$$P_{j,t}^{1-\sigma} = \sum_{i=1}^{N} \left(\frac{t_{ij,t}}{\Pi_{i,t}}\right)^{1-\sigma} \frac{Y_{i,t}}{Y_t} \quad for \quad all \quad j \quad and \quad t \tag{6.48}$$

$$\Pi_{i,t}^{1-\sigma} = \sum_{i=1}^{N} \left(\frac{t_{ij,t}}{P_{j,t}}\right)^{1-\sigma} \frac{E_{j,t}}{Y_t} \quad for \quad all \quad i \quad and \quad t \tag{6.49}$$

$$\beta\left(1 - \phi \sum_{\substack{i \neq j \\ \omega_{ij,t+1}M_{i,t+1} > 1}} \eta_i\right) \alpha(1-\alpha) \frac{Y_{j,t+1}}{K_{j,t+1}} - \frac{C_{j,t+1}P_{j,t+1}}{C_{j,t}} = \beta(\delta_K - 1) P_{j,t+1} \quad for \quad all \quad j \quad and \quad t \tag{6.50}$$

$$\beta\left(1 - \phi \sum_{\substack{i \neq j \\ \omega_{ij,t+1}M_{i,t+1} > 1}} \eta_i\right) \frac{\phi\eta_j Y_{j,t+1}}{M_{j,t+1}} + \beta\phi\eta_j \sum_{\substack{i \neq j \\ \omega_{ji,t+1}M_{j,t+1} > 1}} \eta_j \frac{\phi\eta_j Y_{i,t+1}}{M_{j,t+1}} - \frac{C_{j,t+1}P_{j,t+1}}{C_{j,t}} = \beta(1-\delta_M) P_{j,t+1} \quad for \quad all \quad j \quad and \quad t \tag{6.51}$$

这是一个有 $(8 \times N + 1) \times T$ 个未知数的 $(8 \times N + 1) \times T$ 方程组，涉及 $C_{j,t}$、$K_{j,t}$、$M_{j,t}$、$Y_{j,t}$、Y_t、$p_{j,t}$、$P_{j,t}$、$\Pi_{j,t}$，$E_{j,t}$ 和给定的参数和外生变量 $A_{j,t}$、$\omega_{j,t}$、$L_{j,t}$、α、β、ϕ、η_j、γ_j、σ、$t_{ij,t}$、δ_K 和 δ_M。

进一步推导稳态。在稳态中，$t+1$ 期价值必须与 t 期价值相等。因此，可以将物质资本和技术资本表示为

$$K_j = \frac{\Omega_j}{\delta_K} \tag{6.52}$$

$$M_j = \frac{\chi_j}{\delta_M} \tag{6.53}$$

进而可以删除所有变量的时间索引，首先删除时间指数并使用 $K_j = \Omega_j/\delta_K$ 和 $M_j = \chi_j/\delta_M$ 以及公式（6.50）中给出的物质资本一阶条件，其次代入时间指数，并使用公式（6.51）中给出的技术资本一阶条件，因此由公式(6.43)～公式（6.51）给出的方程系统可化简为

$$Y_j = p_j A_j (L_j^{1-\alpha} K_j^{\alpha})^{1-\phi} \left(\prod_{i=1}^{N} (\max\{1, \omega_{ii} M_i\})^{\eta_i} \right)^{\phi} \quad for \quad all \quad j \tag{6.54}$$

$$E_j = P_j C_j + P_j K_j + P_j M_j \quad for \quad all \quad j \tag{6.55}$$

$$E_j = Y_j + \phi \eta_j \sum_{\substack{i \neq j \\ \omega_{ji} M_j > 1}} Y_i + \phi Y_j \sum_{\substack{i \neq j \\ \omega_{ij} M_i > 1}} \eta_i \quad for \quad all \quad j \tag{6.56}$$

$$P_j = \frac{(Y_j/Y)^{\frac{1}{1-\sigma}}}{\gamma_j \Pi_j} \quad for \quad all \quad j \tag{6.57}$$

$$Y = \sum_{j=1}^{N} Y_j \tag{6.58}$$

$$P_j^{1-\sigma} = \sum_{i=1}^{N} \left(\frac{t_{ij}}{\Pi_i} \right)^{1-\sigma} \frac{Y_i}{Y} \quad for \quad all \quad j \tag{6.59}$$

$$\Pi_i^{1-\sigma} = \sum_{i=1}^{N} \left(\frac{t_{ij}}{P_j} \right)^{1-\sigma} \frac{E_j}{Y} \quad for \quad all \quad i \tag{6.60}$$

$$K_j = \beta \left(1 - \phi \sum_{\substack{i \neq j \\ \omega_{ij,\,t+1} M_{i,\,t+1} > 1}} \eta_i \right) \frac{\alpha(1-\phi)}{1 - \beta + \beta \delta_K} \frac{Y_j}{P_j} \quad for \quad all \quad j \tag{6.61}$$

$$M_j = \frac{\beta \phi \eta_j}{1 - \beta + \beta \delta_M} \frac{E_j}{P_j} \quad for \quad all \quad j \tag{6.62}$$

稳态的贸易流量由下式给出：

$$X_{ij} = \frac{Y_j E_j}{Y} \left(\frac{t_{ij}}{\Pi_j P_j} \right)^{1-\sigma} \tag{6.63}$$

上述推导建立的稳态系统可以推导出较为简化的 *FDI* 重力表示，与熟悉的贸易引力系统非常相似。回顾双边 *FDI* 存量的稳态定义：

$$FDI_{ij} \equiv \omega_{ij} M_i \tag{6.64}$$

使用公式（6.63）中技术资本 M_j 的稳态状态：

$$M_j = \frac{\beta\phi\eta_j}{1-\beta+\beta\delta_M}\frac{E_j}{P_j} \tag{6.65}$$

在公式（6.64）中将 M_j 替换掉可以获得

$$FDI_{ij} = \omega_{ij}\frac{\beta\phi\eta_j}{1-\beta+\beta\delta_M}\frac{E_i}{P_i} \tag{6.66}$$

方程（6.66）类似于引力方程，不同之处在于它描述了 *FDI* 的物质资本存量。要将（6.66）转换为用 *FDI* 存量价值数据估算，需要用 *FDI* 的存量价值表达，现在将从国家 i 到国家 j 的 *FDI* 价值定义为 *FDI* 存量与其边际产品价值的乘积：

$$FDI^{v}alue_{ij} \equiv FDI_{ij} \times \frac{\partial Y_j}{\partial M_j} \tag{6.67a}$$

$$= \omega_{ij}\frac{\beta\phi\eta_j}{1-\beta+\beta\delta_M}\frac{E_i}{P_i}\phi\eta_i\frac{Y_j}{M_j} \tag{6.67b}$$

$$= \frac{\beta\phi^2\eta_j^{\ 2}}{1-\beta+\beta\delta_M}\omega_{ij}\frac{E_i}{P_i}\frac{Y_j}{M_i} \tag{6.67c}$$

将公式（6.66）与多边阻力项的定义相结合，分别由公式（6.20）和公式（6.21）给出，以获得以下 FDI 引力系统：

$$FDI_{ij}^{value} = \frac{\beta\phi^2\eta_j^{\ 2}}{1-\beta+\beta\delta_M}\omega_{ij}\frac{E_i}{P_i}\frac{Y_j}{M_i} \tag{6.68}$$

$$P_i = \left[\sum_{j=1}^{N}\left(\frac{t_{ji}}{\Pi_i}\right)^{1-\sigma}\frac{Y_j}{Y}\right]^{\frac{1}{1-\sigma}} \tag{6.69}$$

$$\Pi_j = \left[\sum_{i=1}^{N}\left(\frac{t_{ji}}{P_i}\right)^{1-\sigma}\frac{E_j}{Y}\right]^{\frac{1}{1-\sigma}} \tag{6.70}$$

基于上述推导，为求解较高级别稳态均衡，首先建立拉格朗日方程得到模型中关键变量物质资本和技术资本的一阶条件，其次将一阶条件与生产函数、预算约束、支出函数和出厂价格及较低级别均衡方程联立可得

$$X_{ij}=\frac{Y_iE_j}{Y}\left(\frac{t_{ji}}{\Pi_iP_j}\right)^{1-\sigma}\quad for\quad all\quad i\quad and\quad j \tag{6.71}$$

$$P_j^{1-\sigma}=\sum_{i=1}^{N}\left(\frac{t_{ij}}{\Pi_i}\right)^{1-\sigma}\frac{Y_i}{Y}\quad for\quad all\quad j \tag{6.72}$$

$$\Pi_i^{1-\sigma}=\sum_{j=1}^{N}\left(\frac{t_{ji}}{P_j}\right)^{1-\sigma}\frac{E_j}{Y}\quad for\quad all\quad i \tag{6.73}$$

$$P_j=\frac{\left(Y_j/\sum_{j=1}^{N}Y_j\right)^{\frac{1}{1-\sigma}}}{\gamma_j\Pi_j}\quad for\quad all\quad j \tag{6.74}$$

$$Y_j=p_jA_j\,(L_j^{1-\alpha}K_j^{\alpha})^{1-\phi}\left(\prod_{i=1}^{N}(\max\{1,\ FDI_{ii}\})^{\eta_i}\right)^{\phi}for\quad all\quad j \tag{6.75}$$

$$E_j=Y_j+\phi\eta_j\sum_{i\in\mathbb{N}_{ji,\ t}}Y_i-\phi Y_j\sum_{i\in\mathbb{N}_{ji,\ t}}\eta_i\quad for\ all\quad j \tag{6.76}$$

$$K_j=\frac{\alpha\beta(1-\phi)\left(1-\phi\sum_{i\in\mathbb{N}_{ij,\ t}}\eta_i\right)}{1-\beta+\beta\delta_K}\frac{Y_j}{P_j}\quad for\quad all\quad j \tag{6.77}$$

$$FDI_{ji}^{value}=\frac{\beta\phi\eta_j}{1-\beta+\beta\delta_M}\omega_{ji}\frac{E_j}{P_j}\phi\eta_j\frac{Y_i}{M_j}\quad for\quad all\quad j \tag{6.78}$$

系统中公式（6.71）~公式（6.78）在现有研究和文献基础上建立方程。公式（6.71）~公式（6.74）为结构引力系统（Anderson 和 van Wincoop，2003）。其中，公式（6.22）为引力贸易方程（Arkolakis 等，2012；Head 和 Mayer，2014）；公式（6.72）、公式（6.73）定义了多边阻力，并将双边贸易成本发生率中消费者和生产者部分分解后汇总到国家层面（Anderson 和 van Wincoop，2003；Anderson 和 Yotov，2010）；公式（6.25）重新描述了市场清算条件，根据该条件，按交付价格国家的产出价值应等于包括本国在内所有目的地的总销售额，在本模型中还反映了国家生产者面对的外向多边阻力与其出厂价格之间的反比关系。公式（6.26）定义了国家的产出价值，为服务于本章的研究目的，将 FDI 作为生产的关键要素。对一般均衡分析的影响以

及国际贸易与 FDI 之间的关系是模型设定的关键，根据公式（6.75）通过刺激生产 FDI 将影响贸易，具体路径则如公式（6.71）描述的直接影响和公式（6.72）、公式（6.73）描述的通过多边阻力的间接影响。根据公式（6.76）可知，FDI 还将通过影响支出直接或间接地影响贸易，其中 FDI 流出与国家 j 支出成正比，对 FDI 的支付将减少可支配收入。公式（6.77）将国内资本定义为模型参数和国家产出价值 Y_j 与内部多边阻力 P_j 这两个内生变量的函数，分析国内投资与贸易之间的联系及其对福利的影响。公式（6.77）中 K_j 和 Y_j 之间的正相关关系反映了较高的物质资本边际产品价值将导致更多国内投资的事实，若想进一步了解国内投资与贸易自由化之间的联系，则需注意传导机制为将贸易政策通过公式（6.74）中的描述作用于出厂价格进而影响生产价值。当 P_j 为投资品的价格时，公式（6.77）中 K_j 与 P_j 之间的负相关关系反映了需求定律；当 P_j 为消费品的价格时，公式（6.77）中 K_j 与 P_j 之间的负相关关系则反映了较高的投资机会成本。需要注意的是，P_j 是一般均衡贸易成本指数，系统中任何的贸易政策变化都可能影响到国家 j 的国内投资。公式（6.78）定义了母国 j 对东道国 i 的 FDI 价值，是框架中其他变量和参数的函数。本章 FDI 模型参考传统的贸易引力系统，采用直观的 FDI 引力形式。

三、外商直接投资的结构引力系统

本章公式（6.1）给出的生产函数通过 max-Cobb-Douglas 函数与世界各国技术资本相结合，并给出了技术资本存量加总的表达式（Mc-Grattan 和 Prescott，2009，2010），为构建结构引力系统，现假设生产函数由下式给出：

$$Y_{j,t} = p_{i,t}A_{i,t}(L_{i,t}^{1-\alpha}K_{i,t}^{\alpha})^{1-\phi}\left(\sum_{i=1}^{N}\omega_{i,t}M_{i,t}\right)^{\phi},\ \alpha,\ \phi \in (0,\ 1) \tag{6.79}$$

名义产出和国内技术资本边际产量价值的定义由下式给出：

$$\frac{\partial Y_{j,t}}{\partial M_{j,t}} = \phi\omega_{jj,t}\frac{Y_{j,t}}{\sum_{i=1}^{N}\omega_{ij,t}M_{i,t}} \tag{6.80}$$

国外的边际产品价值 $M_{i,t}$：

$$\frac{\partial Y_{i,t}}{\partial M_{j,t}} = \phi\omega_{ji,t}\frac{Y_{i,t}}{\sum_{k=1}^{N}\omega_{ki,t}M_{k,t}} \tag{6.81}$$

将上式代入可支配收入后整理如下：

$$E_{j,t} = Y_{j,t} + \phi M_{j,t}\sum_{i\neq j}\left(\frac{\omega_{ji,t}Y_{i,t}}{\sum_{k=1}^{N}\omega_{ki,t}M_{k,t}}\right) - \frac{\phi Y_{j,t}}{\sum_{k=1}^{N}\omega_{kj,t}M_{k,t}}\sum_{i\neq j}\omega_{ij,t}M_{i,t} \tag{6.82}$$

本国作为母国收到的 OFDI 租金：

$$\sum_{i\neq j}M_{j,t}\times\frac{\partial Y_{i,t}}{\partial M_{j,t}} = \sum_{i\neq j}M_{j,t}\times\phi\omega_{ji,t}\frac{Y_{i,t}}{\sum_{k=1}^{N}\omega_{ki,t}M_{k,t}}$$
$$= \phi M_{j,t}\sum_{i\neq j}\left(\frac{\omega_{ji,t}Y_{i,t}}{\sum_{k=1}^{N}\omega_{ki,t}M_{k,t}}\right) \tag{6.83}$$

本国作为东道国支出的 FDI 租金：

$$\sum_{i\neq j}M_{i,t}\times\frac{\partial Y_{j,t}}{\partial M_{i,t}} = \sum_{i\neq j}M_{i,t}\times\phi\omega_{ij,t}\frac{Y_{j,t}}{\sum_{k=1}^{N}\omega_{ki,t}M_{k,t}} =$$
$$\phi\frac{Y_{j,t}}{\sum_{k=1}^{N}\omega_{ki,t}M_{k,t}}\sum_{i\neq j}\omega_{ij,t}M_{i,t} \tag{6.84}$$

将支出写为总名义产出 $Y_{j,t}$ 与 OFDI 租金之和再减去 FDI 的租金。现假设其他条件不变，写出拉格朗日函数及对应的一阶条件。现假设一个对数线性跨期效用函数：

$$U_{j,t} = \sum_{t=0}^{\infty}\beta^{t}\ln(C_{j,t}) \tag{6.85}$$

将公式（6.16）给出的预算约束（不替代投资）与公式（6.84）给出的支出函数相结合：

$$P_{j,t}C_{j,t}+P_{j,t}\Omega_{j,t}+P_{j,t}\chi_{j,t}=$$

$$Y_{j,t}\left(1-\frac{\phi}{\sum_{k=1}^{N}\omega_{ki,t}M_{k,t}}\sum_{i\neq j}\omega_{ij,t}M_{i,t}\right)+\phi M_{j,t}\sum_{i\neq j}\left(\frac{\omega_{ji,t}Y_{i,t}}{\sum_{k=1}^{N}\omega_{ki,t}M_{k,t}}\right) \tag{6.86}$$

将 $Y_{j,t}$ 代入公式（6.79）中规定的生产函数可得

$$P_{j,t}C_{j,t}+P_{j,t}\Omega_{j,t}+P_{j,t}\chi_{j,t}=$$

$$p_{j,t}A_{j,t}(L_{j,t}{}^{1-\alpha}K_{j,t}{}^{\alpha})^{1-\phi}\left(\sum_{i=1}^{N}\omega_{ij,t}M_{i,t}\right)^{\phi}\left(1-\frac{\phi}{\sum_{k=1}^{N}\omega_{ki,t}M_{k,t}}\sum_{i\neq j}\omega_{ij,t}M_{i,t}\right)+$$

$$\phi M_{j,t}\sum_{i\neq j}\left(\frac{\omega_{ji,t}p_{i,t}A_{i,t}(L_{i,t}{}^{1-\alpha}K_{i,t}{}^{\alpha})^{1-\phi}\left(\sum_{i=1}^{N}\omega_{i,t}M_{i,t}\right)^{\phi}}{\sum_{k=1}^{N}\omega_{ki,t}M_{k,t}}\right) \tag{6.87}$$

为了最终只有一个约束，将 $\Omega_{j,t}$ 和 $\chi_{j,t}$ 也替换掉：

$$\Omega_{j,t}=K_{j,t+1}-(1-\delta_K)K_{j,t} \tag{6.88}$$

$$\chi_{j,t}=M_{j,t+1}-(1-\delta_M)M_{j,t} \tag{6.89}$$

可得到以下预算约束：

$$P_{j,t}C_{j,t}+P_{j,t}\left(K_{j,t+1}-(1-\delta_K)K_{j,t}\right)+P_{j,t}\left(M_{j,t+1}-(1-\delta_M)M_{j,t}\right)=$$

$$p_{j,t}A_{j,t}(L_{j,t}{}^{1-\alpha}K_{j,t}{}^{\alpha})^{1-\phi}\left(\sum_{i=1}^{N}\omega_{ij,t}M_{i,t}\right)^{\phi}\left(1-\frac{\phi}{\sum_{k=1}^{N}\omega_{ki,t}M_{k,t}}\sum_{i\neq j}\omega_{ij,t}M_{i,t}\right)+ \tag{6.90}$$

$$\phi M_{j,t}\sum_{i\neq j}\left(\frac{\omega_{ji,t}p_{i,t}A_{i,t}(L_{i,t}{}^{1-\alpha}K_{i,t}{}^{\alpha})^{1-\phi}\left(\sum_{k=1}^{N}\omega_{ki,t}M_{k,t}\right)^{\phi}}{\sum_{k=1}^{N}\omega_{ki,t}M_{k,t}}\right)$$

则对应的拉格朗日表达式为：

$$\zeta_j=\sum_{t=0}^{\infty}\beta^t\Big\{[\ln(C_{j,t})+\lambda_{j,t}[p_{j,t}A_{j,t}(L_{j,t}{}^{1-\alpha}K_{j,t}{}^{\alpha})^{1-\phi}\left(\sum_{i=1}^{N}\omega_{i,t}M_{i,t}\right)^{\phi}\times$$

$$(1-\frac{\phi}{\sum_{k=1}^{N}\omega_{ki,t}M_{k,t}}\sum_{i\neq j}\omega_{ij,t}M_{i,t})+\phi M_{j,t}\sum_{i\neq j}$$

$$\left(\frac{\omega_{ji,t}p_{i,t}A_{i,t}(L_{i,t}{}^{1-\alpha}K_{i,t}{}^{\alpha})^{1-\phi}\left(\sum_{i=1}^{N}\omega_{ij,t}M_{i,t}\right)^{\phi}}{\sum_{k=1}^{N}\omega_{ki,t}M_{k,t}}\right)-P_{j,t}C_{j,t}-P_{j,t}\Big(K_{j,t+1}-$$

$$(1-\delta_K)K_{j,t}\Big)-P_{j,t}\Big(M_{j,t+1}-(1-\delta_M)M_{j,t}\Big)\Big]\Big\} \tag{6.91}$$

获取与 $C_{j,t}$、$K_{j,t+1}$、$M_{j,t+1}$和 $\lambda_{j,t}$相关的导数，并获得以下一阶条件：

$$\frac{\partial\zeta_j}{\partial C_{j,t}}=\frac{\beta^t}{C_{j,t}}-\beta^t\lambda_{j,t}P_{j,t}=0 \quad for \quad all \quad j \quad and \quad t \tag{6.92}$$

$$\frac{\partial\zeta_j}{\partial K_{j,t+1}}=\beta^{t+1}\lambda_{j,t+1}P_{j,t+1}A_{j,t+1}\left(\sum_{z=1}^{N}\omega_{ij,t+1}M_{i,t+1}\right)^{\phi}\left(1-\frac{\phi}{\sum_{k=1}^{N}\omega_{kj,t+1}M_{k,t+1}}\sum_{i\neq j}\omega_{ij,t+1}M_{i,t+1}\right)$$

$$L_{j,t+1}^{(1-a)(1-\phi)}a(1-\phi)K_{j,t+1}^{a(1-\phi)-1}-\beta^t\lambda_{j,t}P_{j,t}+\beta^{t+1}\lambda_{j,t+1}(1-\delta_k)P_{j,t+1}\overset{!}{=}0$$

$$for \quad all \quad j \quad and \quad t \tag{6.93}$$

$$\frac{\partial\ \zeta_j}{\partial\ K_{j,t+1}}=\beta^{t+1}\frac{1}{C_{j,t+1}P_{j,t+1}}P_{j,t+1}A_{j,t+1}\ \left(\sum_{i=1}^{N}\omega_{ij,t+1}M_{i,t+1}\right)\ \left(1-\phi\sum_{\substack{i\neq j\\ \omega_{ji,t}M_{j,t}>1}}\eta_i\right)$$

$$(1-\phi)\alpha\frac{Y_{j,t+1}}{K_{j,t+1}}(L_{i,t}{}^{1-\alpha}K_{i,t}{}^{\alpha})\left(1-\frac{\phi}{\sum_{k=1}^{N}\omega_{kj,t+1}M_{k,t+1}}\right)$$

$$\sum_{\substack{i\neq j\\ \omega_{ij,t+1}M_{i,t+1}}}L_{j,t+1}{}^{(1-\alpha)(1-\phi)}\alpha(1-\phi)K_{j,t+1}{}^{\alpha(1-\phi)-1}-$$

$$\beta^{t+1}\frac{1}{C_{j,t+1}P_{j,t+1}}+\beta^{t+1}\frac{1}{C_{j,t+1}P_{j,t+1}}P_{j,t+1}(1-\phi_K)\overset{!}{=}0 \quad for \quad all \quad j \quad and \quad t$$

$$\tag{6.94}$$

$$\frac{\partial\zeta_j}{\partial\lambda_{j,t}}=p_{j,t+1}A_{i,t+1}\left(\sum_{i=1}^{N}\omega_{ij,t}M_{i,t}\right)^{\phi}(L_{j,t}^{1-a}K_{j,t}^{a})^{1-\phi}\times$$

$$\left(1-\frac{\phi}{\sum_{k=1}^{N}\omega_{ki,t}M_{k,t}}\sum_{i\neq j}\omega_{ij,t}M_{i,t}\right)+\phi M_{j,t}\sum_{i\neq j}\left(\frac{\omega_{ji,t}Y_{i,t}}{\sum_{k=1}^{N}\omega_{ki,t}M_{k,t}}\right)-$$

$$P_{j,t}C_{j,t}-P_{j,t}\Big(K_{j,t+1}-(1-\delta_k)K_{j,t}\Big)-$$

$$P_{j,t}\Big(M_{j,t+1}-(1-\delta_M)M_{j,t}\Big)\overset{!}{=}0 \quad for \quad all \quad j \quad and \quad t \tag{6.95}$$

使用消费的一阶条件将 $\lambda_{j,\ t}$ 整理为

$$\lambda_{j,\ t} = \frac{1}{C_{j,\ t}P_{j,\ t}} \tag{6.96}$$

在物质资本的一阶条件中将其替换可得：

$$\frac{\partial \zeta_j}{\partial K_{j,\ t+1}} = \beta^{t+1} \frac{1}{C_{j,\ t+1}P_{j,\ t+1}} P_{j,\ t+1} A_{j,\ t+1} \left(\sum_{i=1}^{N} \omega_{ij,\ t+1} M_{i,\ t+1}\right)^{\phi}$$

$$(1 - \phi \sum \eta_i)(1 - \phi) a \frac{Y_{j,\ t+1}}{K_{j,\ t+1}} (L_{i,\ t}^{1-a} K_{j,\ t}^{a})^{1-\phi}$$

$$\left(1 - \frac{\phi}{\sum_{k=1}^{N} \omega_{kj,\ t+1} M_{k,\ t+1}} \sum_{i \neq j} \omega_{ij,\ t+1} M_{i,\ t+1}\right) L_{j,\ t+1}^{(1-a)(1-\phi)} a(1 - \phi) K_{j,\ t+1}^{a(1-\phi)-1} -$$

$$\beta^{t} \frac{1}{C_{j,\ t}P_{j,\ t}} P_{j,\ t} + \beta^{t+1}(1 - \delta_k) \frac{1}{C_{j,\ t+1}P_{j,\ t+1}} P_{j,\ t+1} \overset{!}{=} 0 \quad for \quad all \quad j \quad and \quad t \tag{6.97}$$

化简并整理后可得

$$\beta \frac{1}{C_{j,\ t+1}P_{j,\ t+1}} p_{j,\ t+1} A_{j,\ t+1} \left(\sum_{i=1}^{N} \omega_{ij,\ t+1} M_{i,\ t+1}\right)^{\phi} \times$$

$$\left(1 - \frac{\phi}{\sum_{k=1}^{N} \omega_{kj,\ t+1} M_{k,\ t+1}} \sum_{i \neq j} \omega_{ij,\ t+1} M_{i,\ t+1}\right) L_{j,\ t+1}{}^{(1-\alpha)(1-\phi)} \alpha(1 - \phi) K_{j,\ t+1}{}^{\alpha(1-\phi)-1} =$$

$$\frac{1}{C_{j,\ t}} + \frac{(\delta_K - 1)\beta}{C_{j,\ t+1}} \quad for \quad all \quad j \quad and \quad t \tag{6.98}$$

根据 Y_t 定义重写上述左侧表达式：

$$\frac{\alpha(1 - \phi)\beta Y_{j,\ t+1}}{K_{j,\ t+1}C_{j,\ t+1}P_{j,\ t+1}} \left(1 - \frac{\phi}{\sum_{k=1}^{N} \omega_{kj,\ t+1} M_{k,\ t+1}} \sum_{i \neq j} \omega_{ij,\ t+1} M_{i,\ t+1}\right) =$$

$$\frac{1}{C_{j,\ t}} + \frac{(\delta_K - 1)\beta}{C_{j,\ t+1}} \quad for \quad all \quad j \quad and \quad t \tag{6.99}$$

现在用公式（6.96）中给出的消费的一阶条件中的表达式替换公式（6.94）中给出的技术资本的一阶条件：

$$\frac{\partial \zeta_j}{\partial M_{j,\ t+1}} = \beta^{t+1} \frac{1}{C_{j,\ t+1} P_{j,\ t+1}} \omega_{jj,\ t+1} p_{j,\ t+1} A_{j,\ t+1} (L_{j,\ t+1}^{1-a} K_{j,\ t+1}^{a})^{1-\phi} \phi$$

$$\left(1 - \frac{\phi}{\sum_{k=1}^{N} \omega_{kj,\ t+1} M_{k,\ t+1}} \sum_{i \neq j} \omega_{ij,\ t+1} M_{i,\ t+1}\right) \left(\sum_{i=1}^{N} \omega_{ij,\ t+1} M_{i,\ t+1}\right)^{\phi-1} +$$

$$\beta^{t+1} \frac{1}{C_{j,\ t+1} P_{j,\ t+1}} \omega_{jj,\ t+1} p_{j,\ t+1} A_{j,\ t+1} (L_{j,\ t+1}^{1-a} K_{j,\ t+1}^{a})^{1-\phi} \left(\sum_{i=1}^{N} \omega_{ij,\ t+1} M_{i,\ t+1}\right)^{\phi} \times$$

$$\left(\frac{\phi}{\left(\sum_{k=1}^{N} \omega_{kj,\ t+1} M_{k,\ t+1}\right)^2} \sum_{i \neq j} \omega_{ij,\ t+1} M_{i,\ t+1}\right) + \beta^{t+1} \frac{1}{C_{j,\ t+1} P_{j,\ t+1}} \phi \sum_{i \neq j} \left(\frac{\omega_{ji,\ t+1} Y_{i,\ t+1}}{\sum_{k=1}^{N} \omega_{ki,\ t+1} M_{k,\ t+1}}\right) +$$

$$\beta^{t+1} \frac{1}{C_{j,t+1} P_{j,t+1}} \phi M_{j,t+1} \times \sum_{i \neq j} \left(\frac{\omega_{ji,t+1}^2 p_{i,t+1} A_{i,t+1} (L_{i,t+1}^{1-a} K_{i,t+1}^{a})^{1-\phi} \phi \left(\sum_{k=1}^{N} \omega_{ki,t+1} M_{k,t+1}\right)^{\phi-1}}{\sum_{k=1}^{N} \omega_{ki,t+1} M_{k,t+1}} - \right.$$

$$\left. \frac{\omega_{ji,\ t+1}^2 p_{i,\ t+1} A_{i,\ t+1} (L_{i,\ t+1}^{1-a} K_{i,\ t+1}^{a})^{1-\phi} \left(\sum_{k=1}^{N} \omega_{ki,\ t+1} M_{k,\ t+1}\right)^{\phi}}{\left(\sum_{k=1}^{N} \omega_{ki,\ t+1} M_{k,\ t+1}\right)^2}\right) -$$

$$\frac{\beta^t}{C_{J,\ t}} + \frac{\beta^{t+1}}{C_{J,\ t+1}} (1 - \delta_M) \overset{!}{=} 0 \quad for \quad all \quad j \quad and \quad t \qquad (6.100)$$

化简并整理得

$$\frac{\beta \omega_{jj,\ t}}{C_{j,\ t+1} P_{j,\ t+1}} p_{j,\ t+1} A_{j,\ t+1} \left(L_{j,\ t+1}{}^{(1-\alpha)} K_{j,\ t+1}{}^{\alpha}\right)^{(1-\phi)}$$

$$\phi \left(1 - \frac{\phi}{\sum_{k=1}^{N} \omega_{kj,\ t+1} M_{k,\ t+1}} \sum_{i \neq j} \omega_{ij,\ t+1} M_{i,\ t+1}\right) \times \left(\sum_{i=1}^{N} \omega_{ij,\ t+1} M_{i,\ t}\right)^{\phi-1} +$$

$$\frac{\beta \omega_{jj,\ t}}{C_{j,\ t+1} P_{j,\ t+1}} p_{j,\ t+1} A_{j,\ t+1} \left(L_{j,\ t+1}{}^{(1-\alpha)} K_{j,\ t+1}{}^{\alpha}\right)^{(1-\phi)} \left(\sum_{i=1}^{N} \omega_{ij,\ t+1} M_{i,\ t}\right)^{\phi} \times$$

$$\left(\frac{\phi}{\left(\sum_{k=1}^{N} \omega_{kj,\ t+1} M_{k,\ t+1}\right)^2} \sum_{i \neq j} \omega_{ij,\ t+1} M_{i,\ t+1}\right) +$$

$$\frac{\beta \phi}{C_{j,\ t+1} P_{j,\ t+1}} \sum_{i \neq j} \left(\frac{\omega_{ij,\ t+1} Y_{i,\ t+1}}{\sum_{k=1}^{N} \omega_{ki,\ t+1} M_{k,\ t+1}}\right) + \frac{\beta \phi}{C_{j,\ t+1} P_{j,\ t+1}} M_{j,\ t+1} \times$$

$$\sum_{i\neq j}\left(\begin{array}{l}\frac{\omega_{ji,\ t}{}^{2}p_{i,\ t+1}A_{i,\ t+1}\left(L_{i,\ t+1}{}^{(1-\alpha)}K_{i,\ t+1}{}^{\alpha}\right)^{(1-\phi)}\phi\left(\sum_{k=1}^{N}\omega_{ki,\ t+1}M_{k,\ t+1}\right)^{\phi-1}}{\sum_{k=1}^{N}\omega_{ki,\ t+1}M_{k,\ t+1}}-\\ \frac{\omega_{ji,\ t}{}^{2}p_{i,\ t+1}A_{i,\ t+1}\left(L_{i,\ t+1}{}^{(1-\alpha)}K_{i,\ t+1}{}^{\alpha}\right)^{(1-\phi)}\phi\left(\sum_{k=1}^{N}\omega_{ki,\ t+1}M_{k,\ t+1}\right)^{\phi}}{\left(\sum_{k=1}^{N}\omega_{ki,\ t+1}M_{k,\ t+1}\right)^{2}}\end{array}\right)=$$

$$\frac{1}{C_{j,\ t}}+\frac{\beta(1-\delta_{M})}{C_{j,\ t+1}} \tag{6.101}$$

根据 $Y_{j,\ t}$ 定义重写上述左侧表达式：

$$\frac{\beta\omega_{jj,\ t+1}\phi Y_{j,\ t+1}}{C_{j,\ t+1}P_{j,\ t+1}\left(\sum_{i=1}^{N}\omega_{ij,\ t+1}M_{i,\ t}\right)}\times\left(1-\frac{\phi}{\sum_{k=1}^{N}\omega_{kj,\ t+1}M_{k,\ t+1}}\sum_{i\neq j}\omega_{ij,\ t+1}M_{i,\ t+1}\right)+$$

$$\frac{\beta\omega_{jj,\ t+1}}{C_{j,\ t+1}P_{j,\ t+1}}\left(\frac{\phi}{\left(\sum_{k=1}^{N}\omega_{kj,\ t+1}M_{k,\ t+1}\right)^{2}}\sum_{i\neq j}\omega_{ij,\ t+1}M_{i,\ t+1}\right)+$$

$$\frac{\beta\phi}{C_{j,\ t+1}P_{j,\ t+1}}\sum_{i\neq j}\left(\frac{\omega_{ji,\ t+1}Y_{i,\ t+1}}{\sum_{k=1}^{N}\omega_{ki,\ t+1}M_{k,\ t+1}}\right)+\frac{\beta\phi}{C_{j,\ t+1}P_{j,\ t+1}}M_{j,\ t+1}\times$$

$$\sum_{i\neq j}\left(\begin{array}{l}\frac{\phi\omega_{ji,\ t+1}{}^{2}Y_{i,\ t+1}}{\left(\sum_{k=1}^{N}\omega_{ki,\ t+1}M_{k,\ t+1}\right)^{2}}-\\ \frac{\omega_{ji,\ t+1}{}^{2}Y_{i,\ t+1}}{\left(\sum_{k=1}^{N}\omega_{ki,\ t+1}M_{k,\ t+1}\right)^{2}}\end{array}\right)=\frac{1}{C_{j,\ t}}\left(\frac{1}{M_{j,\ t}{}^{1-\delta_{M}}}\right)^{\frac{1}{\delta_{M}}}\frac{1}{\delta_{M}}M_{j,\ t+1}{}^{\frac{1}{\delta_{M}}-1}+$$

$$\beta\frac{1}{C_{j,\ t}}M_{j,\ t+2}{}^{\frac{1}{\delta_{M}}}\frac{\delta_{M}-1}{\delta_{M}}M_{j,\ t+1}{}^{-\frac{1}{\delta_{M}}} \tag{6.102}$$

现在乘以 $C_{j,\ t+1}P_{j,\ t+1}$ 最终可得

$$\frac{\beta\omega_{jj,\ t+1}\phi Y_{j,\ t+1}}{\left(\sum_{i=1}^{N}\omega_{ij,\ t+1}M_{i,\ t}\right)}\times\left(1-\frac{\phi}{\sum_{k=1}^{N}\omega_{kj,\ t+1}M_{k,\ t+1}}\sum_{i\neq j}\omega_{ij,\ t+1}M_{i,\ t+1}\right)+$$

$$\beta\omega_{jj,\ t+1}Y_{j,\ t+1}\left(\frac{\phi}{\left(\sum_{k=1}^{N}\omega_{kj,\ t+1}M_{k,\ t+1}\right)^{2}}\sum_{i\neq j}\omega_{ij,\ t+1}M_{i,\ t+1}\right)+ \tag{6.103}$$

$$\beta\phi\sum_{i\neq j}\left(\frac{\omega_{ji,\ t+1}Y_{i,\ t+1}}{\sum_{k=1}^{N}\omega_{ki,\ t+1}M_{k,\ t+1}}\right)-\beta\phi(\phi-1)M_{j,\ t+1}$$

$$\sum_{i\neq j}\left(\frac{\omega_{ji,\ t+1}{}^{2}Y_{i,\ t+1}}{\left(\sum_{k=1}^{N}\omega_{ki,\ t+1}M_{k,\ t+1}\right)^{2}}\right)=\frac{C_{j,\ t+1}P_{j,\ t+1}}{C_{j,\ t}}+\beta(1-\delta_{M})P_{j,\ t+1}$$

结合由公式（6.79）给出的生产函数、由公式（6.16）给出的预算约束、公式（6.100）给出的 $E_{j,\ t}$ 的表达式，来自公式（6.25）的每个 t 的 $p_{j,\ t}$ 表达式，以及交易等式 *MRTs* 中公式（6.20）给出的 $P_{j,\ t}$ 和公式（6.21）中的 $\Pi_{j,\ t}$，分别由公式（6.99）和公式（6.103）给出的 $K_{j,\ t+1}$ 和 $M_{j,\ t+1}$ 两个一阶条件，我们最终得到以下系统：

$$Y_{j,\ t}=p_{j,\ t}A_{j,\ t}(L_{j,\ t}{}^{1-\alpha}K_{j,\ t}{}^{\alpha})^{1-\phi}\left(\sum_{i=1}^{N}\omega_{ij,\ t+1}M_{i,\ t+1}\right)^{\phi}\quad for\quad all\quad j\quad and\quad t \tag{6.104}$$

$$E_{j,\ t}=P_{j,\ t}C_{j,\ t}+P_{j,\ t}\left(\frac{K_{j,\ t}}{K_{j,\ t}{}^{1-\delta_K}}\right)^{\frac{1}{\delta_K}}+P_{j,\ t}\left(\frac{M_{j,\ t}}{M_{j,\ t}{}^{1-\delta_M}}\right)^{\frac{1}{\delta_M}}\quad for\quad all\quad j\quad and\quad t \tag{6.105}$$

$$E_{j,\ t}=Y_{j,\ t}+\phi M_{j,\ t}\sum_{i\neq j}\left(\frac{\omega_{ji,\ t}Y_{i,\ t}}{\sum_{k=1}^{N}\omega_{ki,\ t}M_{k,\ t}}\right)-\frac{\phi Y_{j,\ t}}{\sum_{k=1}^{N}\omega_{kj,\ t}M_{k,\ t}}\sum_{i\neq j}\omega_{ij,\ t+1}M_{i,\ t+1}\quad for\quad all\quad j\quad and\quad t \tag{6.106}$$

$$p_{j,\ t}=\frac{(Y_{j,\ t}/Y_{t})^{\frac{1}{1-\sigma}}}{\gamma_{j}\Pi_{j,\ t}}\quad for\quad all\quad j\quad and\quad t \tag{6.107}$$

$$Y_{t}=\sum_{j=1}^{N}Y_{j,\ t}\quad for\quad all\quad t \tag{6.108}$$

$$P_{j,\ t}{}^{1-\sigma}=\sum_{i=1}^{N}\left(\frac{t_{ij,\ t}}{\Pi_{i,\ t}}\right)^{1-\sigma}\frac{Y_{i,\ t}}{Y}\quad for\quad all\quad j\quad and\quad t \tag{6.109}$$

$$\Pi_{i,\ t}{}^{1-\sigma}=\sum_{i=1}^{N}\left(\frac{t_{ij,\ t}}{P_{j,\ t}}\right)^{1-\sigma}\frac{E_{j,\ t}}{Y_{t}}\quad for\quad all\quad j\quad and\quad t \tag{6.110}$$

$$\frac{\alpha\beta(1-\phi)Y_{j,\ t+1}}{K_{j,\ t+1}C_{j,\ t+1}P_{j,\ t+1}}\left(1-\frac{\phi}{\sum_{k=1}^{N}\omega_{kj,\ t+1}M_{k,\ t+1}}\sum_{i\neq j}\omega_{ij,\ t+1}M_{i,\ t+1}\right)= \tag{6.111}$$
$$\frac{1}{C_{j,\ t}}+\frac{\beta(\delta_K-1)}{C_{j,\ t+1}}\quad for\quad all\quad j\quad and\quad t$$

这是一个有 $(8\times N+1)\times T$ 个未知数的 $(8\times N+1)\times T$ 方程组，涉及 $C_{j,\ t}$、$K_{j,\ t}$、$M_{j,\ t}$、$Y_{j,\ t}$、Y_t、$p_{j,\ t}$、$P_{j,\ t}$、$\Pi_{j,\ t}$、$E_{j,\ t}$ 和给定的参数及外生变量 $A_{j,\ t}$、$\omega_{j,\ t}$、$L_{j,\ t}$、a、β、ϕ、η_j、γ_j、σ、$t_{ij,\ t}$、δ_K 和 δ_M。再次替换和添加 $p_{j,\ t}$ 交易流量，最终得到 *FDI* 的引力系统。

在稳态条件下 $t+1$ 期价值必须与 t 期价值相等。因此，可以将物质资本和技术资本表示为

$$K_j=\frac{\Omega_j}{\delta_K} \tag{6.112}$$

$$M_j=\frac{\chi_j}{\delta_M} \tag{6.113}$$

删除所有变量的时间索引，删除时间指数并使用公式（6.114）给出的物流资本的一阶条件 $K_j=\Omega_j/\delta_K$ 和 $M_j=\chi_j/\delta_M$，整理得

$$\frac{\alpha\beta(1-\phi)Y_j}{K_jC_jP_j}\times\left(1-\frac{\phi}{\sum_{k=1}^{N}\omega_{kj}M_k}\sum_{i\neq j}\omega_{ij}M_i\right)=\frac{1}{C_j}+\frac{\beta(\delta_K-1)}{C_j}\quad for\quad all\quad j\Rightarrow \tag{6.114a}$$

$$\frac{\alpha\beta(1-\phi)Y_j}{K_jP_j}\times\left(1-\frac{\phi}{\sum_{k=1}^{N}\omega_{kj}M_k}\sum_{i\neq j}\omega_{ij}M_i\right)=1+\beta(\delta_K-1)\quad for\quad all\quad j\Rightarrow \tag{6.114b}$$

$$\frac{\alpha\beta(1-\phi)Y_j}{P_j(1-\beta+\beta\delta_K)}\times\left(1-\frac{\phi}{\sum_{k=1}^{N}\omega_{kj}M_k}\sum_{i\neq j}\omega_{ij}M_i\right)=K_j\quad for\quad all\quad j\Rightarrow \tag{6.114c}$$

删除时间指数并使用公式（6.114）中给出的技术资本的一阶条件 $K_j=\frac{\Omega_j}{\delta_K}$ 和 $M_j=\frac{\chi_j}{\delta_M}$，整理得

$$\frac{\beta\phi\omega_{jj}Y_j}{(\sum_{i=1}^{N}\omega_{ij}M_i)}\left(1-\frac{\phi}{\sum_{k=1}^{N}\omega_{kj}M_k}\sum_{i\neq j}\omega_{ij}M_i\right)+\beta\omega_{jj}\left(\frac{\phi}{(\sum_{k=1}^{N}\omega_{kj}M_k)^2}\sum_{i\neq j}\omega_{ij}M_i\right)+$$

$$\beta\phi\sum_{i\neq j}\left(\frac{\omega_{ji}Y_i}{\sum_{k=1}^{N}\omega_{ki}M_k}\right)-\beta\phi(\phi-1)M_j\sum_{i\neq j}\left(\frac{\omega_{ji}^2Y_i}{(\sum_{k=1}^{N}\omega_{ki}M_k)^2}\right)=$$

$$\frac{C_jP_j}{C_j}+\beta(1-\delta_M)P_j \quad for \quad all \quad j\Rightarrow$$

$$\frac{\beta\phi\omega_{jj}Y_j}{P_j(1-\beta+\beta\delta_K)(\sum_{i=1}^{N}\omega_{ij}M_i)}\left(1-\frac{\phi}{\sum_{k=1}^{N}\omega_{kj}M_k}\sum_{i\neq j}\omega_{ij}M_i\right)+$$

$$\frac{\beta\omega_{jj}}{P_j(1-\beta+\beta\delta_K)}\left(\frac{\phi}{(\sum_{k=1}^{N}\omega_{kj}M_k)^2}\sum_{i\neq j}\omega_{ij}M_i\right)+\frac{\beta\phi}{P_j(1-\beta+\beta\delta_K)}$$

$$\sum_{i\neq j}\left(\frac{\omega_{ji}Y_i}{\sum_{k=1}^{N}\omega_{ki}M_k}\right)=1+\frac{\beta\phi(\phi-1)M_{j,\ t+1}}{P_j(1-\beta+\beta\delta_K)}\sum_{i\neq j}\left(\frac{\phi\omega_{ji}^2Y_i}{(\sum_{k=1}^{N}\omega_{ki}M_k)^2}\right)$$

$$for \quad all \quad j \tag{6.115}$$

因此，方程（6.107）~方程（6.115）给出的方程系统可简化为

$$Y_j=p_jA_j\,(L_j^{1-\alpha}K_j^{\alpha})^{1-\phi}\left(\sum_{i=1}^{N}\omega_{ij}M_i\right)^{\phi} \quad for \quad all \quad j \tag{6.116}$$

$$E_j=P_jC_j+P_jK_j+P_jM_j \quad for \quad all \quad j \tag{6.117}$$

$$E_j=Y_j+\phi M_j\sum_{i\neq j}\left(\frac{\omega_{ji}Y_i}{\sum_{k=1}^{N}\omega_{ki}M_k}\right)-\frac{\phi Y_j}{\sum_{k=1}^{N}\omega_{kj}M_k}\sum_{i\neq j}\omega_{ij}M_i \quad for \quad all \quad j \tag{6.118}$$

$$P_j=\frac{(\frac{Y_j}{Y})^{\frac{1}{1-\sigma}}}{\gamma_j\Pi_j} \quad for \quad all \quad j \tag{6.119}$$

$$Y=\sum_{j=1}^{N}Y_j \tag{6.120}$$

$$P_j^{1-\sigma}=\sum_{i=1}^{N}\left(\frac{t_{ij}}{\Pi_i}\right)^{1-\sigma}\frac{Y_i}{Y} \quad for \quad all \quad j \tag{6.121}$$

$$\Pi_i^{1-\sigma} = \sum_{i=1}^{N} \left(\frac{t_{ij}}{P_j}\right)^{1-\sigma} \frac{E_j}{Y} \quad for \quad all \quad j \tag{6.122}$$

$$K_j = \frac{\alpha\beta(1-\phi)}{P_j(1-\beta+\beta\delta_K)}\left(1 - \frac{\phi}{\sum_{k=1}^{N}\omega_{kj}M_k}\sum_{i\neq j}\omega_{ij}M_i\right) \quad for \quad all \quad j \tag{6.123}$$

$$\frac{(1+\beta\delta_M-\beta)P_j}{\phi\beta P_j} = \frac{\omega_{jj}Y_j}{\sum_{i=1}^{N}\omega_{ij}M_i}\left(1 - \frac{1-\phi}{\sum_{k=1}^{N}\omega_{kj}M_k}\sum_{i\neq j}\omega_{ij}M_i\right) + \sum_{i\neq j}\left(\frac{\omega_{ji}Y_i}{\sum_{k=1}^{N}\omega_{kj}M_k}\right) - (\phi-1)M_j\sum_{i\neq j}\left(\frac{\omega_{ji}^{2}Y_i}{\left(\sum_{k=1}^{N}\omega_{kj}M_k\right)^2}\right) \quad for \quad all \quad j \tag{6.124}$$

将系统剔除时间因素。公式（6.29）描述了数量为正的 *FDI*，然而许多情况下双边 *FDI* 数据为零，因此在模型中为涵盖这种可能性，明确将这种情况定义为 *FDI* 零流量。此外，分别由公式（6.23）给出的 P_j 和公式（6.24）给出的 Π_j 将 *FDI* 方程与多边阻力项相结合，以获得以下独立的 *FDI* 引力系统：

$$FDI_{ij}^{value} = \begin{cases} \dfrac{\beta\phi^2\eta_i^{2}}{1-\beta+\beta\delta_M}\omega_{ij}\dfrac{E_i}{P_i}\dfrac{Y_j}{M_i} & if \quad FDI_{ij} = \omega_{ij}M_i > 1 \\ 0 & if \quad FDI_{ij} = \omega_{ij}M_i \leqslant 1 \end{cases} \tag{6.125}$$

$$P_i = \left[\sum_{j=1}^{N}\left(\frac{t_{ij}}{\Pi_j}\right)^{1-\sigma}\frac{Y_j}{Y}\right]^{\frac{1}{1-\sigma}} \tag{6.126}$$

$$\Pi_j = \left[\sum_{i=1}^{N}\left(\frac{t_{ij}}{P_j}\right)^{1-\sigma}\frac{E_i}{Y}\right]^{\frac{1}{1-\sigma}} \tag{6.127}$$

系统中公式（6.71）~公式（6.78）与结构贸易引力系统有明显的相似之处。第一，*FDI* 的引力公式（6.125）表明 *FDI* 与母国支出规模 E_i 直接相关，这种关系因为在模型中支出反映了技术资本边际产品价值 M_i 。第二，公式（6.125）反映了 *FDI* 与东道国名义产出规模 Y_j 之间的正相关关系，其中 Y_j

是东道国技术资本边际产品价值。第三，公式（6.125）*FDI* 的股票价值与 *FDI* 壁垒 ω_{ij} 成反比。总而言之，迄今为止模型建立的三种关系类似于物理学与国际贸易学中的依赖关系。具体而言，东道国和母国的规模越大、越接近，他们之间的 *FDI* 股票价值就越大。第四，模型中 *FDI* 引力系统的一个重要特征是，以直观的方式通过多边阻力将双边 *FDI* 存量价值与贸易联系起来。具体而言，对于母国 i、P_i，内部多边阻力升高，导致来自国外和到达东道国 j 的 *FDI* 减少。这种结果说明，更高的 P_i 意味着投资 i 的技术资本的直接成本与机会成本更高。公式（6.125）与贸易引力模型的主要区别在于缺乏对外多边阻力，原因是技术资本的非竞争性属性使其与商品的销售形成鲜明对比：国家 i 销往国家 j 的商品不能在其他地方再进行销售和使用，但是国家 i 在国家 j 使用的技术在其他地方可以完全不受影响地应用。模型假设母国技术资本的使用以其自身价值出售给东道国，交易成本为零。在公平交易中，这种假设与讨价还价行为相一致，其中所有权力都与卖方有关。第五，公式（6.125）表明国家 i 在国家 j 的 *FDI* 存量的价值取决于国家 i 技术资本的数量，反映了技术资本的边际投资收益递减。第六，模型中 *FDI* 的结构引力系统与相应的贸易方程之间的相似性表明，由公式（6.125）~公式（6.127）组成的系统，可以使用贸易文献中的成熟技术进行估算，但由于对该系统进行的估算超出了本章研究的内容范围，故暂不讨论。为证明方法的有效性，本章遵循贸易文献新的定量方法（*Caliendo* 和 *Parro*，2015；*Eaton* 等，2016）对理论框架进行校准实验。

第三节　实证分析

本节的目标是研究 *FDI* 对世界福利和不平等的影响，进而得出 *FDI* 推动东道国制造业升级的福利影响。为此，本节进行了一项反事实实验，构建了一个没有 *FDI* 的虚拟世界，类似在贸易文献中转向自给自足的标准练习

（*Costinot* 和 *Rodríguez-Clare*，2014），模拟了世界向没有 *FDI* 的转变，同时允许模型中的所有其他经济活动（如国际贸易和国内投资）的开展，本节的研究重点将完全放在 *FDI* 渠道上。通过本实验可得出以下结论：首先，从方法论的角度来看，能够证明研究方法的有效性，以及非竞争性技术转移范式下新型 *FDI* 渠道建模经验的相关性；其次，在本章研究目标设定引述的推动下，政策制定者和相关研究分析将 *FDI* 视为许多国家，特别是发达国家繁荣的关键驱动因素，通过本节分析将对此提供支持或反对的定量证据；最后，能够将全球化的两个主要驱动因素，即国际贸易与 *FDI* 对过去 1/4 世纪的相关贡献进行比较。

一、变量和数据

为进行实证分析，根据 28 个国家和地区①在 2016 年包括 *FDI*、贸易流量、国内生产总值、就业、实物资本投资等在内的相关经济数据，编制了一个平衡面板数据集。执行反事实实验所需的参数集可以从文献中获取或校准，所有变量和参数以及用于构建校准数据的数据来源和方法见表 6-1。为衡量样本中所有国家的有效单位就业情况，将从事劳动力的人数乘以人力资本指数，且该指数以平均受教育年限为基础。为构建反事实分析所需的内部总贸易，对贸易数据进行了汇总，使用总制造业的总产值与制造业总出口之间的比率，以便在国家层面构建乘数，并使用此乘数以及总出口数据预测国内贸易的价值。就业和资本存量数据来自宾夕法尼亚大学国际比较中心编制的

---

① 加拿大（Canada，CAN），中国（China，CHN），丹麦（Denmark，DNK），法国（France，FRA），德国（Germany，DEU），希腊（Greece，GRC），中国香港（Hong Kong，HKG），印度（India，IND），印度尼西亚（Indonesia，IDN），爱尔兰（Ireland，IRL），意大利（Italy，ITA），日本（Japan，JPN），韩国（Republic of Korea，KOR），马来西亚（Malaysia，MYS），墨西哥（Mexico，MEX），荷兰（Netherlands，NLD），新西兰（New Zealand，NZL），菲律宾（Philippines，PHL），葡萄牙（Portugal，PRT），俄罗斯（Russia，RUS），新加坡（Singapore，SGP），西班牙（Spain，ESP），瑞典（Sweden，SWE），瑞士（Switzerland，CHE），泰国（Thailand，THA），英国（United Kingdom，GBR），美国（United States，USA）和越南（Vietnam，VNM）。

《宾州世界表》（*The Penn World Tables*，*PWT*）第九版，数据涵盖 1950—2014 年的 182 个国家和地区，并以 2005 年为基准年。贸易数据来自联合国统计司（*The United Nations Statistical Division*，*UNSD*）的商品贸易统计数据库（*Commodity Trade Statistics Database*，*COMTRADE*）。制造业总产量数据来自联合国工业发展组织（*The United Nations Industrial Development Organization* ，*UNIDO*）工业统计数据库（*Industrial Statistics Database*，*INDSTAT*），数据库中的制造业数据可以为样本中国家建立乘数指数，并使用世界其他国家（*Rest-of-the-World*，*ROW*）乘数构建其余的内部交易数据。*FDI* 数据的主要来源是联合国贸易和发展会议数据库（*The United Nations Conference on Trade and Development* ，*UNCTAD*）中双边外商直接投资统计数据库（*Bilateral FDI Statistics Database*），和经济合作与发展组织（*the Organization for Economic Co-operation and Development* ，*OECD*）建立和维护的国际直接投资统计数据库（*the International Direct Investment Statistics Database*），其中贸易和发展会议的 *FDI* 数据库记录了 1970—2017 年大部分年份约 206 个国家的流入、流出、引进存量和对外存量，经济合作与发展组织数据库提供了经济合作与发展组织国家内部 *FDI* 流量和存量，以及头寸的详细统计数据和经济合作与发展组织成员国与非成员国之间的贸易信息。

模型运行反事实所需的参数主要来源于目前的文献，其中包括替代弹性 $\sigma=6$（*Head* 和 *Mayer*，2014），消费者折扣因子 $\beta=0.98$（*Yao* 等，2012），特定国家的生产资本份额 α_j 和特定国家的资本调整成本 δ_j 来自《宾州世界表》（*PWT*），第二组参数直接由数据构成，将一个国家的技术资本占所有目的地的份额作为世界技术资本总额的份额进行如下计算：

$$\eta_j=\frac{\sum_j FDI_{ij}^{value}}{\sum_i\sum_j FDI_{ij}^{value}} \tag{6.128}$$

使用生产函数中 *FDI* 与实物资本投资之间的关系，以及 *FDI* 和实物资本数据及资本份额数据计算 *FDI* 的生产份额，具体数值见表6-1：

$$\phi_j = \frac{\alpha_j(FDI_j^{in}/K_j)}{1+\alpha_j(FDI_j^{in}/K_j)} \tag{6.129}$$

模型中使用的第三组参数经过校准后以适合模型，这些参数包括用公式（6.71）~公式（6.73）校准的双边贸易摩擦 t_{ij}，由公式（6.78）构成 *FDI* 摩擦 ω_{ij}，以及使用公式（6.74）、公式（6.75）校准的偏好调整技术参数 A_j/γ_j，以及由公式（6.128）技术资本的理论一致方程进行校准的技术资本的内生价值：

$$M_j = \frac{\beta\phi\eta_j}{1-\beta+\delta_M P_j}\frac{E_j}{P_j} \quad for \quad all \quad j \tag{6.130}$$

表6-1　数据来源说明汇总

变量	含义	数据来源
X_{ij}	贸易流量	*UNIDO* 数据库
K_j	资本流量	*WDI* 数据库佩恩表
Y_j	收入	*UNIDO* 数据库
L_j	劳动力要素禀赋	WDI数据库佩恩表

资料来源：根据数据来源自行整理。

最后，分别使用公式（6.23）、（6.24）构建向内和向外多边阻力指数，为完全匹配数据中国内收入和支出价值之间的差异，将外部国家特定参数定义为可归因于流入和流出的FDI所支付的贸易不平衡：$\psi_j \equiv E_j/(Y_j + \eta_j\sum_{i\in\mathbb{N}_{ji,t}}\phi_i Y_i - \phi_j Y_j\sum_{i\in\mathbb{N}_{ij,t}}\eta_i)$。在反事实模型分析中保持贸易不平衡（$[(\psi_j-1)/\psi_j]E_j$）的外生部分不变，并由于FDI的流入和流出支付部分内生地调整。

二、结果和解释

利用本章构建的贸易和投资结构体系及相关数据与参数，在本节进行反事实试验，模拟假设中没有 FDI 的世界经济的稳态平衡。在机制方面，从基准情景开始分析，国际贸易、国内投资和 FDI 都是活跃的经济活动渠道，然后增加 FDI 摩擦以消除世界上所有的 FDI，同时仍然允许国际贸易和国内投资。为方便管理模型结果的表达和讨论，本章只关注反事实分析的两个结果：FDI 对国际贸易的影响，以及 FDI 对福利的量化影响，即 FDI 的收益。鉴于模型的动态性质，为衡量福利，通过计算消费者在基线情况下需要支付的总消费的恒定分数 ζ 获得福利指数（Lucas，1987），并通过反事实消费流 C_j^c 获得相同效用，计算公式如下：

$$\sum_{t=0}^{\infty}\beta_t \ln(C_j^c) = \sum_{t=0}^{\infty}\beta_t \ln\left[\left(1+\frac{\zeta}{100}\right)C_j^b\right] \Rightarrow$$
$$\zeta = \left[\exp\left(\ln(C_j^c) - \ln(C_j^b)\right) - 1\right] \times 100 \tag{6.131}$$

模型分析 FDI 对贸易和福利的影响调查结果详见表 6-1。当世界不存在 FDI 导致的贸易变化时显示出 FDI 对国际贸易的影响巨大，平均而言，当不存在 FDI 时贸易将减少约 11%。模型分析还表明，各国 FDI 对其参与国际贸易的影响差异巨大。因 FDI 使其参与国际贸易受益最多的国家为贸易指数最负的国家。例如，当假设 FDI 消失时，卢森堡总出口减少了 90%、比利时总出口下降 61%、中国香港总出口下降 57%，而巴基斯坦、中国、印度等国家其出口总额反而增长了 10%以上。从样本中各国净 FDI 头寸的变化角度找寻原因和线索，以分析 FDI 与国际贸易之间关系的异质结果，可以将 FDI 看作出口贸易顺差的替代品。FDI 净头寸直接反映了资本服务账户的情况，FDI 净流入意味着 $E_j < Y_j$。消除 FDI 后，对各国净 FDI 头寸及总出口的反事实变化进行拟合可知，贸易变化与净 FDI 头寸负相关，且存在简单的局部均衡状态，这是基于 FDI 的消除对支出的影响；模型的一般均衡则出现数据点的分散，存在异常值。在控制其他变量不变的条件下，消除 FDI 意味着 FDI 头寸消失，E_j 与 Y_j 变化方向相同，当 FDI 净流入增加时，FDI 净流出下降，现在这种关系同样适用于国家总出口的转变：

$$\sum_{j \neq i} X_{ij} = Y_i \sum_{j \neq i} \frac{E_i}{Y} \left(\frac{t_{ij}}{\Pi_i P_j}\right)^{1-\sigma} = Y\left(1 - \frac{E_i}{Y}\left(\frac{t_{ij}}{\Pi_i P_j}\right)^{1-\sigma}\right) \quad (6.132)$$

在控制其他变量不变的条件下，消除 FDI 还意味着当 FDI 净流入和国家 i 出口贸易根据公式（6.132）最右边的平等下降则 E_i 增长。FDI 净流出 E_i 下降则出口增加。异常情况出现的部分国家如中国、美国和日本，这种关系受到了抑制而提出了一般均衡，模型的模块化使消除 FDI 的影响可直接获得。一般而言，FDI 净值为负的国家当 FDI 消除时全球收入份额下降，原因在于其技术资本利润较低因此累积较少；而 FDI 净值为正的国家当 FDI 消除时全球收入份额上升，原因在于国内技术资本积累在进口技术资本流失后带来更多收益。模型通过公式（6.132）拟合了这种情况下异常值的变化。次要的一般均衡效应是 FDI 消除对多边抵抗的影响，模拟显示净 FDI 与向外多边阻力 Π_i 呈负相关。具体而言，净 FDI 与向内多边阻力正相关但与向外多边阻力的负相关性相对较弱。在控制其他变量不变的条件下，公式（6.132）中描述的多边阻力效应将提高出口并产生完全一般均衡效应，因为前两个阶段消除 FDI 对 E_i 和 Y_i 的直接影响占主导地位。虽然模型的一般均衡力会模糊净 FDI 与贸易变化的负相关关系，但支出与净 FDI 之间的直接位置足以表明这种负相关性。

表 6-2　不同国家 FDI 的贸易和福利效应

单位:%

国家/地区	贸易	福利	国家/地区	贸易	福利
加拿大	-12. 87	-18. 36	日本	9. 49	-8. 60
瑞士	-42. 92	-22. 65	韩国	0. 40	-6. 10
中国	11. 54	-11. 82	墨西哥	-11. 06	-17. 45
德国	-6. 01	-7. 72	马来西亚	-7. 47	-10. 09
丹麦	-12. 20	-12. 41	荷兰	-16. 86	-17. 43
西班牙	-7. 36	-13. 37	新西兰	-26. 58	-6. 06
法国	-4. 86	-10. 61	菲律宾	-2. 03	-17. 84
英国	-19. 63	-17. 16	葡萄牙	-8. 03	-11. 78
希腊	2. 47	-8. 01	俄罗斯	6. 01	-2. 87

续表

国家/地区	贸易	福利	国家/地区	贸易	福利
中国香港	-60.31	-20.24	新加坡	-40.61	-2.54
印度尼西亚	-3.30	-7.61	瑞典	-34.98	-22.47
印度	10.76	-10.86	泰国	-6.01	-13.64
爱尔兰	-48.49	-49.87	美国	2.56	-7.11
意大利	-1.07	-8.89	越南	-1.67	-0.77

资料来源：根据模型计算整理所得，其中第二、三列及第五、六列数值为 FDI 反事实总出口和福利的变化百分比。

通过估算 FDI 反事实总出口和福利变化的百分比分析 FDI 的福利效应，具体数值见表 6-2。结果表明平均而言，2016 年 FDI 的总收益相当于世界福利的 9%，这一实证结果表明 FDI 确实是当今世界经济的重要组成部分，对世界经济的繁荣发展有重大推动作用。对 FDI 的福利分析与对国际贸易的影响分析结果类似，28 个样本国家和地区中 FDI 的福利影响也差异巨大。具体而言，大多数国家因阻止 FDI 而遭受损失，其中消除 FDI 对福利的负面影响最大的是一些发达国家如爱尔兰，以及一些发展中经济体，如菲律宾和印度；从理论上讲，世界范围内还存在极少数国家因阻止 FDI 而获得了积极的福利效应，在消除 FDI 的情况下会更大。为了更好地解释消除 FDI 的福利效应的异质性原因及驱动机制，并进一步确认模型得出的部分直观结论，对部分参数和变量及国家特定生产份额 ϕ_j 的福利变化展开分析。与依据经济学常识分析预期的结果一致，当一国生产函数中 FDI 的比重越大时，其生产受 FDI 变化影响就越多，因此 ϕ 与国家福利损失的变化方向相同。国家的福利效应与 FDI 流入、流出之间存在轻微的负相关关系，而国家的福利效应与其 FDI 净值之间的负相关关系更显著。直观理解为，表明如果一个国家的 FDI 流入比流出更多，即其 FDI 净值为正，则限制甚至消除 FDI 将导致更大的福利损失，反之亦然。限制 FDI 将引起总出口变化进而影响一国福利。在贸易赤字情况下，一国贸易较小幅度的变化，即贸易赤字小幅度增加，与贸易顺差情况下一国贸易较大幅度的变化，即贸易顺差大幅度扩大所带来的福利损失都相对较小，如埃塞俄比亚、巴基斯坦和中国在限制FDI的情况下，出口总额的增加则在一定程度上抵销了因FDI消除而产生的福利损失，因此其受到的负面福利影响相对较小。总之，FDI对世界各国的贸易和福利的影响并不均衡，存在显著的异质性。虽然平均而言，样本中的大多数国家的国际贸易和福利受到FDI的积极影响，但仍有部分国家因FDI而遭受损失。需要注意的是，与部分代表性发达国家及部分发展中国家的情况有所不同的是，我国在FDI反事实情况下国际贸易的情况是有所改善的，这与我国当前FDI的结构中效率寻求型FDI和资源寻求型FDI的比例及构成有关。由于这部分FDI的目标市场多为国际市场或母国市场，因此在东道国利用价格低廉的原材料、能源、生产资料、劳动力要素等进行较低成本生产后，获取一定低成本优势的产品以出口的形式流出东道国市场，对东道国本土的相关产业内资企业形成非常大的国际竞争压力并造成一定的挤压，所以当这部分FDI在反事实情况下不再考虑在东道国的经济活动和生产经营时，对东道国整体而言就减少了相关的出口挤压和竞争，对国际贸易就有一定程度的正向促进效果。其对制造业全球价值链升级的推动作用在经过研究后已得到验证，这部分影响综合体现在FDI对国家整体福利的影响中，但需要注意的是，我国的国家福利与FDI之间呈正相关影响，证明FDI对我国的经济发展及国家福利整体而言是正向的促进作用，且在反事实情况下，FDI的消失对我国福利影响的程度比相当一部分的国家影响更大，这说明FDI在我国经济发展的诸多领域对我国的福利水平是正向的促进作用。结合第四章、第五章的研究内容可以推断，市场寻求型FDI和战略资产寻求型FDI对我国的技术溢出效应，以及生产率溢出效应等外部性在我国经济活动诸多方面有促进作用。综合考虑FDI对我国的经济发展影响，在全球化的大背景下，我国应继续积极发挥FDI在我国经济发展和产业升级中的正向作用，同时应该更加有选择、有侧重地吸引外商直接投资，尽量减小相关类型FDI对我国相关产业内资企业的负面影响和挤出效应，应通过相关优惠条件和政策倾斜吸引对我国经济发展和制造业转型更有利的FDI类型，加大FDI在我国经济发展中的正外部性。

第四节 本章小结

本章通过开发构建结构动态模型，通过区分国内物质资本积累与非竞争性技术转移形式 FDI 分解国际贸易和国内投资，并分析描述 FDI 在全球经济发展中的作用和影响，证明 FDI 与国家福利之间的关系，进而定位 FDI 对经济发展和产业升级的作用。假设世界没有 FDI 情况下表征的反事实实验证明了方法的有效性，以及 FDI 作为全球经济重要组成部分的经济领域重要性。虽然 FDI 对世界各国的影响并不均衡，但是对世界大部分国家的福利增长贡献重大。由于笔者当前科研能力的限制使本章内容具有局限性，在本章研究内容的基础上可以做进一步扩展分析：由于受到数据可得性和可用性的限制，模型设置没有具体到产业和部门，对于 FDI 对制造业部门的影响分析只能从其对国家经济发展和福利促进的整体角度推导，如果在现有文献的基础上可以证明允许投入产出联系的重要性及添加了部门数据，则可以对贸易和投资的部门模型在数理基础上有更重要的发现，对于 FDI 的影响将理解得更加深刻，对 FDI 与产业结构升级的福利分析也将更具有说服力。

第七章　研究结论与政策建议

第一节　研究结论

改革开放40年以来，经过快速发展，中国已成为全球第一大出口国、第二大进口国。在制造业方面，中国于2010年成为世界最大制造业国家，然而我国制造业大而不强的问题依然存在，美国、德国、日本等制造业强国的实力依然稳固。我国制造业低技术密集度产业产品或劳动密集型、资源密集型产品的出口占比依然较大，需要在中高技术密集度产业尤其是高技术密集度产业的产品发展方面加大力度。

研究表明，外商直接投资对我国制造业全球价值链升级有积极的促进作用。但是，根据FDI的异质性结合制造业产业技术密集度特征进一步研究发现，其对高技术密集度产业、中高技术密集度产业、中低技术密集度产业及低技术密集度产业的相关影响存在差异，具体表现如下。

（1）在我国的市场寻求型FDI对四类制造业产业都有正的技术溢出效应，并且对中高技术密集度产业的技术溢出效应最大，对高技术密集度产业的技术溢出效应次之，对中低技术密集度产业的技术溢出效应较小，对低技术密集度产业的技术溢出效应最小。因此，对我国制造业转型及实现全球价值链升级目标的帮助较大，可以通过相关政策及优惠措施进一步鼓励市场寻求型FDI在我国投资。

（2）现阶段，在我国的效率寻求型FDI对中低技术密集度产业和低技术密集度产业有负的技术溢出效应，在高技术密集度和中高技术密集度产业的技术溢出效应相对较低，说明目前我国的制造业发展目标与效率寻求型 FDI 对我国制造业产业产生的相关影响并不吻合。因此，可以适当压缩或者不鼓励效率寻求型 FDI 在我国的大规模投资。

（3）在我国的资源寻求型 FDI 对中低技术密集度产业和低技术密集度产业同样有负的技术溢出效应，对高技术密集度和中高技术密集度产业的技术溢出效应亦相对较低，同样反映出当前阶段在我国制造业发展及经济增长目标的实现中，资源寻求型 FDI 的贡献相对较小。因此，采取不鼓励、不倾斜的政策态度较为合宜。

（4）战略资产寻求型 FDI 对四类制造业产业都有正的技术溢出效应，对高技术密集度产业的技术溢出效应最大，对中高技术密集度产业的技术溢出效应次之，对中低技术密集度产业的技术溢出效应较小，对低技术密集度产业的技术溢出效应最小，较符合当前我国经济增长方式转变的特定阶段和制造业转型及全球价值链升级的目标要求。因此，可以通过相关优惠政策及积极鼓励措施对这部分外商直接投资形成吸引力，助力我国实现经济发展目标。

研究同时表明，外商直接投资对我国制造业全球价值链升级的促进作用是通过中介效应发生的。FDI 的水平及前后向关联技术溢出效应在对制造业产业显示性比较优势指数 RCA 联合回归中，水平技术溢出效应和后向关联技术溢出效应在 1%水平上通过显著性检验，前向关联技术溢出效应在 10%水平上通过显著性检验，而在构建的中介效应模型中，FDI 的直接效应并不显著，而只存在中介效应。其中，水平技术溢出效应与后向关联技术溢出效应对制造业显示性比较优势指数 RCA 的影响系数为负，即水平技术溢出效应与后向关联技术溢出效应在当前的市场环境中，对相关产业存在一定的抑制性和挤出性，说明当前制造业相关产业的技术溢出传导机制效率较低，甚至抑制技术进步。因此，我国制造业运营的市场机制需进一步完善优化，相关法律制度和政策体系在进一步完善的同时还要精简不必要的办事流程和办事步骤。由此可知，在我国制造业的发展阶段和 FDI 目前在我国制造业的技术溢出效应具体情况下，比较适合市场寻求型 FDI 及资源寻求型 FDI 这两类进口替代型

FDI，通过前向关联技术溢出效应推动我国制造业全球价值链升级。因此，我国在相关政策制定及对 FDI 的引进过程中应有所侧重，对适应我国现阶段经济发展需要和制造业全球价值链升级需要的 FDI 类型予以适当优惠。

通过反事实实验发现，外商直接投资对我国制造业全球价值链升级的影响及对国家整体福利的提升是有正向促进作用的。

第二节 政策建议

学术界和政策制定部门对外商直接投资在国家经济发展中作用的认识始终没有达成确定的一致意见。这一问题很难阐明的一个重要原因是，FDI 的基本特征和相关特点会随着时间的推移而演变。在我国改革开放 40 年间，我国经济快速发展，对外开放工作成绩显著，利用外资工作也取得了举世瞩目的成就，与此同时，外商直接投资的范式和特点也发生了重大变化。传统上，外商直接投资被视为资本流动，由投资于发展中国家的发达国家的大型跨国企业为主体进行，资本的流动方向主要为从“北方”流向“南方”。母国对东道国进行投资的主要传统目的是，利用东道国的自然资源、原材料及廉价的劳动力等生产要素，或以贸易替代为目的，即意味着目标在于更好地服务东道国国内消费市场。然而这种传统范式也发生了重大变化，近些年来，外商直接投资不仅是关于资本的流动，而且更重要的是关于技术和知识的流动，其流动方向也不再局限于从“北方”流向“南方”，也出现了从“南方”流向“南方”或者从“南方”流向“北方”的现象。此外，外商直接投资不再是国际贸易的替代品，恰恰相反的是，外商直接投资已经成为国际生产过程的一部分，投资者通过这一过程在东道国生产作为更广泛全球价值链环节中一部分的商品或服务，因此投资者成为交易者，反之亦然。另外，外商直接投资也不再局限于由大型跨国企业为主体实施，来自发展中国家相对较小的企业亦可以在本国以外的国家进行直接投资。同样需要注意的是，跨境投资不再局限于证券投资和外商直接投资。由国际生产模式、国际分工模式导致的新跨境投资形式逐渐成长为跨境投资的重要力量，因此母国投资者与东道国国内投资者的本地资本或有形资产一起分享先进技术、生产管理或品牌价值等无形资产。非股权投资模式（Non-equity Modes of Production，NEMs）即是如此，如特许经营、外包、委托代理或合同制造等。在不断变化的全球经济发展背景及外商直接投资相关范式特点下，每个国家都面临的挑战是：如何最大限度地发挥跨境投资的效益，如何充分利用外商直接投资的新特点为国家经济产业的发展带来益处。

不可否认，一些国家虽然吸引了大量的外商直接投资，却永远不会向全球价值链上游移动，如何避免这种情况的发生，是需要学者和政策制定者都深刻思考的。因此，为了最大限度地发挥外商直接投资对东道国经济及相关产业发展的影响，需要一个合适的外商直接投资政策框架。由于外商直接投资的相关投资政策概念中涉及大量的利益相关者、关联问题、管理机构、执行机构、实体企业、法律文书和管理工具等，因此能够确定外商直接投资政策的制定目的，并清晰规划政策起点、政策路径及具体行动将产生的最大影响等，这对一国外商直接投资政策的合理性、有效性意义重大。外商直接投资政策所涵盖的大量问题，对于希望从中获益的国家来说有一个常见的错误是，各国将制定投资政策的重点和焦点放在应对已经获得的外商直接投资类型及其特点所带来的挑战上。而更加有效的一种政策制定思路是，通过识别出国家、地区及产业还能从已有的 FDI 中获得更多收益机会，并立足于现状和发展目标客观考虑该国、该地区、该产业仍需要哪些其他类型、相关特点的 FDI，以促进其发展。许多发展中国家的政府在外商直接投资相关政策的制定、管理协调和落地实施等方面面临困难，从而削弱了竞争力并损害了进一步吸引外商直接投资和最大化已有外商直接投资收益的能力。

Echandi R 等（2015）认为在制定外商直接投资政策工作的第一阶段，应首先认识到外商直接投资的相关政策。通过计量经济学等实证研究手段和案例分析方法等提供的证据都表明，好的外商直接投资政策在全球化背景下的现代经济中影响作用重大，可以最大限度地帮助东道国提高外商直接投资的潜在收益。这部分收益中包括通过提高该国相关产业全球价值链的参与度和分工地位等，助力东道国国内相关生产部门的转型升级。适当的、合理的外商直接投资政策有助于 FDI 为东道国带来重大的经济利益和社会效益。例如，外商直接投资可以帮助东道国内资企业创造生产技能更高、收入更高的工作机会，促进母国向东道国的先进知识转移，提高东道国相关产业生产率，实现出口增值组成部分的升级和多元化等。这些影响对一个国家全球价值链整合能力的提高帮助作用巨大。为能最大限度地发挥外商直接投资的潜力，制定和实施适当的外资政策是必需的，要根据不同的经济环境、不同的政策目标进行不同的政策组合。政府有必要提出一个能够依赖的、足够复杂的框架来指导制定针对相应国家和外商投资环境的政策干预措施，以区别对待不同类型、不同投资目的的 FDI。同时，该政策框架又要足够简单，以使制定的外商投资政策具有实际意义。大量关于外商投资政策和外商直接投资影响的文献研究成果及针对极其特定的问题，如对某一特定国家和部门在某一特定时期的外商直接投资的经验分析，或关注焦点过于宽泛地将外商直接投资当作同质现象对待而忽略了其异质性，因此对外商直接投资的类型应加以区分并分析。相对较少的相关研究成果及已有研究与现实复杂变量的差距，使政策制定者难以组织协调影响一个国家外商直接投资收益最大化能力的多重复杂变量。

Dunning J H 和 Lundan S M（2008）基于投资者在选择地点时的主要动机将外商直接投资分为自然资源寻求型 FDI、市场寻求型 FDI、效率寻求型 FDI、战略资产寻求型 FDI。这种基于服务东道国国内市场及国际生产过程细分市场的 FDI 类型学已经被众多学者认可并采用。在更系统地考虑投资者特点和动机的逻辑框架中，针对经济发展目标和目的展开政策框架的制定，并已被证明可有效指导世界银行在许多国家领导的国家投资议程中进行战略政策讨论。采用基于外商直接投资动机的方法，有助于系统地围绕不同的投资者特点设计有效的改革方案，并可以基于适当的方法论说明全球价值链中不同部门参与者的具体活动情况。针对外资实践工作中的具体挑战进行的外资政策调查研究，将增加其与寻求改革的国家和产业的关联性及相关性。

针对我国目前制造业全球价值链升级中不同影响因素的具体情况及限制条件，基于我国制造业目前不同类型、不同目的 FDI 的具体现状提出相关政策建议。

一、为制造业发展营造更有利的政策环境

法律监管体系的健全性和稳定性、透明度为一国吸引外商直接投资和促进制造业发展的作用同样重大，是提升吸引外商直接投资和促进制造业全球价值链升级的重要驱动因素。发达国家的相关法律监管体系相对完善，增加了国家制造业发展的竞争优势。比如，德国、美国、日本的外商投资政策和产业政策及制造业发展政策等，对增强其制造业实力的作用显著。我国可以通过研究追踪其相关政策的发展脉络、该国经济实力、FDI 的数量和质量，以及制造业发展水平等之间的关联关系，为我国相关法律法规制度体系的完善提供借鉴。我国目前在相关政策制定以及落地执行方面仍有较大提升空间，与其他大型经济体相比，我国政府监管效率较低，需进一步优化管理流程，提高办事效率，切实落地相关法律法规。同时，为更好地吸引和利用外商直接投资对我国经济发展、经济结构调整以及产业转型升级、制造业全球价值链提升等发挥积极作用，我国可以进一步放宽相关业务办理流程和期限，进一步精简不必要的程序，使相关业务的办理流程更加规范合理，进一步缩短办事周期和等待期限。比如，外资企业在美国设立子公司办理相关手续只需要半个月左右，而同样的情形在我国可能需要两个月甚至更多时间，这将不利于我国法律监管体系和政策环境对外商直接投资产生吸引力和对产业发展的促进。同时，应该进一步降低法律监管及相关政策执行的高成本、高复杂性和不确定性，不无规划、无节制地颁布相关法律法规，降低企业履行规则的合规成本，降低企业运行的相关负担，并根据现实情况及时更新政府监管

体系的相关内容，注意政策之间的协调与和谐。鼓励我国制造业企业及外商直接投资企业的技术转让，以及科学知识领域的创新等，通过相关优惠政策激励厂商更多地使用先进技术以提高自身制造业的竞争力，并促成良性循环的有利环境。政策的制定需要注意其连贯性及引导性，为更符合国家经济发展方向的因素或相关领域提供更有利的、更可预期的制度保障。同时，应该注重对知识产权的保护，在我国内资企业及在我国发展的外商投资企业都更加重视创新技术和先进知识的背景下，要给予企业相关的政策支持和信心保证，以鼓励促进科技研发、技术转让以及可持续发展，尽量加强有利于企业竞争优势创造的相关政策。同时，也要关注企业及个人税率、政府干预、所有权纷争、劳动法等有可能抑制企业活力，不利于企业创新的相关政策。努力改善、改革不利于制造业转型升级的相关政策，从助力企业做大做强中获取长期可持续的经济利益，定位于更长远的投资发展计划，精简不必要的政策制度及办事流程，创新政府和企业的合作模式，使国家的政府职能和企业创新发展都在激烈的全球竞争环境中获取更大、更有利的转变。

二、发展具有中国特色的创新生态系统，重视研发投入

目前，我国的国内研发总支出占 GDP 的比重从 2000 年的 0.9%提高到 2017 年的 2.15%，并在 2018 年继续维持相似水平，已经超越了欧盟 15 国 2.1%的平均水平。从绝对数来看，我国从 2000 年的国内研发总支出 410 亿美元增长到 2017 年的 1.76 万亿元人民币，增长比例喜人，我国已成为仅次于美国的全球第二大研发支出国。2012—2017 年，我国公开专利申请数量年平均复合增长率为 15.3%，2000 年我国的专利申请数量仅为 579 件，2017 年专利申请数量已突破 127 万件，就申请专利数量而言，我国目前仅次于美国、日本。我国应继续重视制造业发展的方向，越发先进和成熟的制造业就越需要先进制造技术的持续开发和投入，以保证我国制造业的实力和竞争力。要重视对创新发展、人才强国和工业生态系统集群等方面基础优势的培养和强

化，不仅在低成本竞争方面应尽量保持优势地位，更要有战略性地注重先进制造业的竞争实力。在重视研发创新和先进技术的引进对我国制造业向具有更高附加值的先进制造业转型的同时，顺应全球制造业发展趋势，以提供蕴含更高价值的产品和服务。注重投资建立，可以进一步连接人员、资源、企业、组织和政策的国家创新生态系统，形成推动新理念向商品服务有效转化的资源整合体系。继续发挥我国在电子制造业的低成本与政府相关支持举措，继续保持我国先进电子产品的枢纽地位，带动我国电子产品供应基地发展强大，进一步吸引全球制造商在我国进行电子制造业的生产经营，并注重相关研发投入和政策支持，明确激励创新，鼓励创造。继续通过公共投资方式鼓励相关先进制造业进行研发，激励外商直接投资的参与，鼓励私营部门通过建立协作创新生态系统的方式开展自主研究，并搭建平台整合资源，帮助政府、学术界、企业家共同投资并建立维持相关创新的生态系统，为我国制造业发展注入持久动力，使参与其中的内资企业和外资企业同样获得显著好处。进一步提升我国高中低端制造业的生产及出口比例，中高端技术密集型产业产品的生产比重和出口比重，打破德国、美国、日本、英国占据高端技术密集型产业产品生产及出口绝大部分比例的限制，提升我国高端技术的生产和进口，提升我国高端制造业的实力。充分利用创新生态系统，跨越传统产业界限，发挥合作优势，积极采取创新策略，由政府牵头搭建，维护更广泛的生态系统，促进综合性制造业技术集群合作优势的发展和利用，提升生态系统的强度和稳定性，加强组织合作，提升我国制造业整体实力。先进的制造业技术是未来制造业的发展动力和竞争关键，随着数字技术、物理技术在制造业的发展融合，未来制造业的竞争实力和比较优势的打造需要通过先进技术实现，如预测分析、智能产业、物联网、先进材料等，都对未来制造业比较优势的建立和竞争实力的增强起关键作用。更先进的硬件、软件组合，传感器，大数据等，将颠覆传统制造业的生产方式和分工模式，在为消费者带来更智能、更高品质的产品和工艺的同时，消费者、供应商、制造商的关系将更加紧密，占领先机的制造企业可以通过先进技术进一步推动创新研发、采用差异化产品策略和低成本竞争力优势，以加快市场整合并成为相关产业的领导者。目前我国非常重视技术商业化，并且形成比较完善的风险资本投资体系助力相关产业创新发展。同时，我国的大学每年输送大量理工科专业毕业生，为我国的高性能计算、预测分析和智能工厂等具有发展前途的先进制造技术等的发展提供了有利条件。

三、推动人口红利向人力资本红利转变

人才竞争在未来相当长一段时期内依旧是制造业发展及其实力累积的重要驱动因素，同时也是国家间实力竞争的关键领域。拥有高技能、受过良好教育的技术工人对于制造业的创新发展和转型升级起关键作用，其影响力甚至可以体现在国家综合实力层面。因此，要继续推动我国在人口红利不可持续的情况下，人力资本红利的形成和释放，在人才培养方面要向德国、日本、美国等国家借鉴经验，重视对高技能高素质人才的培养和保留。对于具有创造能力的人才要向其提供合适的平台、环境和待遇，以有利于他们专注于专业领域的发展。通过差异化人才培养、招募和保留策略促成用人单位和培养单位的合作新模式，以有效保证人才来源的稳定和扩展。通过提供更有竞争力和吸引力的薪资待遇加强高端人才的能力释放，并在提高薪资与提高生产力效率之间注重平衡关系的维持和可持续发展的实现。在我国劳动力成本上升的同时，提高劳动生产率以降低单位劳动成本，保持我国的低成本竞争优势。借鉴德国等发达国家在重点行业人才培养方面的成功经验，明确人才竞争优势形成的长期性和累积性特点，重视职业培训及终身教育，提高劳动力人口参与教学学习和行业工作时间的比例，积极推广更加多元化的综合教育制度，注重对专业技术人才的培养及相关待遇的落实，以保证相关人才的可持续供给。提前思考应对在我国劳动力成本上升的同时出现的人口老龄化问题，通过提高劳动力素质和技术能力配合我国制造业向全球价值链高端的攀升，使劳动力的能力和结构更匹配我国制造业向附加值更高、技术更先进的

环节转型升级，以满足高端制造业及服务业人才的需要。

重视教育的支出和研究人员、教师的质量及数量，支持并强化综合教育基础设施的使用和完善，提高教师待遇，助力人才培养、人才输送的良性环境。重视毕业生实用技能培训，以尽可能缩小毕业生技能与实际工作岗位之间的差距，缩小高端熟练技术工人的用工缺口。高效的高质量劳动力培养支持体系既是一个国家经济繁荣的重要推动因素，也是其能否吸引高质量外商直接投资的重要衡量因素，还是制造业实力强大的重要驱动因素。因此，不仅要注重劳动力的成本优势，更要注重劳动力的素质和劳动生产率。加大相关教育基础设施的资金投入，为能够给国家提供有技术、有实力、有才华的高效、娴熟的劳动力创造条件，以应对未来制造业竞争格局的复杂性和高技术含量要求。由于发达国家往往在教育上花费更多资金以吸引全世界的优秀人才，并有较高的高校招生率，为其发展高技能人才奠定了基础。我国也应该注重高水平一流大学的建立，加大教育投入，提高教育质量，重视高等教育质量的提升。教育基础设施是人才培养的基本条件和起码要求，在产业竞争加剧、国家竞争激烈的背景下，培养、吸引并保留顶尖科学和工程人才，推动实现与保持创新和研发的先进水平，注重教育体系合理化、多元化配置，重视教育过程中对学生的先进技能、创意理念、创业意识、企业家精神和领导能力的培养，为未来高技术含量制造业产业高端的科学数学能力、创造力、商业头脑、领导力并重的激烈竞争提供人才。

四、充分发掘我国内需的巨大潜力

我国中产阶级群体正在快速增长，相关研究显示，我国中产阶级人口数量有望于2022年达到6.3亿人，约占城市家庭数量的78%，而在2000年仅占我国城市家庭数量的4%。这一重要的变化意味着这个大型消费群体影响力的扩大，在个人可支配收入水平提高的前提下，其释放出的消费需求对于我国国内市场的巨大潜力增长是非常有利的。同时有预测显示，我国城市人口的数量比例至2050年将增长至76%，这一市场结构和人口分布的动态变化也将更有利于我国创造潜力的释放和市场规模的形成。在重视提高居民可支配收入的同时，内需对我国经济增长的拉动作用及推动意义都可以得到落实。针对我国内需市场的庞大规模和巨大潜力，在我国经济增长方式转变及经济发展进入新常态的背景下，我国的投资拉动增长向消费驱动增长转变是有现实基础的。在我国经济结构中，消费对GDP的贡献率长时间处于下降状态，而伴随着我国中产阶级的爆炸性增长和我国制造业产业结构的转型升级，国内消费者的消费需求及消费结构与我国的产品结构、产品质量和产业结构将更加合理地匹配。假设我国2025年消费占GDP比重可以达到46%的水平，则消费支出规模将十分惊人。我国内需市场的庞大潜力是世界瞩目的，所以应该对这样一个宝藏持积极正确的开发和利用态度。随着中产阶级人群增长，国内消费需求释放的同时，外商直接投资对我国国内市场的重视将有利于进一步优化外资结构。在我国发展方向结构调整进程中，更需要市场寻求型FDI及创造资产寻求型FDI，同时这种良性的市场刺激和技术溢出效应将有助于我国对新市场和新消费需求的开发和满足。

五、继续完善优化基础设施建设

在全球制造业发展方向和发展潜力的引领下，制造业基础设施建设不仅包括物质层面上的，还包括创新方面的基础设施建设。明确法律法规体系及可预期、可执行的政策保障以及充足的资金支持，是一国发展制造业全球未来竞争潜力和比较优势的重要保证。通过物质基础设施的创建与维护，制造业生产经营所需的关键要求，如原材料、中间产品、最终产品的物流运输与配送，能源的生产、供应与交付，信息的生产、流通和传递等，对制造业的发展和外商直接投资的流入有重要影响。而创新技术设施是指为一国制造业的发展创造良好的竞争环境和创新氛围，增加对创新产品及相关服务的重视和消费需求，刺激一国制造业的创新发展，在创新方面提供条件来维系国家、科研院校、科研机构、制造业企业等参与的合作联系，对相关公共和私营部门之间的沟通合作予以支持和资助，进而通过创新基础设施的建立，加快生产基础设施的建设步伐，优化改进各类型基础设施间潜在的协同效应，以形成产业发展的良性环境和积极循环。一个国家未来的强大和活力充沛与其强大完善的物质基础设施和创新基础设施及创新生态系统息息相关。基础设施方面的建设投资能够为国家和企业带来长期的经济利益，增加物质基础设施和创新基础设施的投资力度，可以为发展技术更强大、更先进的互联网制造业打下坚实基础。我国在交通运输方面的基础设施建设和互联网的普及方面成绩显著，可以进一步支持满足我国制造业行业发展中对更先进的物流设施和更先进的技术发展的相关需求，同时建立和维护强大可靠的物质基础设施和创新基础设施，以支持制造业的发展，并有望刺激国家的经济增长与繁荣。

六、建立供应商网络，推动产业集群式发展

全球制造业供应商网络和创新生态系统的推动与普及，为制造业企业与供应商之间由单向合作的模式向互动合作关系发展提供了条件。在全球化背景下，制造业企业与其上游供应商间，以及供应商群体内部互相依存的紧密程度不断增加已成为全球价值链的重要特征。供应商之间的集群式发展和网络的建立，将有助于提升国家或区域的整体供应能力，既为制造业企业的发展和强大提供了便利，也为吸引外商直接投资创造了条件。在全球经济发展形式与制造业应用技术日益综合化与复杂化的背景下，为满足内在发展需求，各种形式的生产网络、合作网络纷纷兴起，以形成多样化、高品质的供应商集群。预期未来，一个完整、可靠、高品质、多样化具有综合功能的供应商网络，无论在其底层基础还是宏观体系方面的总体影响力，均会随着技术的进步以及数字化信息技术的发展而愈加体现出其重要性，对重塑我国乃至全球制造业发展路径具有巨大的驱动潜力。供应商集群的分布范围、整体结构、质量水平、可用性和集群性对供应商网络的竞争力形成影响，进而为制造业

企业的创新效率和有效协作提供保证，助力国家制造业转型升级及保持实力。国家应重视对多样化和高品质的供应商基地和供应商网络的培养，并专注于产业的集群式发展，采用超越传统界限的强有力合作模式，降低技术革新加快带来的风险和不确定性，从传统的缺乏远见及合作意识的发展战略中解脱出来。为制造业企业创造条件以利用供应商网络和产业集群发挥技术集群优势，联合供应商、制造业创业公司、相关教育培训机构、相关科研院所和实验室以及私募股权投资者，整合制造业发展平台，实现超越竞争对手、制造业转型以及全球价值链的升级。

全球制造行业的发展方向和趋势为：通过采用更先进的生产技术，如大数据分析、预测分析、物联网、产品信息互联、先进材料、智能工厂等进行附加价值更高的制造业模式生产。制造业全球价值链分工模式下，制造业的更新转型使国家间制造业实力的竞争不仅局限于某种特定比较优势的竞争，仅依靠低成本优势或某单项特定优势对于国家制造业优势地位的保持不再起决定作用，而且要通过积极合理地利用资源，整合国内外优势资源，智慧地利用外商直接投资，有针对性地对高技术含量、高创新性的 FDI 进行倾斜，将有助于国家制造业在综合实力竞争中实现地位升级及 GVC 升级。高素质人才、低成本优势、研发创新等综合平衡发展会使国家在制造业实力方面更具有竞争力。同时，立足发展战略，突破关键技术，通过政府建立并维护更有利于内资企业及外资企业联合发展竞争的法律制度、政策体系，搭建平台促进国家创新生态系统的形成与优化，提供更有利于制造业发展的物质基础设施及创新基础设施，引导供应商网络及产业集群式发展，培养保留本土先进的制造业企业，积极吸引鼓励外商直接投资的流入，以获取相关技术溢出效应、生产率溢出效应等外部性，为企业良性竞争及互联发展提供有利条件。国家的强大和持久发展需要高质量、高价值的人才保证，需要立足未来重视先进核心技术对产业竞争格局的长久影响。通过国家制定相关政策鼓励投资及积极吸引外商投资，促进制造业技术研发创新体系形成，联合科研院所、大学、国家实验室、供应商网络及投资者，共同助力国家创新生态系统的建立与完善，为国家长久、持续、健康的经济发展及制造业转型和全球价值链升级提供有力保障。

第三节　我国外商直接投资与对外直接投资的新问题、新趋势、新发展

外商直接投资对我国的经济发展产生了十分重要且深刻的影响，同时需要注意的是，对外直接投资也对我国的经济发展作用重大。FDI 与 OFDI 为国际投资合作的重要组成部分，国际投资合作作为世界经济联系的一种形式，我国参与其中已有 100 多年的历史。在最早的初步尝试阶段，我国面对外资处于弱势地位，利用外资也处于被动利用的局面，但客观上仍对我国的技术发展起到了一定的促进作用。我国经济建设在新中国成立后至改革开放前的停滞阶段很封闭，基本没有外资引入，同时也束缚了经济的健康发展，鲜少利用的外资来源也主要集中在社会主义阵营国家和华人华侨。真正意义上的国际投资合作始于 1978 年，在这一关键时刻，我国做出了历史性的选择，向国外资本开放了国内市场和资源，实行了改革开放。通过利用外资，积累了社会主义建设资金，学习了西方先进的技术及管理经验，使我国进入了快速发展阶段。我国经济年均增长率 30 多年来保持在 9%以上的平均水平，国内生产总值仅次于美国，对世界 GDP 的贡献率超过 20%，成为生产制造大国。在此过程中，我国也由资本输入国逐渐发展成为资本净输出国，国内产业开始走向世界舞台，并积极参与到国际市场的激烈竞争中。通过对我国外商直接投资和对外直接投资的发展历程进行分析可知，我国的国际投资合作经历了三个阶段：从最初单向的“引进来”为主，发展到将“引进来”与“走出去”并重，到目前则是以“走出去”为突出特点的国际投资合作新阶段。

将引进外资与对外投资作为对外开放的重要组成部分，对在新形势下我国经济结构调整和发展方式转变的意义重大，对我国大国形象的树立、大国

影响力的提升和民族复兴等影响深远。当前，要牢牢把握我国国际投资合作的重要战略机遇期，必将大有可为，也必将大有作为。作为世界第二大经济体，全球最大的发展中东道国和全球最强劲的发展中母国，我国在当今世界经济格局和全球投资领域中的地位与角色已经发生了根本性的变化。在新的历史时期里，不宜继续把吸引外商直接投资和对外直接投资简单冠以“引进来”和“走出去”，而应按照国际惯例与互利共赢的开放战略相呼应，从战略研究到政策法规、管理规范等诸多领域，将两者更加有机地结合起来，形成我国国际投资合作新特色，并参与到国际投资合作的竞争中。进一步清晰地认识我国国际投资合作中的新问题，分析归纳我国国际投资合作面临的新趋势，梳理总结我国国际投资合作的竞争新优势，并根据我国国际投资合作的现实基础提出加快形成竞争新优势的实施路径，对推动我国在世界经济格局和全球投资领域获取更加可持续发展的内在动力及更加优化的外部环境意义重大。

一、我国外商直接投资与对外直接投资的新问题

2013 年 5 月 25 日，中共中央党校国际战略研究所和国务院发展研究中心对外经济研究部在中央党校联合举办了“首届中国国际投资合作研讨会：创新与改革”，聚焦我国国际投资合作的新形势与新问题，系统阐述了我国国际投资合作的新理念和新思路，为更科学地认识国际投资合作破除了“概念壁垒”，对推动我国国际投资合作理论的探讨和国际投资合作实践有所启迪。从我国政府的工作重心来看，持续提升经济的开放水平，大力推进投资便利化，继续健全“引进来”与“走出去”政策促进体系、服务保障体制和风险防控体系。在国内产业结构升级、国外产业结构调整的重大战略机遇期，我国在国际投资合作中，对吸引外商直接投资与开展对外直接投资的态度积极，持续提升合理利用外资与有效跨国经营的意识和能力，在国际投资合作的各项业务中持续稳定发展。从全球经济形势来看，全球资本流动在 2008 年金融危

机冲击之后的萎靡状态中有所恢复，呈现上升趋势。在这一全球资本流动的大环境下，我国的外商直接投资和对外直接投资表现突出，其中对外直接投资流量连续两年位居全球第三。《2013 年度中国对外直接投资统计公报》（由商务部、国家统计局和国家外汇管理局共同发布）数据显示，2013 年我国对外直接投资的流量为 1078.4 亿美元，同比增长 22.8%，增速是全球对外投资流量的 4 倍以上；中国对外投资流量占 2013 年全球 FDI 流出量的 7.6%，较 2012 年提升 1.3 个百分点。

2014 年，是我国国际投资合作具有“里程碑”意义的一年，我国成为资本净输出国，对外投资增速明显超过吸引外资的增速。说明我国部分企业已经做大做强，有实力参与全球竞争，企业“走出去”的能力越来越强。据统计，2014 年全国设立外商投资企业 23778 家，同比增长 4.4%；实际使用外资金额 1195.6 亿美元（折合人民币 7363.7 亿元），同比增长 1.7%。在经济下行压力下，我国对外直接投资额达 1231 亿美元，仅次于美国和中国香港地区，双向投资第一次趋于平衡，且连续 3 年保持全球第三大对外投资国地位。我国的对外直接投资在规模上持续快速增长的同时，在投资分布区域上亦日趋合理平衡，广泛的投资地域、优化的投资结构、多样化的投资合作方式，使我国的对外直接投资实现了母国与东道国的双向互利。值得注意的是，2014 年我国地方投资占比首次过半，且企业的国际化水平不断提升。对外直接投资流量突破历史最高值，达 1231.2 亿美元，同比增长 14.2%。自 2003 年我国有关部门权威发布对外直接投资年度数据以来，已实现连续 12 年快速增长。其中，2010—2014 年的年均增长速度达 15.7%。截至 2014 年末，我国对外投资存量为 8826.4 亿美元，较 2013 年大幅提高了 33.6%。

2015 年，亚洲基础设施投资银行正式成立，全球迎来首个由我国倡议设立的多边金融机构，对促进亚洲国家经济发展和区域一体化具有重要意义，能有效弥补亚洲地区基础设施建设的资金缺口，使“一带一路”倡议有实在的资金支持，成为亚洲区域合作的强大引擎，以促进亚洲相关国家经济发展。我国也将从制造大国向制造强国迈进，提升制造业创新能力，加强信息化与工业化深度融合，推进质量品牌建设和绿色制造，提升我国企业在全球价值链的影响力。2015 年，我国吸收外商直接投资规模创历史新高，全年新设立外商投资企业 26575 家，同比增长 11.76%，实际使用外资金额 1262.67 亿美元（不含银行、证券、保险领域数据），同比增长 5.61%。同时，我国对外非金融类直接投资达 1180 亿美元，同比增长 14.7%，对外直接投资实现历史性突破，对外直接投资流量首次位列全球第二，首次超过同年的吸引外资金额，并首次成为资本净输出国，因此我国已成为毫无争议的国际投资大国。从全球经济环境来看，2015 年全球外商直接投资流入量增长 38%，达到 1.76 万亿美元，对外直接投资流量达 1.47 万亿美元，是自 2008 年全球金融危机以来的最高水平。

2016 年，我国保持全球第二大对外投资国地位，在“一带一路”建设、国际产能合作等有利因素的积极影响下，我国对外直接投资发展势头良好，投资规模、投资分布、产业结构、投资合作方式等均得到一定优化，我国的国际投资大国地位稳固。在吸引外商直接投资方面，2016 年我国新设立外商投资企业 27900 家，同比增长 5%；实际使用外资金额约 1260 亿美元，同比增长 4.1%。在我国积极的外商投资政策指导下，营商环境得到持续改善，外商直接投资在我国供给侧结构性改革中也起到积极作用。在对外直接投资方面，2016 年我国对外直接投资流量达 1961.5 亿美元，增长 34.7%，依然位列全球第二；非金融类直接投资达 1701 亿美元，同比增长 53.7%。我国的对外直接投资已连续 14 年增长，年均增长率高达 36.9%。《世界投资报告》的统计数据显示，我国对外直接投资流量于 2011—2016 年的全球占比逐年提高，分别为 4.8%、6.7%、8.2%、9.3%、9.9%和 13.5%。2016 年的对外直接投资全球流量占比为 13.5%，比 2015 年提高 3.6 个百分点。

2017 年，在严峻的国际引资形势和复杂的经济发展形势下，我国坚持以习近平新时代中国特色社会主义思想为指导，深入贯彻党的十九大精神，坚定不移地走对外开放道路，创新进取，改革国际投资管理政策，完善国际投资制度体系，优化国际投资结构，助力供给侧结构性改革。在“一带一路”

建设大局的背景下，我国企业积极主动地“走出去”，国际化程度进一步提升，在与东道国的合作中互利互惠、双向共赢，共同为构建人类命运共同体做出积极贡献。在吸引外商直接投资方面，继续扩大对外开放，进一步改善营商环境，提升贸易、投资便利化程度，加快培育吸引外资新优势。同时，全面实行“准入前国民待遇”加“负面清单”管理制度，保护知识产权，放宽市场准入，维护合法权益，合理有效地促进利用外资工作。2017 年，我国实际使用外资 1363.2 亿美元，同比增长 2%，其中非金融领域实际使用外资 1310.4 亿美元，位居全球第二；新设立外商投资企业 35652 家，同比增长 27.8%，增幅较 2016 年提高 22.8 个百分点，增幅较大。近 5 年来，我国新增非金融类外商投资企业数量逐年上升，2013—2017 年，新增企业数量分别为 22773 家、23778 家、26575 家、27900 家和 35652 家。在对外直接投资方面，2017 年，我国双向直接投资项下流入量和流出量趋于平衡，对外直接投资流量位居全球第三，对外直接投资存量全球占比接近 6%。2017 年我国跨国并购投资 1196.2 亿美元，较 2016 年下降 11.6%；实际实施完成并购 431 起，涉及全球 56 个国家（地区），其中直接投资 1334.7 亿美元，占并购总额的 28%，占 2017 年中国对外直接投资总额的 21.1%；境外融资达到 861.5 亿美元，较 2016 年增长 70%，占并购总额的比重为 72%。

我国国际投资在过去 10 年时间内发展势头迅猛，投资规模不断成倍增长，外汇储备量更是达到全球第一，占全球总额的 1/3。但是，在我国国际投资结构中也存在着不合理之处，即我国的对外直接投资比重低，这对我国的宏观经济和金融体系的发展都产生了不利影响。同时，在我国国际投资合作结构中也存在着投资主体偏重国企、投资形式单一、投资地区和参与行业分布不均等具体问题，我国的国际投资合作已经遇到发展的“瓶颈”。

（一）对外直接投资比重低，形式单一

我国对外直接投资的流量和存量规模在不断扩大，呈递增趋势。从 2005 年首次突破百亿美元大关后开始大幅递增，至 2016 年，我国对外直接投资额

已达 1701 亿美元。但无论是从我国对外直接投资占全球对外直接投资的比重，还是从我国对外直接投资占对外投资总额的比重来看，我国的对外直接投资相对规模和发展速度仍不足，尤其是非国有企业参与过少。因此，我国国际投资合作的结构不合理，投资规模相对较小，中小企业和民营企业参与不足，使对外直接投资的整体质量和数量受到限制。

我国对外直接投资主要有新设和并购两种形式。在我国经济发展的第一阶段，由于国家外汇管制严格、跨国并购审批程序复杂、国内企业资金不足和经验缺乏等，所以我国对外直接投资以新设为主。随着国家经济实力的增强和一批跨国企业的形成，我国对外直接投资逐渐转向以兼并、收购等形式为主。从 2004 年我国并购形式的对外直接投资比重首次超过 50%后，并购就成为我国对外直接投资的主要形式，使对外直接投资的进入方式缺乏创新。

（二）对外投资规模偏小，区位分布单一

经营规模是企业降低成本、提高效益、增强竞争力的重要手段。但目前我国境外的规模企业除了海尔、华为等少数企业外，大多数跨国经营企业的投资规模较小，达不到规模经济的要求。有关资料显示，目前我国海外企业平均投资不足 140 万美元，大大低于发达国家平均 600 万美元的投资水平，同时也低于发展中国家平均 450 万美元的水平。由于投资规模偏小，我国的跨国企业很难获得规模优势，难以进行有效的研究和开发，无力支持其销售和售后服务，从而导致了有限的经济实力决定了小规模生产—较高的生产成本—低质量—低价格—较低的市场占有率—更小的规模制造的恶性循环。

我国国际投资合作在投资流向上存在着方向单一和向发达国家倾斜的分布格局，另外一个鲜明的特点是，相当一部分投资流向了传统避税地区。2013 年，我国对外直接投资覆盖的国家和地区多达 189 个，遍及亚洲、欧洲、美洲、大洋洲、非洲，但从对外投资区域上看，亚洲占有绝对压倒性地位，覆盖率高达 70%，其次是非洲和拉丁美洲。从国家和地区来看，中国香港、美国、俄罗斯、日本、阿联酋、越南、澳大利亚、德国的聚集程度最高，集

中了我国近一半的境外企业。本来就不多的境外直接投资如此集中于少数地区，对于我国国际投资合作的整体来说，无疑增加了投资风险且影响业务的进一步拓展。由此可见，虽然我国的对外直接投资从流量和存量上看都呈快速增长趋势，但是从分布区域看却相对集中，特别是在亚洲和拉丁美洲等发展中国家的投资显得过于集中，使我国对外直接投资要素成本高、竞争激烈、效益降低，不利于我国自身比较优势的发挥。以转移核心竞争力和开拓市场为目的的对外投资，应流向缺乏该种竞争力和市场空间较大的地区，如中亚、东南亚等地区。理想的对外投资区域分布应围绕我国对外直接投资的两个中心点，逐步、分阶段地开拓国外投资领域，使我国对外直接投资在发展多元化投资主体的同时，进一步拓展对外直接投资区域，建立与多元投资主体相配套的多元国际市场结构，应根据投资目的呈现多元化趋势，进而形成一个完整的网络投资区域。

（三）产业结构不合理，项目技术含量不高，效益不高

我国对外直接投资参与的行业众多，投资涉及制造、商务、金融、交通运输、高新技术、公共管理和社会服务等几乎所有的国民经济行业类别，虽然投资行业多元化，但其中商务服务业、金融业、采矿业、批发和零售业、制造业这五大行业一直是我国对外直接投资的主要方向，且这五大行业的投资规模还在不断扩大，其存量占总投资额的比重也不断增加。与前几年相比，尽管近几年我国国际投资合作的质量和档次有所提高，出现了一批技术含量较高的生产项目，还有一些高科技企业积极在美国和欧洲发达国家建立独资或合资的研究机构和技术中心，但总体来说，对外直接投资过于偏重对初级产品产业的投资，对高新技术产业的投资仍然偏小。例如，在非贸易性海外投资项目中，近40%属于低附加值、低技术含量的劳动力密集项目（资源开发及初级加工等）。因此，我国对外直接投资虽然参与的行业比较齐全，但是行业分布严重不均，且偏重于基础产业和劳动密集型产业，缺乏对高新技术产业的投资，不利于我国产业结构和经济结构优化升级，因此未来国际投资

合作应向技术密集型行业转变。由于其他一些发展中国家类似产品的竞争，这类项目拓展海外市场的前景不容乐观。我国对外直接投资企业在世界竞争的浪潮中仍然缺乏核心竞争力，以至于在发展中处于比较被动的局面。

一方面，我国企业特别是民营企业，开展海外并购、国际工程承包的信用风险较大。另一方面，我国银行业风险控制能力较弱，国内银行融资模式仍以支持“绿地投资”为主，尚未升级为重点服务国际产业重组和国际工程承包。国内银行在实际操作中不接受并购标的企业的股权质押，企业需用自身信用做担保，导致并购融资环节多，成本高于国际标准。据不完全统计，我国的海外企业中盈利的占 55%，其中多为非生产性企业；收支平衡的占 28%；亏损企业占 17%，其中以生产性企业居多。这与国际上工业类企业在跨国公司中所处的主体地位和巨大规模形成鲜明对比。造成亏损的原因有很多，但投资决策失误是其主要原因。建立海外企业的可行性分析不够，存在着盲目性。一些企业对东道国的政治、经济、文化和社会习俗环境、生产能力、技术条件、市场前景等各种可能存在的风险，没有进行认真的可行性分析和论证就草率地确定项目，造成投资企业的先天不足。另外，由于我国经验不足、信息不灵，也造成国际投资合作伙伴的选择有误。

（四）行业标准、技术资质互认困难，与世界各国尚有差距

我国虽已发布《标准联通“一带一路”行动计划（2015—2017）》，并积极与欧盟、新加坡等国家就货物通关实施“经认证的经营者”互认安排，但在我国企业具有比较优势的基础设施工程、国际产能和装备制造领域，我国的标准、技术资质仍得不到国际认可。虽然我国的国际投资合作管理体制取得了长足发展，但是由于缺乏具体的实施方案，特别是没有形成较为系统的国际投资合作管理体系，使我国国际投资合作的管理机制严重落后于实践发展。在我国国际投资合作管理制度中，存在着行政审批缺乏效率和透明度、国际投资合作主管部门权限不清和职能交叉，管理制度同步性差等阻碍国际投资合作发展的因素，使我国国际投资合作管理机制滞后，阻碍了国际投资

合作新局面的开创。

近几年，我国越来越多的企业加入国际投资合作的行列，海外直接投资企业数呈大幅度上升趋势，国际投资合作发展迅速，在全球对外投资的国家（经济体）中排名第13位。从我国近两年国际投资合作的发展情况可以看出，虽然国际投资合作规模在不断扩大，但从总体规模来看，我国与部分发达国家或发展中国家还存在一定的差距。相对于我国经济实力来说规模还很小，占全球对外直接投资的比重远低于全球平均水平，与其他主要发展中经济体相比也处于较低水平。从近几年的国际投资合作流量来看，我国与美国、德国、日本等发达国家相比存在巨大差距，这与我国对外投资起步晚、企业竞争能力不足有关。但与一些发展中国家相比，我国的国际投资合作发展迅猛，而且一直呈稳定增长的趋势，表明我国的国际投资合作有很大发展空间和增长潜力。

（五）外资企业停产撤离现象增加

国际投资合作的重要组成部分为利用外资，即吸收来自境外的资金或资本（包括货币、机器设备、工业产权、专有技术及其他劳务等）为本国的经济建设服务。目前利用外资的主要方式有：①出口信贷，即外国政府为扶植出口贸易而发放的信贷，由官方金融机构或私人金融机构给予本国出口方或外国进口方的一种贴补性贷款；②银行信贷，国际银行间互相提供的各种信贷；③政府信贷，某一国家政府向其他国家政府提供的援助性贷款；④国际金融机构信贷，由国际金融机构向某一国家提供贷款；⑤发行债券或股票，在外国金融市场上发行的政府公债或公司债券；⑥补偿贸易，外国企业向进口方企业提供机器设备、专利等，在投产后由进口方以该项目产品或双方商定的其他商品清偿贷款；⑦租赁信贷，国外租赁公司提供机器设备，由承租人按期支付租金，以避免资金积压影响扩大企业投资能力；⑧合资经营，由本国政府或私人企业与外国政府或私人的资本共同出资、共同经营并分享利润。我国利用外资的渠道有欧洲货币市场和欧洲债券市场、外国资金市场和资本市场、外国政府资金、国际金融机构的资金、我国银行在国内外吸收的外币存款等。

然而近年来，国外撤资行为正日益成为跨国公司全球战略的一个组成部分，不断升级的全球化竞争推动跨国公司的投资在不同国家或地区间进行转移。金融危机凸显了制造业对经济发展的重要性，发达国家纷纷推出“再制造业化”战略引发投资回流，主要新兴经济体竞相采取政策以改善投资环境，引发了新一轮经济全球化下世界各国对外国投资的激烈争夺。我国外资企业的停产撤离现象也有所增加，主要集中于东部沿海省市和以传统外向型加工制造业为主。有调研显示，当前发达国家制造业回流的案例中有51%来自我国，且部分地区的外资撤离有短期加剧的趋势。国际投资合作竞争的加剧是外资选择离开我国的一个重要因素，部分发展中国家和与我国发展水平相当的国家都相继出台了相关投资促进政策，也会影响我国吸收外资的规模。很多劳动密集型的外资企业感到在我国生存困难时，自然会寻觅新的出路。其他发展中国家提供的廉价劳动力、环保要求低等优惠政策，也让一些外资企业选择离开我国。当前，我国作为全球外商主要投资目的国的身份没有改变，部分外资撤离只是当前存量调整、产业结构优化升级的必然过程，与我国经济转型的总体方向基本一致，我国国际投资合作的平稳调整与长效机制应得到进一步推进并努力实现。

（六）资本管制制约国际投资合作发展

我国吸收国际直接投资虽然连年不断攀升，但就资本流入的总量来说，美国依然稳居第一，原因在于美国吸收的国际间接投资远远超过我国。美国为什么能吸收那么多的国际间接投资，这与其金融比较发达，投资机会多，资金回报高，国际投资环境比较健全有关。国际资本的流动在某种程度上主要是为了谋利，这也是资本的本性。马克思认为：资本害怕没有利润或利润太少，就像自然界害怕真空一样，一旦有适当的利润，资本就胆大起来。资本对利润非常感兴趣，因而对利率很敏感。国际资本的流动公式为

$$CF=\beta\ (R-r)$$

其中，CF 代表国际资本流量；R 代表国内利率；r 代表国外利率；β 代表国际资本流动的难易程度。

从我国当前的实际情况来看，我国的利率普遍比国外高，但由于我国实行了资本管制以及控制国际间接投资中投机性资本的流入，因此我国的 R 值比较小，这在某种程度上限制了国际间接资本的流入。资本管制在目前情况下是符合我国国情和实际要求的。在我国现有金融体系下，如果我们不进行资本管制或放松资本管制，我国的金融安全、经济系统一定会受到重大损失和破坏。1997 年的亚洲金融危机就使人们充分认识到国际间接投资、中短期资本流动给一国经济乃至世界经济带来的灾难性危害。但资本管制不能长期坚持，放松国际资本管制，让国际资本能够自由流动，既是趋势，也是发展方向。国际资本只有实现自由流动，才能获取最大效益，这样对于资本流入国和资本流出国都有利。要想进一步放松国际资本的管制，其前提条件就是不断完善我国的金融体系建设，以确保放松国际资本管制后我国的金融安全和经济安全。

二、外商直接投资与对外直接投资的新趋势

外商直接投资与对外直接投资的客观实质为资本超越国界转移，其经历了几个阶段，每个阶段都具有各自能反映发生演变过程的定量和定性变化的特殊标志。一是 18 世纪至 19 世纪前半期，国际投资合作仅限于借贷资本以国际借款形式转移，这是由国际贸易的需要、一些国家进行战争所需军费开支等因素所引起的。货币资本积累和集中的企业股份形式对资本的输出额增大起到了特殊的作用，反映出国际联系的扩大和国际信贷的发展。同时，借贷资本业务仍然是外国投资的最常见形式。二是 19 世纪后半期至 20 世纪前半期，自由竞争资本主义时代结束，资本主义向帝国主义阶段过渡，资本主义总危机开始。在这段时间资本的国际流动具有同一类型的趋势，除借贷资本以外，企业主资本也积极地参与国外投资业务。三是 20 世纪的后半期，以

全球各个领域——政治、经济、科学、工艺、文化、思想方面的巨大进步，新趋势的形成及世界经济关系加快稳定的实质变化著称。这完全与资本的国际流动，即国际投资合作有关系。近年来，国际资本流动经历了三个大的阶段：第一阶段，国际资本的流动急剧下降。2008 年国际金融危机后，国际资本的流动规模较 2007 年下降了 85%。2009 年，无论是发达国家还是发展中国家，外国直接投资均出现大幅度下滑，发达国家下滑 41%，发展中国家下滑 35%。第二阶段，国际资本流动恢复增长。2010 年，随着世界经济复苏，特别是发展中国家经济的复苏，流入发展中国家的国际资本增多，流入发达国家的国际资本减少。第三阶段，国际资本流动快速增长。2011 年后，各国经济普遍复苏，国际资本流动快速增长。2014 年后，国际短期投机性资本活跃，资本流动周期缩短。国际资本流动的深层原因：一是科学技术发展加速了资本国际化，二是国际分工的新发展，三是跨国公司和国际金融的发展，四是发展中国家发展的需要。在全球经济恢复性增长的国际大背景下，当前国际投资合作出现新趋势。

（一）流入发达国家的国际资本减少，流入发展中国家的国际资本增多

国际资本流动不是从钱多的地方向需要钱的地方流动，而是从有钱的地方向能生钱的地方流动，发达国家一般资本回报率高，所以国际资本也主要在发达国家之间流动。国际投资理论认为，资本流动总是从利率低的国家流向利率高的国家，从资本边际生产力低的国家流向资本边际生产力高的国家，从资本供给相对丰富的国家流向资本供给相对稀缺的国家。国际资本流动的内在动力是利益，利润驱动是各种国际资本输出的共有动机。当投资者预期到某国的资本收益率高于他国，资本就会从他国流向该国；反之，资本就会从该国流向他国。国际资本的流动使资本输入国与资本输出国的收益均得到增加。利率、汇率、利用外资的优惠政策、投机行为等影响着国际投资合作的资本流动。美国是世界上最大的资本流入国，同时也是最大的资本流出国，美国的对外直接投资在全世界最大。近年来，国际资本流入美国的份额有所

下降，流向非美经济体的份额特别是发展中国家的份额逐年增加，但从当前国际投资合作的资本流动特征来看，国际资本主要还是在发达国家之间流动。

（二）跨国并购、跨国公司为国际投资合作的主要形式及主体

跨国并购最大的好处是不用重新建立企业，是一种最快捷的投资方式，一旦并购成功，投资者就可以直接进入东道国市场。一个成功的并购不仅可以承接国外企业的已有技术、专利、品牌和市场等无形资产，而且还可以节约项目论证、设计、施工的时间，从而迅速形成企业新的国际竞争力。目前，国际投资约有 80%通过跨国股权并购实现，流入发达国家的国际资本中这一比例更高。2015 年是全球企业并购活动异常活跃的一年，并购交易总额达到 4.9 万亿美元，创历史新高，超过 2007 年 4.6 万亿美元的纪录。2016 年，全球并购总额为 3.6 万亿美元，比 2015 年降低了 17%，但足以使 2016 年的交易总额达到自 2007 年以来第二高的水平。2016 年我国企业共实施对外投资并购项目 742 起，实际交易金额 1072 亿美元，涉及 73 个国家和地区的 18 个行业大类。其中，对制造业，信息传输、软件和信息技术服务业分别实施并购项目 197 起和 109 起，分别占我国境外并购总数的 26.6%和 14.7%。然而，海外投资的效益并未以同等速度提升，海外并购项目铩羽而归，海外企业亏损率持续飙高。我国企业海外无序经营、违规经营的报道此起彼伏，海外投资因东道国时局动荡和各种非法律政策因素的困扰而陷入僵局的案例不绝于耳。加强对海外投资的监管已成为共识，海外投资监管的意义远不只于维护国有资产的合法权益和维护国家形象。现行国家的经验表明，海外直接投资对投资母国的进出口和国际收支、技术进步、产业结构调整、就业与收入等诸多关键领域都有可能产生双重的影响。因此，保持对海外投资的全程监管已成为现行发达国家和新兴工业化国家的共同理念与政策目标。作为转轨中的发展中大国，我国的海外投资在国际收支、就业、税收、技术进步、产业升级换代等方面对母国的影响会不同于以往的发达国家。由于当前的海外投资有着十分鲜明的内向型特征，海外投资对国内技术进步、产业升级换代的正面

影响远大于负面影响。海尔全资收购美国通用电气公司家电业务等一批具有代表性的并购项目对推动我国相关产业转型升级、全球价值链布局起到积极促进作用，并购的地位和支持结构调整及转型升级的作用凸显。国际投资主要通过收购的方式实现，然而我国近两年对外直接投资的步伐明显加大，在对外直接投资中收购与兼并的比例明显提高。回顾发达国家的投资方式，美国对于不同的东道国采取不同的进入方式，对发达东道国的直接投资主要以跨国并购的方式进行，而对发展中东道国，其直接投资仍以“绿地投资”为主。从历史数据来看，在全球国际投资合作中，“绿地投资”仅占10%~30%，发展中国家的“绿地投资”所占比重要高于这个区间20%。因为“绿地投资”会对东道国经济产生直接的拉动作用，因而是一种比较受欢迎的直接投资方式。在选择国际投资合作进入方式时，也要遵循发达国家的成功做法，即可以选择社会环境、政治环境稳定的一些友好的发展中国家进行具有比较优势的产业投资或资源类投资。

（三）国际投资合作行业结构进一步优化，实体经济和新兴产业受到重点关注

2016年，我国企业对制造业，信息传输、软件和信息技术服务业，以及科学研究和技术服务业的投资分别为310.6亿美元、203.6亿美元和49.5亿美元。其中，对制造业投资占对外投资总额的比重从2015年的12.1%上升为18.3%；对信息传输、软件和信息技术服务业投资占对外投资总额的比重从2015年的4.9%上升为12.0%。国际投资合作近年来把更多的资本投向服务业，服务业利用国际投资合作的规模不断增大，目前国际直接投资投向服务业的规模占国际直接投资总规模比重已经超过60%。技术创新与研发型国际投资合作可以加速本国新产品的研发速度，提高产品的国际竞争能力。这种类型的对外直接投资的目标区域就是拥有核心技术和新产品研发能力的美国、日本及欧洲等一些西方发达国家。通过向这些国家或地区进行投资，我国可以学习发达国家的先进技术以及它们开拓国际市场、企业经营管理等方面的经验。

美国是以所有权优势作为对外直接投资的典型发达国家，它不仅是信息产业极为领先的世界头号经济大国，而且还拥有一大批的高科技产业群，在微电子、材料和生物等领域的研发能力都堪称世界之首；日本、德国在机电机械、化工、汽车制造、化学以及钢铁等领域的研发能力也处于世界领先地位，特别是日本企业的“轻、薄、精”的生产技术及管理方法也值得我们学习。

（四）FDI 的流入增速将小于我国 OFDI 的资本流出

我国对外直接投资与对外金融投资将齐头并进，形成我国国际投资合作私人资本的净流出。私人资本流动方向上的逆转，将首先表现在直接投资方面。根据投资发展周期论，一国净对外直接投资将经历五个阶段：第一阶段，外商直接投资与对外直接投资均很少；第二阶段，外商直接投资增加，但对外直接投资仍很少，净对外直接投资缺口增大；第三阶段，对外直接投资增速快于外商直接投资，但净投资仍为负；第四阶段，对外直接投资超过外商直接投资，这时经济发展达到较高水平；第五阶段，净对外直接投资虽仍为正，但绝对值开始下降。近年来，我国对外直接投资的增长率明显高于外国对华直接投资。2011 年第一季度，我国对外直接投资余额为 3234 亿美元，同期外国来华直接投资余额为 16439 亿美元，前者仅为后者的 1/5 左右；2016 年第一季度，我国对外直接投资上升到了 11914 亿美元，较 2011 年第一季度末增长了约 270%，同期外国来华直接投资余额为 28809 亿美元，同比增长约 75%。从外国来华直接投资与我国对外直接投资的流量角度来看，可以更清楚地看到这种趋势：二者的差距在迅速缩小，2015 年对外直接投资甚至超过外商来华直接投资。这说明我国已经处于投资周期的第三阶段。随着我国“走出去”与“一带一路”倡议的实施，鼓励“有实力”的企业对外投资旨在推动欧亚大陆和非洲的基础设施联系“一带一路”倡议项目，我国可能很快因出现直接投资逆差的现象而进入第四阶段。2017 年 8 月 18 日，国务院签发了针对房地产、娱乐和体育领域“不理性”海外投资的监管规定，阻止了我国企业在 2015 年和 2016 年初 OFDI 空前飙升的势头。

（五）国际证券融资在国际投资合作中所占份额增加

在发达国家，国际证券投资已经超过国际直接投资。以美国为例，从1980年到1990年，对外证券投资由624.5亿美元增加到5486亿美元，平均每年增长7.5%。2011年第一季度，我国对外其他投资余额和外国对华其他投资余额基本相等，分别为6780亿美元和7117亿美元。到2014年末，我国对外其他投资与外国对华其他投资均有较大增长。但2014年后，我国对外其他投资仍维持在高位，而外国对华直接投资则出现较大下降。2015年第一季度，前者已经超过后者。截至2016年第一季度，我国对外其他投资高达14255亿美元，与2011年第一季度相比增长1倍多，而外国对华其他投资为9300亿美元，仅实现小幅增长。与我国对外直接投资快速增长，对外其他投资也已经超过外国对华其他投资相比，近年来我国对外证券投资增长明显落后于外国对我国内地的证券投资增长。2011年第一季度，我国对外证券投资与外国在我国内地的证券投资大致相当，分别为2269亿美元和2289亿美元；但2016年第一季度，境外在我国内地的证券投资余额上升到7898亿美元，较2011年第一季度末增加了约245%，而我国对外证券投资余额却只小幅增加到了2966亿美元。随着我国资本账户的开放，人民币在资本与金融项下的可兑换性加强，我国内地资本市场日益成为全球资本配置的重要场所，境外对我国内地证券的投资仍将保持较快增长。随着我国内地证券市场的发展，金融市场的深度不断强化，金融工具品种日渐丰富，境外对我国内地证券投资的需求也在不断增加。为了顺应国际资本和我国资本账户开放及市场化的要求，我国也开始逐渐放松对境外资本流入的证券投资。例如，QFII在2014年推出的沪港通和2016年推出的深港通，都便利了境外资本对我国内地证券市场的投资。值得注意的是，虽然QFII规模相对于我国内地证券市场的市值仍然很少，但境外机构投资者对我国内地的证券投资需求在大幅上升。2015年以来，境外对我国内地证券的投资也出现了大幅增加，证券投资在我国国际投资头寸表负债方的占比也大幅提升。随着我国金融体系更深地融入全球体系，境内居民无论是基于汇率，还是基于其他资产收益风险之间的权衡进行的人民币与外币资产之间的“大类资产配置”需求都将不断增长，未来基于金融投资的资本流入可能超过 FDI 导致的资本流入，我国对外直接投资与对外金融投资将呈齐头并进的局面。

（六）国外官方资本流入占比提高，中国私人资本重要性上升

国外官方资本流入占比将大幅度升高，我国官方资本输出占比将逐渐下降，私人资本输出的重要性也在上升，我国官方资本输出的形式、目标和目的正在发生重大变化。过去，我国的资本流入基本是私人资本，除了政府援助类的官方资本外，几乎没有国外官方的其他资本流入；与此相反，我国资本的输出则以官方资本为主，私人资本输出的占比则较少。反映在国际投资头寸表中的官方投资仅有我国持有的国外储备资产，而无国外对我国的储备资产。以储备形式存在的官方资本流出，是我国资本流出及由此形成的对外资产的主体。不过近年来，官方对外资产占我国对外资产的比重已呈明显下降趋势。在 2011 年第一季度，官方资本流出量占我国资本流出总量的近 72%，而到 2015 年底，该比值就下降到了约 55%，在短短 5 年左右的时间里，下降了大约 17 个百分点。这表明私人资本流出的影响日渐增强。此外，随着我国在全球范围内配置资产的需求及我国资本账户的不断开放，对外证券投资占比也将不断增加。储备资产占比下降，私人对外直接投资与证券投资占比上升，这将是未来我国国际资本流动的新常态。在过去国外资本的流入中，官方资本占比很少，绝大部分是私人的资本流入。但这一格局也将发生明显的变化，即官方资本流入占比将大幅上升，私人资本流入占比将下降。导致这一变化的基本因素，从我国的角度来看，主要源于人民币从计价货币向储备货币转变；从国外的角度来看，则是为了满足其他国家官方储备资产配置多样化的需求。2015 年 7 月，央行放开了境外央行、主权财富基金和国际金融组织在银行间市场投资人民币债券的额度限制，这为国外官方资本配置人民币债券资产提供了极大的便利；同时，数年前以挪威政府养老金为代表的

主权财富基金就修改了其投资指南，将提高资产组合中新兴经济体所占的比重。随着我国资本账户开放的加深，国内债券市场的深度和广度将不断扩展，国外官方资本占比将进一步大幅提高。

三、我国外商直接投资与对外直接投资竞争的新优势及形成路径

对外投资既是国际资本流动的有效形式，也是经济全球化的必然现象。发展对外投资有利于充分利用海外资源，有利于开拓国际市场，有利于减少国际贸易摩擦，有利于促进国际收支平衡。20 世纪 80 年代以来，国际上多数发达国家和地区在海外投资过程中占用了大量的国际资源，扩大了其产品的国际市场份额，赢得了巨额利润，积累了很多经验，也留下一些沉痛的教训。这些经验与教训带给我们以下重要启示：必须大力培育本国技术和品牌的竞争优势，必须健全促进本国企业对外投资的法律保障体系，必须为本国对外投资企业实施宽松的税收优惠政策，必须建立健全促进本国企业对外投资的金融支持体系，必须研究和防范本国企业对外投资的各类风险。

经过 40 多年的改革开放，我国已经从一个尝试着努力引进外资的国家变成全球最大的发展中东道国和全球最强劲的发展中母国，我国在全球跨境投资领域中的地位与作用发生了根本性变化。后危机时期，我国面临前所未有的发展机遇和风险挑战，引进外资和对外投资在我国发展方式转变、民生改善和大国崛起中肩负着更加重要的战略意义。为此，需要以大国战略、全球视野创新我国国际投资合作竞争的理念与思路，进而在更大规模和更高水平上推进我国国际投资合作的发展。

（一）立足中国智慧，建立中国式外商直接投资与对外直接投资的发展模式

改革开放之初，与所有欠发达国家一样，我国面临着资本和外汇的严重短缺，引进外资即“引进来”是融入经济全球化、启动现代经济增长的战略

选择。改革开放40年来，我国的引进外资和对外投资都给世界经济做出了重要贡献。通过引进外资，我国13亿质优价廉的劳动力融入全球生产体系，不仅大幅度提升了全球制造的效率，而且大幅度提高了全球消费的福利，为20世纪90年代以来全球的高速增长提供了巨大的推动力量；21世纪以来，我国的海外投资蓬勃发展，在亚、非、拉各地为当地的基础设施建设、制造业发展做出了突出的贡献；金融危机爆发后，我国的海外投资还同时成为发达国家产业结构调整和就业增进的促进因素。因此，引进外资和对外投资是我国融入全球化、促进全球和诸多合作方受益的事业，它不仅是我国自身的成长与获益，还是多方共同的合作与发展。所以，我国的“引进来”与“走出去”事实上是新兴大国推进的投资领域的国际合作，应当被恰如其分地诠释为“国际投资合作”。21世纪以来，随着我国经济实力的日益增长，海外投资，即“走出去”战略成为新时期提高对外开放水平的必然要求。2002年，党的十六大报告指出：“坚持‘引进来’和‘走出去’相结合，全面提高对外开放水平。”2007年，党的十七大报告又提出，“坚持对外开放的基本国策，把‘引进来’和‘走出去’更好结合起来，扩大开放领域，优化开放结构，提高开放质量，完善内外联动、互利共赢、安全高效的开放型经济体系，形成经济全球化条件下参与国际经济合作和竞争新优势”。因而，“引进来”和“走出去”既是我国统筹利用国内和国外两个市场、两种资源，将我国经济融入全球经济的战略手段，也是党中央审时度势的战略部署。这样一对通俗化的词语，形象地展示了一个转轨国家从封闭到开放历程中的阶段性变化，让经历这一变化的人们更生动地理解了走出国门、融入全球经济的战略安排。后危机时期，国内外形势的变化要求我们与时俱进地将“引进来”和“走出去”的发展理念规范起来，按照国际语境中通行的表达方式，树立与投资大国、经济大国相一致的“国际投资合作”的发展理念。

（二）树立“国际投资合作”的发展理念

新时期我国开放型经济的发展，是新兴大国的开放型经济发展，它需要在更高水平上更加有效地服务于国家的经济社会发展战略目标，它将更加充分地发挥大国在国际经济舞台和政治舞台的地位与作用。作为开放型经济发展的重要组成部分，我国的引进外资和海外投资必然不同于起步之初的“引进来”与“走出去”，我国国际资本的流动既要服务于新兴大国开放型经济发展的战略要求，也要展现我国互利共赢的开放战略思想与发展特质。因而，“引进来”与“走出去”已经难以诠释我国新时期的新态势。展望未来，作为世界第二大经济体的引进外资和海外投资将在更大规模、更高水平上扩展，从而为我国经济、社会转型和大国的和平崛起做出更重要的贡献，也给世界经济和伙伴国经济带来更大的合作机遇与空间。因此，新时期我国的资本流入与流出需要用“国际投资合作”标示与引领。树立“国际投资合作”的发展理念，首先有利于营造更加适宜引进外资和海外投资的外部环境。在国际交往中，直译的“引进来”与“走出去”特别是“走出去”，既容易让人不明就里，也容易产生歧义。在“中国威胁论”和“警惕中国崛起”的舆论氛围中，“走出去”在不同国际场合中屡屡被别有用心的人用来诋毁我国的海外投资。在市场经济前提下，我国企业推进的互利共赢的国际投资合作往往因“引进来”与“走出去”的措辞而被冠之以不当竞争、国家背景和意识形态威胁，从而让我国企业规范的国际投资行为陷入被动局面。当前，在投资保护主义日益抬头的背景下，这种被动局面更为凸显。而将我国的吸收外资与海外投资并称“国际投资合作”，则给我国的资本流动，特别是我国的海外投资赋予了与“互利共赢”战略思想完全一致的表达方式，展现了我国海外投资谋求各方合作的主基调，让我国的海外投资和促进海外投资的各类措施与活动拥有了天然的亲和力和主动性。

树立“国际投资合作”的发展理念，更重要的在于，有利于国际资本流动大趋势中有效战略应对的形成。在国内，吸收外资通常被称为“引进来”，但“引进来”往往还包括引进国外先进技术、设备、管理、人才、资金等；对外投资通常被称为“走出去”，但“走出去”往往还包括参加境外经济合作、工程承包、劳务合作等。因而，把狭义的资本流动从“引进来”与“走出去”转变为“国际投资合作”，在理论研究、经济分析与预测乃至日常交流中都有助于减少不必要的界定不清和指向差异，在战略考量和政策应对中也能够形成更加切实有效的跟踪机制与监管机制来引导和规制资本流动。从本质上说，作为在国际投资领域中具有举足轻重地位的国家，在各种国内外沟通与表述中，将国际投资合作简单地称为“引进来”与“走出去”，既与我国在国际投资领域中的大国地位不吻合，也与我国培育世界一流跨国企业的战略部署不匹配。树立和倡导国际投资合作的战略理念，在宏观上将推动企业尽快适应我国开放型经济发展的新阶段，统一协调我国在国际资本流动中的双重角色，立足于新的角色定位，着眼于长远发展，形成既有利于当期资本流入和流出，又有利于国家长期稳定发展的战略对策与监管机制；在微观上，将促进我国企业在“投资合作”理念下约束各种消极的短期行为，关注长期战略规划，注重企业社会责任，加强本土化发展和合规运营，谋求与东道国各方的和谐、互利增长，以实现可持续发展。

（三）倡导“准入前国民待遇”的开放理念

改革开放之初，我国市场机制刚刚开始培育，宏观经济调控能力不足，微观企业竞争力不强。面对经济全球化发展的难得机遇，亟待通过引进外资、发展对外贸易获取全球化收益。世情、国情决定了我国在国际投资合作中的基本政策取向，即一方面需要积极引进和利用外资，另一方面需要防范外资对我国宏观、微观经济的冲击。为此，在国际投资合作中，既对外资企业实施所谓的“超国民待遇”，又并没有完全履行国民待遇原则，外资法与公司法分立，准入前严格审批与准入后非国民待遇并行。在 40 多年的改革开放进程中，外资的超国民待遇逐步收缩，伴随着我国大踏步的海外投资，国民待遇理念渐成共识。后危机时期，我国经济高速增长的内外部条件都发生着显著变化，新的国际竞争和发展态势要求我国全面履行国民待遇原则，倡导“准入前国民待遇”的开放理念。在国内，低成本优势逐步减弱，大量成本寻求型外资向外转移，我国需要创造新的优势以吸引更多的高端投资和服务业投资，而吸引这些投资的前提，首先是进一步优化投资环境。在国外，我国引进外资面临着来自发达国家和发展中国家共同的引资竞争，我国同样需要进一步优化投资环境，加强对外资的吸引力。与此同时，我国进入海外投资快速发展的新阶段，中资企业在东道国的投资环境优化和投资权益保障成为最受关注的问题，在希望东道国对中资企业实施国民待遇，给予中资企业公平、公正的投资环境的同时，首先需要在本土对外资企业做到这一点。因此，我国需将“准入前国民待遇”问题提上议事日程，有步骤地推进，进一步扩大对外资的开放，进一步促进国际投资合作。

在40多年的改革开放进程中，特别是我国“入世”以来，我国的市场经济体制建设大踏步前进，我国经济的产业竞争力和企业竞争力日益增强。目前，国内市场的竞争程度已基本与国际市场相当，我国多数制造业和越来越多的服务业已在对外开放中具备了国际竞争力。与此同时，我国已经依据国际经验和国际规则建立了反垄断制度和并购安全审查制度，我国的并购安全管理体系已初步建立，并将在实践中迅速发展和完善。因此客观来看，我国经济已经在经济基础和制度框架上具备了相当的抗御外部冲击和风险的能力。更重要的是，伴随着40多年的改革开放，我国还具备了娴熟而快速的学习能力，对于国际规则和国际经验我们不仅善于学习，而且拥有进一步改进和提升的能力，这是我国参与全球治理的重要条件。因而，我国完全有能力按照国际通行的投资规则规制外部资本，对等地给予外国投资“准入前国民待遇”。

（四）推行“优化经营环境”的监管理念

改革开放之初，我国作为一个转轨大国，市场这只“看不见的手”对经济的调控作用刚刚展开，大量的经济活动需要“看得见的手”全方位、多功能地加以补足。出于现实需要，也出于转轨国家的思维与体制惯性，我国的政府行政管理在很多领域替代和约束了市场决策和市场运营。表现在国际投资合作领域为对国际投资的管理一直是政府监管者的主基调，管理体制的重心更多地放在了审批权限上而非监督管理和投资促进。40 年后，当我国的市场经济体制发育日趋成熟，法律法规日趋健全，“看不见的手”的功能日益完备时，“看得见的手”也应该适时调整，政府需要实现从管理者向服务者的转变。表现在国际投资合作领域为政府促进国际投资合作的主要着力点需要从管理走向服务，为国际投资合作营造更加有利的投资环境。由海外投资的管理者转变为服务者，首先需要推进投资管理体制的改革与完善，提高行政效率，强化引导与促进功能。其次，为海外投资营造更加有利的投资环境，一方面需要加快建立健全海外投资的促进体系，包括战略规划的制定与引领、法令法规的建立健全、信息供给和金融支持，为海外投资提供充足的内部制度条件和要素供给；另一方面需要加快双边投资保护协定和区域合作投资协议的签署，加强海外投资的多元化、全方位的外交支持，为海外投资创造有利的外部制度条件和要素保障。

外商投资在后危机时期世界各国的经济增长与发展中，都发挥着重要的不可替代的作用。因而，世界各国展开了激烈的国际投资合作竞争，竞争的主题就是为外资营造更加有利的投资环境。在此背景下，我国要想在国际投资合作竞争中胜出，就必然通过更高水平和更大规模的改革与开放，营造更加有利的投资环境。针对当前我国综合成本优势下降的发展态势，党的十八大报告指出，要“提高利用外资综合优势和总体效益”。所谓“利用外资综合优势”主要是更加有利的投资环境，各级政府的相关部门即是营造更加有利的投资环境的主体。改革开放 40 年来，我国的投资环境特别是硬件设施得到了显著改善。但是与成熟的市场经济体制相比，我国的投资环境主要是软件环境还存在明显的差距。调研表明，后危机时期外商投资在我国面临的投资环境问题主要包括行业、领域开放不足，法制不健全，市场体系不完善，融资便利不足，腐败等非市场因素干扰不断，知识产权保护不力，人力资源供给不充分等。与东部地区相比，中、西部地区在引进外资中还存在着基础设施跟不上、服务业发展滞后、政府促进效率不高等“瓶颈”的制约。这些差距与“瓶颈”既表明改善投资环境需要花大力气，也预示着我国还拥有大幅度改善投资环境的空间。由外商投资的管理者转变为服务者，首先需要切实推进外资管理体制的改革与完善，取消项目审批制，大幅简化审批事项，提高行政效率，强化引导与促进功能。其次，为引进外资营造更加有利的投资环境，各级政府一方面需要通过深入的制度变革推进市场机制建设和法制建设，强化知识产权保护，为各类市场主体构建一个公平、透明的竞争环境；另一方面需要继续审慎推进产业和相关领域的对外开放，包括资本市场开放，促进融资便利化，带动服务业效率和人力资源供给的提升，为各类市场主体创造更富有预见性的盈利空间和更加高效便利的要素供给来源。海外投资是我国新时期开放型经济发展的主战场，是我国提升全球资源整合能力、提高经济发展效率、保持可持续性发展，进而从大国走向强国的战略支撑。金融危机爆发以来，我国海外投资面临前所未有的机遇和挑战。成长于东方文化和转轨体制中的我国企业，既难以迅速适应海外的经营环境与经营规则，又缺乏抵御外部风险的意识与能力，更面临着日益增长的非市场、非法律政策的遏止与打压，这些都使我国海外投资的不确定性更加突出。海外投资风险高企，海外投资的成效备受质疑。调研表明，尽管中资企业对海外投资积极踊跃，但由于缺乏资金融通渠道、专业服务和保险支持及产业与企业的战略规划和指引，海外投资的步伐受到制约，收益大打折扣。因而，从内、外两方面为海外投资营造更加有利的投资环境已成为当务之急。

（五）依托“一带一路”倡议，发挥平台优势

为使我国的国际投资合作更加深入，推动我国经济深度融合于全球经济中，实现共同繁荣及经济体制的不断完善，借助“一带一路”倡议，让投资更加便捷化，以日益增强我国企业海外投资活力。“一带一路”倡议是2013年国家主席习近平访问哈萨克斯坦和东盟国家时提出的关于“新丝绸之路经济带”和“21世纪海上丝绸之路”的战略构想。“一带一路”倡议为我国的对外直接投资提出了新的构想，其正是以国际投资贸易格局和规则的深刻调整为背景，谋求开展更大范围、更高水平、更深层次的区域合作，我国对外

直接投资在“一带一路”倡议的实施中也将进入一个新的发展高潮。我国对“一带一路”沿线64个国家的直接投资增长十分迅速，直接投资存量从2003年的13亿美元（仅占我国对外直接投资总存量的4%）增加到2016年的145亿美元。随着亚洲基础设施投资银行的设立，投资得以进一步增加。具体而言，2015年我国参与“一带一路”沿线49个国家投资，总金额148.2亿美元，比2014年增加22.82亿美元，同比增长18.2%，占总金额的12.6%。其中，我国企业投资集中在优势产业的累计约116.6亿美元，投资在装备制造业70.4亿美元，建立了75个合作区，且多为产能合作的加工制造类园区。2016年，我国共对“一带一路”沿线的53个国家进行了非金融类直接投资145.3亿美元，同比下降2%，占同期总金额的8.5%，主要流向新加坡、印度尼西亚、印度、泰国、马来西亚等国家和地区。截至2016年底，我国企业在“一带一路”沿线国家建立初具规模的合作区56家，累计投资185.5亿美元，入区企业1082家，总产值506.9亿美元，上缴东道国税费10.7亿美元，为当地创造就业岗位17.7万个。2017年，我国企业对“一带一路”沿线59个国家新增投资，合计143.6亿美元，同比下降1.2%。投资金额占总金额的12%，比2016年同期增加3.5个百分点，主要投向新加坡、马来西亚、老挝、印度尼西亚、巴基斯坦、越南、俄罗斯、阿联酋和柬埔寨等国家和地区。

我国对外直接投资连年持续较快增加态势，反映了我国经济发展到了资本输出的时期，在维持较高对外投资增长量的同时，需要注重通过国际投资合作及依托“一带一路”倡议促进投资便利化，对“一带一路”沿线国家的投资合作稳步推进，以提高我国国际投资合作竞争优势，持续优化行业结构。随着我国“一带一路”倡议的推进，以官方国际储备为表现形式的国际投资合作的资本流出会相应下降，而且资本输出的目的国、任务也随之发生了重大变化，即官方资本不再大规模地主要流向发达经济体，而是主要流向新兴经济体，官方资本流出的主要使命也是服务于“人类命运共同体”、促进区域间的经济一体化和融合。同时，可借助“一带一路”倡议更好地开展国际投资合作，整合我国及“一带一路”沿线国家优势行业产能，优化我国及“一带一路”沿线国家的产业布局。

1. 建立适合“一带一路”倡议下国际投资合作的相关法律体系

我国目前还没有一部与国际惯例接轨的国际投资合作的专门法律，对于境外投资主体、投资形式、审批程序、资金融通、技术转让、利益分配、企业管理、争议解决等问题还缺乏明晰的系统性规则。投资制度的推进是我国国际投资合作中重要的一环，所以在“一带一路”倡议中，立法部门应加快建立适应新形势和国家新战略的法律法规体系，通过一整套系统完整的法律法规及政策安排保障和促进国际投资合作的实施。其中，国家和地区需要根据自身经济发展的需要制定明确的“一带一路”倡议下的国际投资合作基本战略，使国家层面和地区层面的海外投资有章可循、有法可依。另外，国家和地区还应为本地和全国的跨国企业制定具体的“一带一路”倡议下的国际投资合作政策规定，切实维护企业等投资者的利益。因此，建立促进和保障国际投资合作的法律体系是形成我国国际投资合作平台优势的基础保障。

2. 加强和完善国际投资合作的信息服务系统

首先，为了降低“一带一路”倡议下国际投资合作中由于信息不对称导致的投资阻碍，国家和地区应积极构建和完善国际投资合作的信息服务系统，也可以尝试建立国际投资合作信息中心收集、整理和发布信息。其次，还可以充分发挥各种海外直接投资中介机构的窗口作用，如驻外大使馆以及各种进出口商会、国内外行业协会、外国企业协会等中介代表机构，发挥中介机构专业性强、联系面广、信息灵通的优势，建立国际投资合作信息平台。最后，还应大力调动大型企业的积极性，使国际投资合作的相关信息能做到有针对性。技术的进步使国际投资合作环境复杂，资产置换、资本运作等复杂的金融操作使财务风险不断增加。由于国际投资合作受东道国政治环境、经济环境、社会文化环境等诸多方面的影响，海外投资资金也存在着运营风险。因此，国家和地区的国际投资合作应避免风险过度集中，同时还应建立和完善监管制度，建立国际投资合作的风险基金，健全境外资金安全防范措施，设置国家风险研究分析机构并发布相关风险报告，完善国际投资合作风险预警机制和突发事件应急处理机制，为我国国际投资合作提供风险防范保障。构建以政府服务为基础，中介机构和大型企业充分参与的信息网络，让地区和企业在第一时间抓住“一带一路”倡议下国际投资合作的商机，并能为地区和企业的对外投资提供可行性研究服务，最终建成可提供海外详细资料来源的强大信息库。因此，加强和完善国际投资合作的信息服务系统，是扩大我国国际投资合作平台优势的重要工作。

3. 建立多元化国际投资争端解决途径

丝绸之路在古代便是各个民族的相争之地，在现代国际社会中也不乏诸多竞争者。我国的“一带一路”倡议与美国提出的“新丝绸之路”计划、俄罗斯主导的“欧亚联盟”战略以及日本的“丝绸之路外交”战略等形成重要而强烈的冲突，加之丝绸之路沿途东道国本土投资的竞争，致使“丝绸之路经济带”的投资合作难免引起各国和地区的投资争端。因此，为了保障我国国际投资的利益和安全，需要针对国际投资争端建立多元化的解决途径以及预警机制。除了依靠国际投资争端解决中心（ICSID）、多边投资协定（MAI）以及 WTO 的调解和仲裁外，还要综合运用各种谈判、协商、斡旋、调停等政治手段和国际法等司法手段。除此之外，还要积极完善对外直接投资的中介组织，充分发挥律师、会计师事务所在海外投资中的作用，加强与国外中介组织的合作。“一带一路”倡议为我国开展国际投资合作开辟了一个良好契机，依托“海上丝绸之路”和“丝绸之路经济带”应重点发展纺织、基础设施、交通运输、能源、物流等产业集群，建立“一带一路”倡议下的产业共享模式，并逐步推动其他产业进入该倡议。国际投资合作能加深区域合作的广度和深度，是我国“一带一路”倡议成功的保障。

（六）完善国际投资合作的法律体系及监管体系

发达国家为了支持本国企业开拓海外市场，促进和保护海外投资企业的合法权益，都要通过立法确定境外投资的地位和作用，明确国家保护境外投资的原则和立场，并且制定的许多促进海外投资措施也都是依据法律展开的。绝大多数发达国家都制订和实施了投资保障计划，为本国的跨国公司在海外的直接投资活动中可能面临的国家征收或国有化、战争或内乱、本利汇回管制等政治风险提供担保。这是第二次世界大战后促进和保护跨国公司海外直接投资普遍行之有效的重要制度，故又称为“投资保险制度”。然而到目前为止，我国还没有一部关于海外投资方面的法律，也尚未建立海外投资的风险保障制度，同有关国家商签投资保护协定以及避免双重征税协定的进程也大受影响，海外投资经营所急需的买方信贷政策也极不完善，制约了我国海外投资的健康发展。因此，加快海外投资的立法进度刻不容缓。与此同时，考虑到国内企业到海外投资办企业所遇到的风险将比在国内大许多，借鉴其他国家的经验，我国也可以创立海外投资保险制度，成立全国性的海外投资保险机构。

1. 加强政策法规的可操作性、适应性和连续性

从我国现行的对外直接投资运行及相关政策来看，各管理部门及政策法规的制定缺乏战略性、系统性、全面性和可操作性，特别是缺乏政策的连续性以及对经济环境变化的适应性。目前，问题集中表现在两个方面：一方面存在“重项目审批，轻跟踪管理”的倾向；另一方面存在重复管理和无管理的现象。根据我国现阶段国际投资合作中存在的问题和未来发展战略，提出以下具体建议：一是改进项目审批办法与程序。为了提高工作效率，加强部门协调，建议在国务院领导下成立一个跨省市的分级的境外投资指导协调机构，开设一站式审批服务体系。二是加强调研分析。建议有组织、有计划地开展对东道国的综合调研，以加强国内服务与支持体系的建设，为国家有关部门和企业的决策提供可靠依据。三是编制国家各行业境外投资产业指导目录。对其中的鼓励行业给予政策支持与金融支持，通过政策性银行向企业做项目融资，信息部门也应为其提供投资指导，并由国家协助创建保险机构，开设新的险种。还要扩大进出口银行外汇资本金以及外汇占资本金的比例，以利于增强其抗风险能力，促进买方信贷等业务发展。这种集群式联合投资，

既有利于充分利用和发挥合作伙伴的各自优势，又可以分散投资风险。四是根据具体情况有计划地批准优质项目。建议由政府主管部门及各方专家组成评审小组，对境外投资项目的可行性进行审核。实施对外直接投资战略初期不宜过于集中上项目，应综合考虑项目的可行性与投资主体各方面的能力，应首先批准一些技术成熟、风险较小的项目，并对项目企业的规模、管理、人才、抗风险能力进行评估。五是加快立法。立法要公开、公正、公平。应尽快建立和完善对外直接投资的各项法规和政策。除此之外，从对国家产业结构调整、国有资产保值增值及国家经济金融安全考虑，或从给予信誉好的优质企业优惠的角度，对个案采取一些倾斜政策；从政府管理效率考虑，可多采用一些实用的程序性法规，使我国对外直接投资的各项法规在对外直接投资战略实施过程中得以尽快完善。

2. 进一步改进我国财政对“走出去”战略的政策支持

建议加大我国财政支出中的专项采购基金，用于消费性进口支出，然后再运用到国内民生工程中。更重要的是做好政策组合设计，将财政消费支出作为调整我国消费倾向及消费结构，放大消费基金的“种子”“乘数”或“杠杆”。由此产生的国内产业结构变化，将作用于我国企业对外直接投资的产业选择和商务模式选择。例如，对外直接投资产出返销国内，调整与东道国的贸易结构等。同时，建议有计划地加大来自国内的战略物资采购。国家战略物资及其储备不仅是从国外采购石油、铁矿石、有色金属，也应采购一些既属于战略可储备物资，又具有消费性质，也有助于调整我国贸易结构的商品。作为暂时性措施与长远措施相结合的手段，虽然有时存在低效（及腐败）问题，但其消费特征明显。财政可以借助行政资源进行市场化运作，兼顾调整消费类出口产业的结构。常识和经验表明，对被救助者进行直接货币补贴，往往难以进入当期消费，也会影响对外直接投资的方向及规模。具体方式包括：有计划地加大采购防灾救灾物资，对城镇低补对象实施补贴消费卡（既不见现金，又有消费偏好的选择余地），对贫困人口较为集中的地区就日常生活及消费开展救助并做好政府采购及物流管理，适当改进国际援助方式，等等。具体来说，例如加大消费性财政支出，国企利润分红常规化，协助民企资金管理科学化，现代科技设施对货币行为、货币政策、传导机制的影响，等等。还可以直接或间接地改善我国企业国际投资合作的国内环境。另外，建议对我国企业对外直接投资母体适当考虑给予一定的财政优惠支持，如免费提供境外信息、前期考察补贴、中介服务补贴、免费提供对外直接投资培训与政策咨询等，并逐步增加其他公共品供给。

3. 加强对外商投资企业和海外投资的“全程动态监管”

改革开放40多年来，外商投资在“我国发展奇迹”中发挥着不可替代的推动作用。但与此同时，外商投资企业的负面影响也不容忽视。这些负面影响一度表现在国民经济与社会发展的诸多层面：宏观层面，外商投资在局部造成土地资源的浪费、税收的流失、环境的破坏；中观层面，外商投资试图垄断的行为倾向破坏了有序竞争，威胁到产业安全；微观层面，外商投资在我国的各种违规经营造成企业责任弱化现象，非法避税、在华行贿、劳工标准偏低、产品安全不达标、虚假广告、歧视性定价等行为扰乱了经营秩序。而这些负面影响产生的原因归结起来，都与我国忽视准入后的监管工作紧密相关。外资进入我国市场之后，对外商投资的多头监管和诸多因素形成的后续监管不力，给少数外商的违法、违规行为创造了条件。

后危机时期，进一步加强对外商投资企业的全程监管变得更为重要。首先，后危机时期国内外经济发展的新形势给外资监管工作提出了新要求。后危机时期，全球的产业重组和重构将掀起产业转移的新浪潮，把握产业转移机遇、创新利用外资方式，要求有效把控外资运转及其影响；后危机时期，我国结构调整与产业升级换代的国际竞争，国内外日益加剧的市场竞争要求规范竞争秩序和增强企业的社会责任。这些目标的达成将更多地依靠准入后的监管工作。其次，后危机时期国际投资规则的发展趋势向外资监管工作提出了新挑战。“准入前国民待遇”和“否定清单”成为高水平国际投资合作的风向标，各国对外资企业的准入后监管必须相应调整监管方式，提升监管效率。

进一步加强对在华外资企业的全程监管工作，特别是加强准入后监管。首先，我国需要推进顶层设计。一方面，切实改革多头监管的监管体制，有效避免政府部门间的职能交叉；另一方面，适度分离政府发展职能与监管职能，加强对外商投资的战略规划、产业引导和安全防范。其次，加强工商、税务、外汇、环保、土地、科技、劳动保障等有关部门的信息共享和部门联合监管，建立健全产业安全、环境保护、利润处置等主要方面的监控、预警体系。最后，重视基层工商监管，尽快实现工商系统外资监管信息的全国联网，建立企业诚信档案，有效运行常态跟踪监督机制。总之，在确保外资国民待遇、公平竞争的前提下，形成一个规范有序、公开透明、部际联动的外资企业动态监管体系。

为进一步加快形成我国国际投资合作竞争优势，我国政府应加大有关制度的改革和政策扶持力度，中央政府应加快对外直接投资相关法律、法规的制定，从立法角度保证对外直接投资管理体系的统一性、政策配套的连续性以及日常管理的高效性。在风险可控的前提下，促进对外直接投资的便利化。因为国家的经济政策直接关系到企业能否较好地在国际投资合作中获得经济利益。同时，要建立健全国际投资合作配套服务体系，成立专门的行业、产业以及区域选择等对外直接投资信息服务机构，帮助企业做好“走出去”之前的准备工作。相关的配套服务应包括产业指导、区域指导、风险分析、金融支持等。同时，政府应及时进行宏观调控，加强各部门的信息收集和交流，建立境外投资主体风险监管体系，并设置科学的风险预警指标，以使对外直接投资风险管理部门从相关信息中及时获得决策依据，从而识别风险、控制危机、发现机遇、调整策略。后危机时期，我国国际投资合作对于我国经济和大国发展战略的影响将更为深远。为进一步提高国际投资合作的效益和水平，我国国际投资合作应立足于中国智慧，建立中国式国际投资合作发展模式，依托“一带一路”倡议，发挥平台优势，完善国际投资合作的法律体系及监管体系，关注国际投资合作的“准入”“准出”及后续进程，进行有效把控，确立和推进我国国际投资合作的竞争优势。

参考文献

[1] AGOSIN M R, MACHADO R. Foreign investment in developing countries: does it crowd in domestic investment? [J]. Oxford Development Studies, 2005, 33 (2): 149-162.

[2] AITKEN B, HANSON G H, HARRISON A E. Spillovers, foreign investment, and export behavior [J]. Journal of International Economics, 1997, 43 (1-2): 103-132.

[3] AITKEN B J, HARRISON A E. Do domestic firms benefit from direct foreign investment? Evidence from Venezuela [J]. American Economic Review, 1999, 89 (3): 605-618.

[4] ALFARO L, CHANDA A, KALEMLI-OZCAN S, et al. FDI and economic growth: the role of local financial markets [J]. Journal of International Economics, 2004, 64 (1): 89-112.

[5] ALMEIDA P. Knowledge sourcing by foreign multinationals: patent citation analysis in the US semiconductor industry [J]. Strategic Management Journal, 1996, 17 (S2): 155-165.

[6] ARNDT S, KIERZKOWSKI H. Fragmentation: new production patterns in the world economy [M]. Oxford: OUP Oxford, 2001.

[7] ARNOLD J M, JAVORCIK B S. Gifted kids or pushy parents? Foreign acquisitions and plant performance in Indonesia [M]. Washington D. C. The World Bank, 2005.

[8] ASIEDU E. On the determinants of foreign direct investment to developing countries: is Africa different? [J]. World Development, 2002, 30 (1):

107–119.

[9] AUDRETSCH B. Agglomeration and the location of innovative activity [J]. Oxford Review of Economic Policy, 1998, 14 (2): 18–29.

[10] BAIN J S. Barriers to new competition, their character and consequences in manufacturing industries [R]. 1956.

[11] BARON R M, KENNY D A. The moderator - mediator variable distinction in social psychological research: conceptual, strategic, and statistical considerations [J]. Journal of Personality and Social Psychology, 1986, 51 (6): 1173.

[12] BARRO R J. Economic growth in a cross section of countries [J]. The Quarterly Journal of Economics, 1991, 106 (2): 407–443.

[13] BARRIOS S, DIMELIS S, LOURI H, et al. Efficiency spillovers from foreign direct investment in the EU periphery: a comparative study of Greece, Ireland, and Spain [J]. Review of World Economics, 2004, 140 (4): 688–705.

[14] BARRIOS S, STROBL E. Foreign direct investment and productivity spillovers: evidence from the Spanish experience [J]. Weltwirtschaftliches Archiv, 2002, 138 (3): 459–481.

[15] BALASSA B. Trade liberalisation and "revealed" comparative advantage 1 [J]. The Manchester School, 1965, 33 (2): 99–123.

[16] BENGOA M, SANCHEZ–ROBLES B. Foreign direct investment, economic freedom and growth: new evidence from Latin America [J]. European Journal of Political Economy, 2003, 19 (3): 529–545.

[17] BEUGELSDIJK S. Strategic human resource practices and product innovation [J]. Organization Studies, 2008, 29 (6): 821–847.

[18] BEUGELSDIJK S, SMEETS R, ZWINKELS R. The impact of horizontal and vertical FDI on host's country economic growth [J]. International Business

Review, 2008, 17 (4): 452-472.

[19] BLALOCK G, GERTLER P J. Welfare gains from foreign direct investment through technology transfer to local suppliers [J]. Journal of international Economics, 2008, 74 (2): 402-421.

[20] BLOMSTRÖM M, PERSSON H. Foreign investment and spillover efficiency in an underdeveloped economy: evidence from the Mexican manufacturing industry [J]. World Development, 1983, 11 (6): 493-501.

[21] BLOMSTRÖM M, SJÖHOLM F. Technology transfer and spillovers: does local participation with multinationals matter? [J]. European Economic Revi ew, 1999, 43 (4-6): 915-923.

[22] BLOMSTRÖM M, KOKKO A. Multinational corporations and spillovers [J]. Journal of Economic Surveys, 1998, 12 (3): 247-277.

[23] BLOMSTRÖM M, KOKKO A, ZEJAN M. Host country competition, labor skills, and technology transfer by multinationals [J]. Review of World Economics, 1994, 130 (3): 521-533.

[24] BLOMSTROM M, LIPSEY R E, ZEJAN M. What explains developing country growth? [R]. National Bureau of Economic Research, 1992.

[25] BORENSZTEIN E, DE GREGORIO J, LEE J W. How does foreign direct investment affect economic growth? [J]. Journal of International Economics, 1998, 45 (1): 115-135.

[26] BOSWORTH B P, COLLINS S M, REINHART C M. Capital flows to developing economies: implications for saving and investment [J]. Brookings Papers on Economic Activity, 1999 (1): 143-180.

[27] BRACONIER H, EKHOLM K, KNARVIK K H M. In search of FDI-transmitted R&D spillovers: a study based on Swedish data [J]. Review of World Economics, 2001, 137 (4): 644-665.

[28] BRACONIER H, EKHOLM K, MIDELFART KNARVIK K H. Does FDI

work as a channel for R&D spillovers? Evidence based on Swedish data [R]. IUI Working Paper, 2001.

[29] BUCKLEY P J, RUANE F. Foreign direct investment in Ireland: policy implications for emerging economies [J]. World Economy, 2006, 29 (11): 1611-1628.

[30] BUCKLEY P J, CASSON M. Future of the multinational enterprise [M]. Berlin: Springer, 1976.

[31] BUCKLEY P J, CASSON M C. The internalisation theory of the multinational enterprise: a review of the progress of a research agenda after 30 years [J]. Journal of International Business Studies, 2009, 40 (9): 1563-1580.

[32] BUCKLEY P J, CLEGG J, WANG C. The impact of inward FDI on the performance of Chinese manufacturing firms [J]. Journal of International Business Studies, 2002, 33 (4): 637-655.

[33] CAVES R E. Multinational enterprise and economic analysis [M]. Cambridge University Press, 1996.

[34] CAVES R E. Multinational firms, competition, and productivity in host-country markets [J]. Economica, 1974, 41 (162): 176-193.

[35] CHOE J I. Do foreign direct investment and gross domestic investment promote economic growth? [J]. Review of Development Economics, 2003, 7 (1): 44-57.

[36] DAMIJAN J P, KNELL M, MAJCEN B, et al. Technology transfer through FDI in top-10 transition countries: how important are direct effects, horizontal and vertical spillovers? [R]. William Davidson Institute Working Paper, 2003.

[37] DAS S. Externalities, and technology transfer through multinational corporations a theoretical analysis [J]. Journal of International Economics, 1987, 22 (1-2): 171-182.

[38] DAUDIN G, RIFFLART C, SCHWEISGUTH D. Who produces for whom in the world economy? [J]. Canadian Journal of Economicsd, 2011, 44 (4):

1403-1437.

[39] DE MELLO JR L R. Foreign direct investment in developing countries and growth: a selective survey [J]. The Journal of Development Studies, 1997, 34 (1): 1-34.

[40] DE MELLO L R. Foreign direct investment-led growth: evidence from time series and panel data [J]. Oxford Economic Papers, 1999, 51 (1): 133-151.

[41] DEDRICK J, KRAEMER K L, LINDEN G. Who profits from innovation in global value chains?: a study of the iPod and notebook PCs [J]. Industrial and Corporate Change, 2010, 19 (1): 81-116.

[42] DJANKOV S, HOEKMAN B. Foreign investment and productivity growth in Czech enterprises [J]. The World Bank Economic Review, 2000, 14 (1): 49-64.

[43] DIMELIS S. Spillovers from foreign direct investment and firm growth: technological, financial and market structure effects [J]. International Journal of the Economics of Business, 2005, 12 (1): 85-104.

[44] DIMELIS S, LOURI H. Foreign ownership and production efficiency: a quantile regression analysis [J]. Oxford Economic Papers, 2002, 54 (3): 449-469.

[45] COHEN W M, LEVINTHAL D A. Innovation and learning: the two faces of R & D [J]. The Economic Journal, 1989, 99 (397): 569-596.

[46] DRIFFIELD N, LOVE J H. Does the motivation for foreign direct investment affect productivity spillovers to the domestic sector? [J]. Applied Economics Quarterly (Formerly: Konjunkturpolitik), 2006, 52 (1): 3-27.

[47] DRIFFIELD N, LOVE J H. Foreign direct investment, technology sourcing and reverse spillovers [J]. The Manchester School, 2003, 71 (6): 659-672.

[48] DUNNING J H. Location and the multinational enterprise: a neglected factor?

[J]. Journal of International Business Studies, 1998, 29 (1): 45-66.

[49] DUNNING J. H. Multinational enterprises and the global economy [M]. Wokingham: Addison-Wesley Publishing Company, 1993 .

[50] DUNNING J H. The eclectic (OLI) paradigm of international production: past, present and future [J]. International Journal of the Economics of Business, 2001, 8 (2): 173-190.

[51] DUNNING J H. Toward an eclectic theory of international production: some empirical tests [J]. Journal of International Business Studies, 1980, 11 (1): 9-31.

[52] DUNNING J H, LUNDAN S M. Multinational enterprises and the global economy [M]. Edward Elgar Publishing, 2008.

[53] DUNNING J H, PITELIS C N. Stephen Hymer's contribution to international Business Scholarship: an assessment and extension [J]. Journal of International Business Studies, 2008, 39 (1): 167-176.

[54] DUNNING T. Accurate methods for the statistics of surprise and coincidence [J]. Computational Linguistics, 1993, 19 (1): 61-74.

[55] DURHAM J B. Absorptive capacity and the effects of foreign direct investment and equity foreign portfolio investment on economic growth [J]. European Economic Review, 2004, 48 (2): 285-306.

[56] ECHANDI R, KRAJCOVICOVA J, QIANG C Z. The impact of investment policy in a changing global economy: a review of the literature [M]. Washington D. C. The World Bank, 2015.

[57] FEENSTRA R C. Integration of trade and disintegration of production in the global economy [J]. Journal of Economic Perspectives, 1998, 12 (4): 31-50.

[58] FINDLAY R. Relative backwardness, direct foreign investment, and the transfer of technology: a simple dynamic model [J]. The Quarterly Journal of

Economics, 1978, 92 (1): 1-16.

[59] FLÔRES JUNIOR R G, FONTOURA M P, SANTOS R G. Foreign direct investment spillovers: additional lessons from a country study [J]. The European Jonrnal of Dervelopment Research, 2007, 19 (3): 372-390.

[60] FOSFURI A, MOTTA M. Multinationals without advantages [J]. Scandinavian Journal of Economics, 1999, 101 (4): 617-630.

[61] FOSFURI A, MOTTA M, RØNDE T. Foreign direct investment and spillovers through workers' mobility [J]. Journal of International Economics, 2001, 53 (1): 205-222.

[62] GEREFFI G. A commodity chains framework for analyzing global industries [J]. Institute of Development Studies, 1999, 8 (12): 1-9.

[63] GEREFFI G. Development models and industrial upgrading in China and Mexico [J]. European Sociological Review, 2008, 25 (1): 37-51.

[64] GEREFFI G. International trade and industrial upgrading in the apparel commodity chain [J]. Journal of International Economics, 1999, 48 (1): 37-70.

[65] GEREFFI G. Shifting governance structures in global commodity chains, with special reference to the internet [J]. American Behavioral Scientist, 2001, 44 (10): 1616-1637.

[66] GEREFFI G, HUMPHREY J, STURGEON T. The governance of global value chains [J]. Review of International Political Economy, 2005, 12 (1): 78-104.

[67] GEREFFI G, MEMEDOVIC O. The global apparel value chain: what prospects for upgrading by developing countries [M]. Vienna: United Nations Industrial Development Organization, 2003.

[68] GIRMA S. Absorptive capacity and productivity spillovers from FDI: a threshold regression analysis [J]. Oxford Bulletin of Economics and Statistics,

2005, 67 (3): 281-306.

[69] GIRMA S, WAKELIN K. Regional underdevelopment: is FDI the solution? A semiparametric analysis [J]. Social Science Electronic Publishing, 100 (3): 425-425 (17) .

[70] GIULIANI E, PIETROBELLI C, RABELLOTTI R. Upgrading in global value chains: lessons from Latin American clusters [J]. World Development, 2005, 33 (4): 549-573.

[71] BALWIN. Global value chains in a changing world [M]. Geneva: World Trade Organization, 2013.

[72] GOODARZI H, MOGHADAM S E. Foreign direct investment and its effects on home country: evidence from developing countries [J]. Journal of Knowledge Globalization, 2014, 7 (1): 1-22.

[73] GÖRG H, GREENAWAY D. Much ado about nothing? Do domestic firms really benefit from foreign direct investment? [J]. The World Bank Research Observer, 2004, 19 (2): 171-197.

[74] GREENAWAY D, SOUSA N, WAKELIN K. Do domestic firms learn to export from multinationals? [J]. European Journal of Political Economy, 2004, 20 (4): 1027-1043.

[75] GRIFFITH R, REDDING S, VAN REENEN J. R&D and absorptive capacity: theory and empirical evidence [J]. Scandinavian Journal of Economics, 2003, 105 (1): 99-118.

[76] GROSSMAN G M, HELPMAN E. Innovation and growth in the global economy [M]. Boston: MIT Press, 1993.

[77] GUAN J. Comparison study of industrial innovation between China and some European countries [J]. Production and Inventory Management Journal, 2002, 43 (4): 30-46.

[78] GUAN J C, MOK C K, YAM R C M, et al. Technology transfer and inno-

vation performance: evidence from Chinese firms [J]. Technological Forecasting and Social Change, 2006, 73 (6): 666-678.

[79] Gurría A. The emergence of global value chains: what do they mean for business [C]. G20 Trade and Investment Promotion Summit, 2012.

[80] HADDAD M, HARRISON A. Are there positive spillovers from direct foreign investment?: evidence from panel data for Morocco [J]. Journal of Development Economics, 1993, 42 (1): 51-74.

[81] HAMEL G, PRAHALAD C K. Competing for the future [M]. Boston: Harvard Business Press, 1996.

[82] HANSEN H, RAND J. On the causal links between FDI and growth in developing countries [J]. World Economy, 2006, 29 (1): 21-41.

[83] HARRISON A E. Productivity, imperfect competition and trade reform: theory and evidence [J]. Journal of International Economics, 1994, 36 (1-2): 53-73.

[84] HASKEL J E, PEREIRA S C, SLAUGHTER M J. Does inward foreign direct investment boost the productivity of domestic firms? [J]. The Review of Economics and Statistics, 2007, 89 (3): 482-496.

[85] HEJAZI W, SAFARIAN A E. Trade, foreign direct investment, and R&D spillovers [J]. Journal of International Business Studies, 1999, 30 (3): 491-511.

[86] HELPMAN E. A simple theory of international trade with multinational corporations [J]. Journal of Political Economy, 1984, 92 (3): 451-471.

[87] HELPMAN E. Imperfect competition and international trade: evidence from fourteen industrial countries [J]. Journal of the Japanese and International Economies, 1987, 1 (1): 62-81.

[88] HELPMAN E, KRUGMAN P R. Market structure and foreign trade: increasing returns, imperfect competition, and the international economy [M].

Boston: MIT Press, 1985.

[89] HENDERSON J, DICKEN P, HESS M, et al. Global production networks and the analysis of economic development [J]. Review of International Political Economy, 2002, 9 (3): 436-464.

[90] HENDERSON V. The urbanization process and economic growth: the so-what question [J]. Journal of Economic Growth, 2003, 8 (1): 47-71.

[91] HERMES N, LENSINK R. Foreign direct investment, financial development and economic growth [J]. The Journal of Development Studies, 2003, 40 (1): 142-163.

[92] HU A G Z, JEFFERSON G H. FDI impact and spillover: evidence from China's electronic and textile industries [J]. World Economy, 2002, 25 (8): 1063-1076.

[93] HUMMELS D. Transportation costs and international trade in the second era of globalization [J]. Journal of Economic Perspectives, 2007, 21 (3): 131-154.

[94] HUMMELS D, ISHII J, YI K M. The nature and growth of vertical specialization in world trade [J]. Journal of International Economics, 2001, 54 (1): 75-96.

[95] HUMPHREY J, SCHMITZ H. Governance and upgrading: linking industrial cluster and global value chain research [M]. Brighton: Institute of Development Studies, 2000.

[96] HUMPHREY J, SCHMITZ H. How does insertion in global value chains affect upgrading in industrial clusters? [J]. Regional Studies, 2002, 36 (9): 1017-1027.

[97] HYMER S H. International operations of national firms [M]. Boston: MIT Press, 1976.

[98] HYMER S H. The international operations of national firms: a study of direct

foreign investment [M]. Boston: MIT Press, 1960.

[99] IETTO-GILLIES G. Transnational corporations and international production: concepts, theories and effects [M]. Northampton: Edward Elgar Publishing, 2012.

[100] JAVORCIK B S, SAGGI K, SPATAREANU M. Does it matter where you come from? Vertical spillovers from foreign direct investment and the nationality of investors [R]. World Bank, 2004.

[101] JAVORCIK B S, SPATAREANU M. To share or not to share: does local participation matter for spillovers from foreign direct investment? [J]. Journal of Development Economics, 2008, 85 (1-2): 194-217.

[102] JORDAAN J A. Determinants of FDI-induced externalities: new empirical evidence for Mexican manufacturing industries [J]. World Development, 2005, 33 (12): 2103-2118.

[103] KAMINSKI B, NG F. Production disintegration and integration of Central Europe into global markets [J]. International Review of Economics & Finance, 2005, 14 (3): 377-390.

[104] KAO C. Spurious regression and residual-based tests for cointegration in panel data [J]. Journal of econometrics, 1999, 90 (1): 1-44.

[105] KAPLINSKY R. Globalisation and unequalisation: what can be learned from value chain analysis? [J]. Journal of Development Studies, 2000, 37 (2): 117-146.

[106] KATHURIA V. Foreign firms, technology transfer and knowledge spillovers to Indian manufacturing firms: a stochastic frontier analysis [J]. Applied Economics, 2001, 33 (5): 625-642.

[107] KATHURIA V. Liberalisation, FDI, and productivity spillovers an analysis of Indian manufacturing firms [J]. Oxford Economic Papers, 2002, 54 (4): 688-718.

[108] KATHURIA V. Productivity spillovers from technology transfer to Indian manufacturing firms [J]. Journal of International Development, 2000, 12 (3): 343-369.

[109] KATHURIA V. Technology transfer and spillovers for Indian manufacturing firms [J]. Development Policy Review, 1998, 16 (1): 73-91.

[100] KELLER W, YEAPLE S R. Multinational enterprises, international trade, and productivity growth: firm-level evidence from the United States [J]. The Review of Economics and Statistics, 2009, 91 (4): 821-831.

[111] KINDLEBERGER C P. American business abroad [J]. The International Executive, 1969, 11 (2): 11-12.

[112] KINOSHITA Y. R&D and technology spillovers through FDI: innovation and absorptive capacity [R]. CEPR Discussion Papers, 2001.

[113] KOGUT B. Designing global strategies: comparative and competitive value-added chains [J]. Sloan Management Review, 1985, 26 (4): 15-28.

[114] KOGUT B, CHANG S J. Technological capabilities and japanese direct investment into the united States [J]. The Review of Economics and Satatistics, 1990, 73 (3): 401-413.

[115] KOHPAIBOON A. Foreign direct investment and technology spillover: a cross-industry analysis of Thai manufacturing [J]. World Development, 2006, 34 (3): 541-556.

[116] KOJIMA K. Direct foreign investment: a japanese model of multi-National business operations [M]. Abilngton: Routledge, 2010.

[117] KOJIMA K. Japanese direct foreign investment [M]. Tokyo: Charles E. Tuttle, 1978.

[118] KOKKO A. Technology, market characteristics, and spillovers [J]. Journal of Development Economics, 1994, 43 (2): 279-293.

[119] KOKKO A, BLOMSTRÖM M. Policies to encourage inflows of technology

through foreign multinationals [J]. World Development, 1995, 23 (3): 459-468.

[120] KOKKO A, TANSINI R, ZEJAN M C. Local technological capability and productivity spillovers from FDI in the Uruguayan manufacturing sector [J]. The Journal of Development Studies, 1996, 32 (4): 602-611.

[121] KOKKO A, ZEJAN M, TANSINI R. Trade regimes and spillover effects of FDI: evidence from Uruguay [J]. Weltwirtschaftliches Archiv, 2001, 137 (1): 124-149.

[122] KOOPMAN R, POWERS W, WANG Z, et al. Give credit where credit is due: Tracing value added in global production chains [R]. National Bureau of Economic Research, 2010.

[123] KOOPMAN R, WANG Z, WEI S J. Estimating domestic content in exports when processing trade is pervasive [J]. Journal of Development Economics, 2012, 99 (1): 178-189.

[124] KOOPMAN R, WANG Z, WEI S J. Tracing value-added and double counting in gross exports [J]. American Economic Review, 2014, 104 (2): 459-494.

[125] KRUGMAN P. Making sense of the competitiveness debate [J]. Oxford Review of Economic Policy, 1996, 12 (3): 17-25.

[126] KRUGMAN P, VENABLES A J. Globalization and the inequality of nations [J]. The Quarterly Journal of Economics, 1995, 110 (4): 857-880.

[127] KUEMMERLE W. The drivers of foreign direct investment into research and development: an empirical investigation [J]. Journal of International Business Studies, 1999, 30 (1): 1-24.

[128] KUZNETS S. Economic growth and income inequality [J]. The American Economic Review, 1955, 45 (1): 1-28.

[129] LALL S. Exports of manufactures by developing countries: emerging patterns

of trade and location [J]. Oxford Review of Economic Policy, 1998, 14 (2): 54-73.

[130] LALL S. Vertical inter-firm linkages in LDCs: an empirical study [J]. Oxford bulletin of Economics and Statistics, 1980, 42 (3): 203-226.

[131] LAPAN H, BARDHAN P. Localized technical progress and transfer of technology and economic development [J]. Journal of Economic Theory, 1973, 6 (6): 585-595.

[132] LAPLUME A O, PETERSEN B, PEARCE J M. Global value chains from a 3D printing perspective [J]. Journal of International Business Studies, 2016, 47 (5): 595-609.

[133] LEE J Y, MANSFIELD E. Intellectual property protection and US foreign direct investment [J]. The Review of Economics and Statistics, 1996, 78 (2): 181-186.

[134] LI X, LIU X. Foreign direct investment and economic growth: an increasingly endogenous relationship [J]. World Development, 2005, 33 (3): 393-407.

[135] LI X, LIU X, PARKER D. Foreign direct investment and productivity spillovers in the Chinese manufacturing sector [J]. Economic Systems, 2001, 25 (4): 305-321.

[136] LIPSEY R E, SJÖHOLM F. Foreign direct investment, education and wages in Indonesian manufacturing [J]. Journal of Development Economics, 2004, 73 (1): 415-422.

[137] LIU Z. Foreign direct investment and technology spillover: evidence from China [J]. Journal of Comparative Economics, 2002, 30 (3): 579-602.

[138] LOS B, TIMMER M P, DE VRIES G J. How global are global value chains? A new approach to measure international fragmentation [J]. Journal of Regional Science, 2015, 55 (1): 66-92.

[139] LOS B, TIMMER M P, DE VRIES G J. Tracing value-added and double counting in gross exports: comment [J]. American Economic Review, 2016, 106 (7): 1958-1966.

[140] LUCAS JR R E. On the mechanics of economic development [J]. Journal of Monetary Economics, 1988, 22 (1): 3-42.

[141] LUNDVALL, BENGT-ÅKE, ED. National systems of innovation: toward a theory of innovation and interactive learning [M]. London: Anthem Press, 2010.

[142] MANKIW N G, ROMER D, WEIL D N. A contribution to the empirics of economic growth [J]. The Quarterly Journal of Economics, 1992, 107 (2): 407-437.

[143] MARKUSEN J R. Contracts, intellectual property rights, and multinational investment in developing countries [J]. Journal of International Economics, 2001, 53 (1): 189-204.

[144] MARKUSEN J R. Foreign direct investment and trade [M]. Swedish: Centre for International Economic Studies, 2000.

[145] MARKUSEN J R. Multinationals, multi-plant economies, and the gains from trade [J]. Journal of International Economics, 1984, 16 (3-4): 205-226.

[146] MARKUSEN J R. The boundaries of multinational enterprises and the theory of international trade [J]. Journal of Economic Perspectives, 1995, 9 (2): 169-189.

[147] MARKUSEN J R, VENABLES A J. Foreign direct investment as a catalyst for industrial development [J]. European Economic Review, 1999, 43 (2): 335-356.

[148] NAIR-REICHERT U, WEINHOLD D. Causality tests for cross-country panels: a New look at FDI and economic growth in developing countries [J].

Oxford Bulletin of Economics and Statistics, 2001, 63 (2): 153-171.

[149] NEVEN D, SIOTIS G. Technology sourcing and FDI in the EC: an empirical evaluation [J]. International Journal of Industrial Organization, 1996, 14 (5): 543-560.

[150] OECD-WTO. Trade in value-added: concepts, methodologies, and challenges [R]. Joint OECD-WTO Note, 2012.

[151] PAGE J. The East Asian miracle: four lessons for development policy [J]. NBER Macroeconomics Annual, 1994 (9): 219-269.

[152] PEDRONI P. Critical values for cointegration tests in heterogeneous panels with multiple regressors [J]. Oxford Bulletin of Economics and Statistics, 1999, 61 (S1): 653-670.

[153] PEDRONI P. Panel cointegration: asymptotic and finite sample properties of pooled time series tests with an application to the PPP hypothesis [J]. Econometric Theory, 2004, 20 (3): 597-625.

[154] PEREZ T. Multinational enterprises and technological spillovers: an evolutionary model [J]. Journal of Evolutionary Economics, 1997, 7 (2): 169-192.

[155] PEREZ T. Multinational enterprises and technological spillovers [M]. Abinghton: Routledge, 2003.

[156] PHILLIPS R, HENDERSON J. Global production networks and industrial upgrading: negative lessons from Malaysian electronics [J]. Austrian Journal for Development Studies, 2009, 25 (2): 38-61.

[157] PORTER M E. Capital disadvantage: america's failing capital investment system [J]. Harvard Business Review, 1992, 70 (5): 65-82.

[158] PORTER M E. Competitive advantage: creating and sustaining superior performance [M]. New York: Fress Press, 1985.

[159] PRADHAN J P, ABRAHAM V. Overseas mergers and acquisitions by

Indian enterprises: patterns and motivations [J]. Indian Journal of Economics, 2005, 85 (33): 365-386.

[160] PROENÇA I, FONTOURA M P, CRESPO N. Productivity spillovers from multinational corporations: vulnerability to deficient estimation [J]. Applied Econometrics and International Development, 2006 (1): 87-98.

[161] RAMACHANDRAN V. Technology transfer, firm ownership, and investment in human capital [J]. The Review of Economics and Statistics, 1993, 75 (4): 664-670.

[162] RHEE Y W. The catalyst model of development: lessons from Bangladesh's success with garment exports [J]. World Development, 1990, 18 (2): 333-346.

[163] RIDGEWAY A. Definition of foreign direct investment (FDI) terms [R]. IMF Issue Paper (DITEG), 2004.

[164] ROMER P. Idea gaps and object gaps in economic development [J]. Journal of Monetary Economics, 1993, 32 (3): 543-573.

[165] ROMER P M. Increasing returns and long-run growth [J]. Journal of Political Economy, 1986, 94 (5): 1002-1037.

[166] ROSENBERG N. Science, invention and economic growth [J]. The Economic Journal, 1974, 84 (333): 90-108.

[167] ROSTOW W W. The stages of economic growth [J]. The Economic History Review, 1959, 12 (1): 1-16.

[168] SAGGI K. Trade, foreign direct investment, and international technology transfer: A survey [J]. The World Bank Research Observer, 2002, 17 (2): 191-235.

[169] SCHAAPER M. Measuring China's innovation system: national specificities and international comparisons [R]. OECD Science, Technology and Industry Working Papers, 2009.

[170] SCHOORS K, VAN DER TOL B. Foreign direct investment spillovers within and between sectors: evidence from Hungarian data [R]. Working Papers of Faculty of Economics and Business Administration, Ghent University, 2002.

[171] SCHMITZ H. Learning and earning in global garment and footwear chains [J]. The European Journal of Development Research, 2006, 18 (4): 546-571.

[172] SCHMITZ H. Local enterprises in the global economy [M]. Northampton: Edward Elgar Publishing, 2004.

[173] SHAW L M, VANDERSTICHELE H, KNAPIK-CZAJKA M, et al. Cerebrospinal fluid biomarker signature in Alzheimer's disease Neuroimaging initiative subjects [J]. Annals of Neurology, 2009, 65 (4): 403-413.

[174] SHERWOOD R M. Intellectual property and economic development [M]. Boulder: Westview Press, 1990.

[175] SINANI E, MEYER K E. Spillovers of technology transfer from FDI: the case of Estonia [J]. Journal of Comparative Economics, 2004, 32 (3): 445-466.

[176] SJÖHOLM F. Productivity growth in Indonesia: the role of regional characteristics and direct foreign investment [J]. Economic Development and Cultural Change, 1999, 47 (3): 559-584.

[177] SJÖHOLM F. Technology gap, competition and spillovers from direct foreign investment: evidence from establishment data [J]. The Journal of Development Studies, 1999, 36 (1): 53-73.

[178] SMARZYNSKA JAVORCIK B. Does foreign direct investment increase the productivity of domestic firms? In search of spillovers through backward linkages [J]. American Economic Review, 2004, 94 (3): 605-627.

[179] SOBEL M E. Asymptotic confidence intervals for indirect effects in structural

equation models [J]. Sociological Methodology, 1982 (13): 290-312.

[180] SOBEL M E. Direct and indirect effects in linear structural equation models [J]. Sociological Methods & Research, 1987, 16 (1): 155-176.

[181] SOLOW R M. A contribution to the theory of economic growth [J]. The Quarterly Journal of Economics, 1956, 70 (1): 65-94.

[182] SOLOW R M. Technical change and the aggregate production function [J]. The Review of Economics and Statistics, 1957, 39 (3): 312-320.

[183] SRHOLEC M. High-tech exports from developing countries: a symptom of technology spurts or statistical illusion? [J]. Review of World Economics, 2007, 143 (2): 227-255.

[184] STURGEON T. How do we define value chains and production networks? [J]. IDS Bulletin, 2001, 32 (3): 9-18.

[185] TEECE D, PISANO G. The dynamic capabilities of firms: an introduction [J]. Industrial and Corporate Change, 1994, 3 (3): 537-556.

[186] TIMMER M P, ERUMBAN A A, LOS B, et al. Slicing up global value chains [J]. Journal of Economic Perspectives, 2014, 28 (2): 99-118.

[187] TORLAK E. Foreign direct investment, technology transfer, and productivity growth in transition countries empirical evidence from panel data [R]. cege discussion paper, 2004.

[188] United Nations Conference on Trade and Development. World investment report 2013: Global value chains: Investment and trade for development [M]. UN, 2013.

[189] VECHIU N, MAKHLOUF F. Economic integration and specialization in production in the EU27: does FDI influence countries' specialization? [J]. Empirical Economics, 2014, 46 (2): 543-572.

[190] VENKATRAMAN N, HENDERSON J C. Real strategies for virtual organizing [J]. Sloan management review, 1998, 40 (1): 33-48.

[191] VERNON R. International Investment and International Trade in the Product Cycle [J]. The Quarterly Journal of Economics, 1966, 80 (2): 190-207.

[192] WANG J Y, BLOMSTRÖM M. Foreign investment and technology transfer: A simple model [J]. European economic review, 1992, 36 (1): 137-155.

[193] WANG Z, WEI S J, YU X, et al. Characterizing global value chains: Production length and upstreamness [R]. National Bureau of Economic Research, 2017.

[194] WANG Z, WEI S J, YU X, et al. Measures of participation in global value chains and global business cycles [R]. National Bureau of Economic Research, 2017.

[195] WANG Z, WEI S J, ZHU K. Quantifying international production sharing at the bilateral and sector levels [R]. National Bureau of Economic Research, 2013.

[196] XU B. Multinational enterprises, technology diffusion, and host country productivity growth [J]. Journal of Development Economics, 2000, 62 (2): 477-493.

[197] YUDAEVA K, KOZLOV K, MELENTIEVA N, et al. Does foreign ownership matter? the Russian experience [J]. Economics of Transition, 2003, 11 (3): 383-409.

[198] ZHANG K H. Does foreign direct investment promote economic growth? Evidence from East Asia and Latin America [J]. Contemporary Economic Policy, 2001, 19 (2): 175-185.

[199] 安歌军，赵景峰．产品内贸易，分工与产业结构升级关系研究[J].中国流通经济，2011，25（12）：94-97.

[200] 陈琳，林珏．外商直接投资对中国制造业企业的溢出效应：基于企业所有制结构的视角［J］．管理世界，2009（9）：24-33.

[201] 陈明森，陈爱贞，张文刚．升级预期、决策偏好与产业垂直升级：基于我

国制造业上市公司实证分析［J］. 中国工业经济，2012（2）：26-36.

［202］陈望远，黄金波 . FDI 对我国产业结构升级影响的实证研究：基于面板随机系数模型的分析［J］. 产经评论，2012，3（3）：52-58.

［203］丁蕾 . 我国高新技术型加工贸易的价值链提升：基于省际面板数据的实证分析［J］. 未来与发展，2010（10）：13-16.

［204］郭晶，赵越 . 高技术产业国际分工地位的影响因素：基于完全国内增加值率视角的跨国实证［J］. 国际商务：对外经济贸易大学学报，2012（2）：87-95.

［205］胡昭玲，宋佳 . 基于出口价格的中国国际分工地位研究［J］. 国际贸易问题，2013（3）：15-25.

［206］胡祖六 . 关于中国引进外资的三大问题［J］. 国际经济评论，2004，2（4）：3.

［207］黄菁，杨三根 . 中国加工贸易结构升级影响因素的实证分析［J］. 世界经济研究，2006（1）：41-47.

［208］江小涓 . 中国的外资经济对增长、结构升级和竞争力的贡献［J］. 中国社会科学，2002（6）：4-14+204.

［209］廖泽芳，宁凌 . 中国的全球价值链地位考察：基于附加值贸易视角［J］. 国际商务：对外经济贸易大学学报，2013（6）：21-30.

［210］李博，温杰 . 中国工业部门技术进步的就业效应［J］. 经济学动态，2010（10）：34-37.

［211］李佳 . FDI 技术溢出促进产业升级的理论微观机制探讨［J］. 现代管理科学，2014（1）：87-89.

［212］李金昌，项莹 . 中国制造业出口增值份额及其国别（地区）来源：基于 SNA-08 框架下《世界投入产出表》的测度与分析［J］. 中国工业经济，2014（8）：84-96.

［213］李青原，赵奇伟，李江冰，等 . 外商直接投资，金融发展与地区资本配置效率：来自省级工业行业数据的证据［J］. 金融研究，2010（3）：

80-97.

[214] 李作战．全球产业转移背景下如何实现从“中国制造”到“中国创造”[J]．企业经济，2007（4）：30-31.

[215] 吕剑亮．全球价值链视角下中国加工贸易升级影响因素探讨[J]．商业时代，2014（35）：32-34.

[216] 聂聆，李三妹．制造业全球价值链利益分配与中国的竞争力研究[J]．国际贸易问题，2014（12）：102-113.

[217] 潘文卿．外商投资对中国工业部门的外溢效应：基于面板数据的分析[J]．世界经济，2003（6）：3-7+80.

[218] 平新乔．外国直接投资对中国企业的溢出效应分析：来自中国第一次全国经济普查数据的报告[J]．工业经济，2007（10）：60-69.

[219] 邱斌，杨帅，辛培江．FDI 技术溢出渠道与中国制造业生产率增长研究：基于面板数据的分析[J]．世界经济，2008（8）：20-31.

[220] 施炳展．中国出口产品的国际分工地位研究：基于产品内分工的视角[J]．世界经济研究，2010（1）：56-62.

[221] 施振荣，林文玲．再造宏碁：开创，成长与挑战[M]．北京：中信出版社，2005.

[222] 孙治宇．全球价值链分工与价值链升级研究[M]．北京：经济科学出版社，2013.

[223] 孙早，宋炜，孙亚政．母国特征与投资动机：新时期的中国需要怎样的外商直接投资[J]．中国工业经济，2014（2）：71-83.

[224] 唐春晖．产品架构，全球价值链与本土企业升级路径[J]．工业技术经济，2010，29（2）：16-20.

[225] 唐未兵，傅元海，王展祥．技术创新、技术引进与经济增长方式转变[J]．经济研究，2014，49（7）：31-43.

[226] 涂颖清．全球价值链下我国制造业升级的影响因素分析[J]．重庆科技学院学报（社会科学版），2011（13）：72-73.

[227] 涂颖清. 全球价值链下我国制造业升级研究 [D]. 上海：复旦大学，2010.

[228] 姜伟尉. 全球价值链背景下我国制造业定位与升级研究 [D]. 镇江：江苏大学，2013.

[229] 王滨. FDI 技术溢出、技术进步与技术效率：基于中国制造业 1999—2007 年面板数据的经验研究 [J]. 数量经济技术经济研究，2010，27 (2)：93-103+117.

[230] 王苍峰. FDI，行业间联系与溢出效应：基于我国制造业行业面板数据的实证分析 [J]. 世界经济研究，2008 (3)：73-79.

[231] 王飞. 外商直接投资促进了国内工业企业技术进步吗？[J]. 世界经济研究，2003 (4)：39-44.

[232] 王玉燕，林汉川，吕臣. 中国企业转型升级战略评价指标体系研究 [J]. 科技进步与对策，2014 (15)：123-127.

[233] 王直，魏尚进，祝坤福. 总贸易核算法：官方贸易统计与全球价值链的度量 [J]. 中国社会科学，2015 (9)：108-127.

[234] 文东伟，冼国明，马静. FDI、产业结构变迁与中国的出口竞争力 [J]. 管理世界，2009 (4)：96-107.

[235] 温忠麟，侯杰泰，张雷. 调节效应与中介效应的比较和应用 [J]. 心理学报，2005 (2)：268-274.

[236] 温忠麟，叶宝娟. 中介效应分析：方法和模型发展 [J]. 心理科学进展，2014，22 (5)：731-745.

[237] 温忠麟，张雷，侯杰泰，刘红云. 中介效应检验程序及其应用 [J]. 心理学报，2004 (5)：614-620.

[238] 吴敏洁，程中华，徐常萍. R&D、FDI 和出口对制造业环境全要素生产率影响的实证分析 [J]. 统计与决策，2018 (14)：32.

[239] 吴友富，章玉贵. 中国自主品牌制造业的品牌升级路径 [J]. 上海管理科学，2008，30 (2)：9-12.

[240] 徐涛．引进 FDI 与中国技术进步［J］．世界经济，2003，26（10）：22–27.

[241] 许仙平．浙江省制造业结构调整研究［D］．杭州：浙江大学，2007.

[242] 杨高举，周俊子．中国高技术产业国际分工地位的区域差异［J］．经济地理，2012，32（12）：117–121.

[243] 余永定，张斌．FDI 对中国经济的影响［J］．国际经济评论，2004（2）：22–23.

[244] 赵文成，赵红．基于产业价值链的我国制造业竞争战略研究［J］．中国工程科学，2008，10（9）：54–59.

[245] 张二震，马野青．贸易投资一体化与当代国际贸易理论创新［J］．福建论坛（人文社会科学版），2002（1）：29–35.

[246] 张海洋，刘海云．外资溢出效应与竞争效应对中国工业部门的影响［J］．国际贸易问题，2004（3）：76–81.

[247] 张辉．全球价值链动力机制与产业发展策略［J］．中国工业经济，2006（1）：40–48.

[248] 张剑，袁洪飞，吴解生．全球价值链视角下中国制造业地位的提升［J］．企业经济，2007（6）：95–98.

[249] 张建华，欧阳轶雯．外商直接投资、技术外溢与经济增长：对广东数据的实证分析［J］．经济学（季刊），2003（2）：647–666.

[250] 张其仔．比较优势的演化与中国产业升级路径的选择［J］．中国工业经济，2008（9）：58–68.

[251] 张学敏，王亚飞．我国制造业企业价值链升级对策研究［J］．现代管理科学，2008（8）：73–74.

[252] 张幼文．经济全球化与国家经济实力：以“新开放观”看开放效益的评估方法［J］．国际经济评论，2005（5）：5–9.

[253] 章玉贵．产品内分工条件下上海制造业的升级路径：以上海大众为例［J］．上海管理科学，2008，30（1）：18–22.

[254] 周升起，兰珍先，付华．中国制造业在全球价值链国际分工地位再考察：基于 Koopman 等的“GVC 地位指数”［J］. 国际贸易问题，2014(2)：3-12.

[255] 朱建安，周虹．发展中国家产业集群升级研究综述：一个全球价值链的视角［J］. 科研管理，2008，29（1）：115-121.

附录 A　制造业产品分类表

表 A-1　SITC 制造业产品分类

部门和说明	代码	组数	分组数	项目数
第 5 类　化学品及相关产品		34	132	467
有机化学品	51	6	24	125
无机化学品	52	4	18	80
染料、鞣料及着色料	53	3	8	31
医药品	54	2	10	44
精油、香料及盥洗、光洁制品	55	3	10	26
肥料	56	1	4	19
初级形状塑料	57	6	20	54
非初级形状塑料	58	3	13	22
其他化学原料及产品	59	6	25	66
第 6 类　主要按原材料分类的制成品		52	229	767
皮革，皮革制品	61	3	11	19
橡胶制品（不另说明）	62	3	13	31
软木及木制品（不包括家具）	63	3	12	30
纸，纸板和纸浆	64	2	13	62
纺织纱线，织物，制成品	65	9	59	219
非金属矿物制品	66	7	29	94
钢铁	67	9	35	133
有色金属	68	8	21	63
金属制品	69	8	36	116
第 7 类　机械和运输设备		50	217	642
动力机械及设备	71	6	22	44
特种工业专用机械	72	8	33	117
金属加工机械	73	4	15	69

续表

部门和说明	代码	组数	分组数	项目数
通用工业机械设备及零件	74	9	56	150
办公用机械及自动数据处理设备	75	3	11	23
电信和录音及音响设备和仪器	76	4	14	33
电力机械、器具及其电气零件	77	7	31	128
道路车辆（包括气垫车辆）	78	6	16	40
其他运输设备	79	3	19	38
第 8 类　杂项制品		31	140	420
预制建筑物，管道，发热及照明装置	81	3	7	17
家具及其零件，床上用品及类似的填充制品	82	1	6	23
旅游用品，手袋及类似容器	83	1	4	9
服装及衣服配件	84	7	37	95
鞋子	85	1	7	17
科学及控制用仪器和装置	87	4	18	65
摄影仪器，光学产品，钟表	88	5	19	59
杂项制品	89	9	42	135
第 9 类　未归类商品和交易		4	4	6
邮政包裹（未按种类分类）	91	1	1	1
特殊交易和商品（未按种类分类）	93	1	1	1
硬币（金币除外），非法定货币	96	1	1	1
黄金，非货币（不包括黄金、矿石和精矿）	97	1	1	3

资料来源：根据 SITC，Rev. 4 整理。

表 A-2　《国民经济行业分类》制造业产业分类

大类编码	类别名称	中类（数量）	小类（数量）
13	农副食品加工业	8	24
14	食品制造业	7	24
15	酒、饮料和精制茶制造业	3	13
16	烟草制品业	3	3
17	纺织业	8	26
18	纺织服装、服饰业	3	5

续表

大类编码	类别名称	中类（数量）	小类（数量）
19	皮革、毛皮、羽毛及其制品和制鞋业	5	15
20	木材加工和木、竹、藤、棕、草制品业	4	18
21	家具制造业	5	5
22	造纸和纸制品业	3	7
23	印刷和记录媒介复制业	3	5
24	文教、工美、体育和娱乐用品制造业	6	33
25	石油、煤炭及其他燃料加工业	4	10
26	化学原料和化学制品制造业	8	38
27	医药制造业	8	9
28	化学纤维制造业	3	11
29	橡胶和塑料制品业	2	16
30	非金属矿物制品业	9	37
31	黑色金属冶炼和压延加工业	4	4
32	有色金属冶炼和压延加工业	5	21
33	金属制品业	9	29
34	通用设备制造业	9	52
35	专用设备制造业	9	55
36	汽车制造业	7	8
37	铁路、船舶、航空航天和其他运输设备制造业	9	30
38	电气机械和器材制造业	8	38
39	计算机、通信和其他电子设备制造业	9	36
40	仪器仪表制造业	6	20
41	其他制造业	3	4
42	废弃资源综合利用业	2	2
43	金属制品、机械和设备修理业	7	10

资料来源：根据 GB/T 4754—2017 整理。

附录 B 《国民经济行业分类》制造业产业技术密集度划分

表 B-1 《国民经济行业分类》制造业产业技术密集度划分

大类编码	类别名称	技术密集度
13	农副食品加工业	低技术密集度
14	食品制造业	低技术密集度
15	酒、饮料和精制茶制造业	低技术密集度
16	烟草制品业	低技术密集度
17	纺织业	低技术密集度
18	纺织服装、服饰业	低技术密集度
19	皮革、毛皮、羽毛及其制品和制鞋业	低技术密集度
20	木材加工和木、竹、藤、棕、草制品业	低技术密集度
21	家具制造业	低技术密集度
22	造纸和纸制品业	低技术密集度
23	印刷和记录媒介复制业	低技术密集度
24	文教、工美、体育和娱乐用品制造业	低技术密集度
25	石油、煤炭及其他燃料加工业	中低技术密集度
26	化学原料和化学制品制造业	中高技术密集度
27	医药制造业	高技术密集度
28	化学纤维制造业	中高技术密集度
29	橡胶和塑料制品业	中低技术密集度
30	非金属矿物制品业	中低技术密集度
31	黑色金属冶炼和压延加工业	中低技术密集度
32	有色金属冶炼和压延加工业	中低技术密集度
33	金属制品业	中低技术密集度
34	通用设备制造业	高技术密集度
35	专用设备制造业	高技术密集度

续表

大类编码	类别名称	技术密集度
36	汽车制造业	中高技术密集度
37	铁路、船舶、航空航天和其他运输设备制造业	高技术密集度
38	电气机械和器材制造业	中高技术密集度
39	计算机、通信和其他电子设备制造业	高技术密集度
40	仪器仪表制造业	高技术密集度
41	其他制造业	低技术密集度
42	废弃资源综合利用业	低技术密集度
43	金属制品、机械和设备修理业	低技术密集度

资料来源：根据 OECD 分类和桑百川（2016）行业分类整理。

表 B-2 WIOD 行业分类与《国民经济行业分类》制造业产业技术密集度划分对照

WIOD 行业分类编码	WIOD 行业分类	GB/T 4754—2017 大类编码	技术密集度
C10~C12	食品，饮料和烟草	13~16	低技术密集度
C13~C15	纺织、服装和皮革制品	17~19	低技术密集度
C16	木材加工和木、竹、藤、棕、草制品	20	低技术密集度
C17	造纸和纸制品	22	低技术密集度
C18	印刷和记录媒介复制	23	低技术密集度
C19	石油、煤炭及其他燃料加工	25	中低技术密集度
C20	化学原料和化学制品制造	26	中高技术密集度
C21	医药制造	27	高技术密集度
C22	橡胶和塑料制品	29	中低技术密集度
C23	非金属矿物制品	30	中低技术密集度
C24	基础金属制造	31、32	中低技术密集度
C25	金属制品	33	中低技术密集度
C26	计算机、通信和其他电子设备制造	39	高技术密集度
C27	电气机械和器材制造	38	中高技术密集度
C28	设备制造	34、35	高技术密集度
C29	汽车制造	36	中高技术密集度
C30	其他运输设备制造	37	高技术密集度
C31~C32	家具制造；其他制造	21、41	低技术密集度

续表

WIOD 行业分类编码	WIOD 行业分类	GB/T 4754—2017 大类编码	技术密集度
C33	金属制品、机械和设备修理	43	低技术密集度

资料来源：根据 WIOD 行业分类、《国民经济行业分类》（2017）和 OECD 分类整理。

重要术语索引表

K

L

N

Q

S

W

X

Z